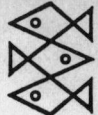

Über dieses Buch Dieser Band versammelt Texte zum Film, entstanden in den letzten zehn Jahren, Texte, die zeigen, aus welchen Bruchstücken die Phantasie- und Wunschmaschine Kino besteht. Zu lange verharrte die Filmkritik in der Realismus-Debatte; doch Film ist mehr als bloße Widerspiegelung von Welt. Er ist ein eigengesetzliches Kunststück, dessen sozialpsychologischen und ästhetischen Voraussetzungen hier nachgespürt wird. Beispielsweise in Studien zu Filmregisseuren und Filmschauspielern, in Auseinandersetzungen mit Filmtheorie und Filmpolitik, in Darstellungen von Filmgenres und Filmepochen. »Im Kino« stellt Filmtheorie durch Anschauung her: ein Lesebuch für Kinogänger.

Der Autor Karsten Witte, Jahrgang 1944, lehrte an den Universitäten Frankfurt am Main, Köln und Berlin und der Deutschen Film- und Fernsehakademie Berlin Geschichte und Theorie des Films. Er lebt als freier Autor in Berlin. Herausgeber von »Theorie des Kinos« und der Schriften von Siegfried Kracauer. Mitautor von »Die Unsterblichen des Kinos«, (Reihe Fischer Cinema, Bd. 3666, Bd. 3658, Bd. 3679). Mitarbeiter der *Frankfurter Rundschau* und *Die Zeit*.

Karsten Witte

Im Kino

Texte vom Sehen
& Hören

Fischer
Taschenbuch
Verlag

Lektorat: Ingeborg Mues

Originalausgabe
Veröffentlicht im Fischer Taschenbuch Verlag GmbH,
Frankfurt am Main, April 1985

© 1985 Fischer Taschenbuch Verlag GmbH, Frankfurt am Main
Umschlaggestaltung: Jan Buchholz/Reni Hinsch
Foto: Tobis-Film, Berlin (Charles Chaplin an der Kamera)
Gesamtherstellung: Clausen & Bosse, Leck
Printed in Germany
1280-ISBN-3-596-24454-4

Inhalt

III. Der schäbige Traum, das bessere Leben

IV. Deutsche Schatten

V. Frauen unterwegs

Vorwort

Eine Frau, drei Kinder, ein Haus und eine Professur für Medizinge-
schichte, hat genug von ihrem Beruf. Sie wirft den Bettel hin und steigt
aus. Was tun? fragte der Zürcher ›Tagesanzeiger‹. »Ich möchte, neben der
Haus- und Gartenarbeit, wieder schreiben. Filmkritiken oder sonst lu-
stige Sachen verfassen.«
Ist Filmkritik lustig? Ein idealer Zeitvertreib für Aussteiger von oben?
Diese Einschätzung deckt sich mit der kurrenten Meinung. In der Hierarchie kultureller Werte steht das Medium Film, ein Flegelkind vom Jahrmarkt, ganz unten. Damit lassen Zeitungen gern Anfänger und freie Mitarbeiter sich befassen.
Die Kritik einer Sache wird, so lehrt das Beispiel der fidelen Professorin,
nur so ernstgenommen wie die Sache selber. Film ist Unterhaltung. Also
muß Filmkritik auch lustig sein.
Ich finde das Verfassen von Filmkritiken immer weniger lustig, immer
seltener lustvoll. Im Maße, wie Filme darauf verzichten, ein Teil der Kritik des Alltagslebens zu sein, schwindet der kritische Sinn, der ein schar-
fes Auge auf diesen Mangel wirft.
Seine Kritik an Steven Spielbergs Mythen-Epos INDIANA JONES über-
schrieb ein Kritiker mit der Einschätzung: »Einfach geil.« So überschreibt
man sich eher einem Film. Was bleibt, danach, zu sagen? Was als Kritik
sich formuliert, ist im Konjunktiv geschrieben: Man könnte ja (gegen
INDIANA JONES) einwenden, aber. Das wäre ein bierernstes Wort zu einem verrückten Spaß.
Ist INDIANA JONES kein Film mehr im Verhältnis zur Kritik, die keine sein
will? Kalkuliert Spielbergs Firma das Millionenprodukt im Konjunktiv?
Wie immer, die Wirkung des Films scheint magisch zu sein. Sie, behauptet
jene Kritik, entwaffne die Kritik. Wie stumpf, so darf man fragen, waren
denn die Waffen der Kritik? Wie vordringlich wäre da eine Kritik jener
Waffen.
Wenn das Schreiben von Filmkritik so lustig ist und die Filme einfach geil
sind, dann wäre es ja eine Lust zu leben. Dann allerdings sind dem herkömmlichen Kritiker die Hände gebunden durch den Pakt, den er einver-
ständig mit der Industrie schloß. Sind die Interessen, die die Filmbank
hat, die Interessen, die der Zuschauer zu haben hat?
»Allzulange waren Kritiker, Liebhaber und Filmindustrie damit befaßt«,

schrieb Miriam Hansen, »eine GmbH auf gegenseitige Bewunderung zu gründen« (in ›Raritan‹, Sommer 1984).

Dieser Vertrag wird besiegelt in dem Augenblick, wo der Zuschauer sich, überwältigt, enteignen läßt. Nicht er konsumiert den Film, sondern der Film konsumiert ihn. INDIANA JONES vollzieht diese Verzehrung in seiner Dramaturgie des Trommelfeuerschocks auf Augen und Ohren. Das Hören & Sehen soll einem vergehen. Wer als Schaulustiger das Kino zu diesem Film betrat, verläßt es als Benommener.

Der Philosoph Cioran bedachte das Dilemma vom Schwinden der kritischen Sinne im Essay ›Denken wider sich selbst‹ folgendermaßen: »Überflutet von Sinnesreizen und ihrer logischen Folge, dem Werden, sind wir Unerlöste aus Neigung und Prinzip, Wahlverdammte, dem Fieber des Sichtbaren unterworfen, Schnüffler in den Rätseln der Oberfläche, nach dem Maß unserer Bedrückung und unserer Erregtheit« (E. M. Cioran: ›Dasein als Versuchung‹, Stuttgart 1983).

Was wurde dem Zuschauer von INDIANA JONES oder dem »Schnüffler in den Rätseln der Oberfläche« genommen? In dieser gewalttätigen Revue aus Kitsch und Tod kämpft, mit allen Mitteln märchenhafter Erlösung, ein weißer Amerikaner gegen Chinesen im Bürgerkrieg, gegen Inder in ihrem Befreiungskampf von den Engländern. Dieser Kampf findet nicht statt im Namen politischer Moral oder Kunst. Er findet statt im Namen des Geldes.

So hat es seine erzählerische Logik, wenn der Film hauptsächlich von der Verfilmung seiner Produktionskosten erzählt. Er zeigt an allen Orten, welches schöne Stück Geld sich in INDIANA JONES und seinen rasenden Schnittfolgen verflüssigt. Geld macht sinnlich, wie bekannt. Manchmal auch: geil. Das einzige Mal, wo der Archäologe Dr. Jones wissenschaftlich wird, meint ein anderes Interesse. Seine Rede von der »Feldarbeit«, mit der er eine begehrte, aber dumme Sängerin umgarnt, wird zur Sexualmetapher. Die Frau fängt der Wissenschaftler, nicht wie ein Cowboy seine Kuh mit dem Lasso, sondern mit der Peitsche ein. Diese Western-Geste gilt als komische Entlastung vom fernöstlichen Alptraum.

Der Held Indiana Jones trägt den Namen eines nordamerikanischen Bundesstaates. Er ist ein Stück amerikanischer Naturgewalt. Die ihn national belehnende Kraft schafft Ordnung auf dem Kriegsschauplatz im fernen Asien. Die Schieber von Shanghai und die Ölgötzen Indiens haben das Nachsehen. Der verrückte Spaß an diesem Film ist die willige Unterwerfung eines schon kolonisierten Zuschauerblicks. Eine neue Provinz hat sich dem Imperium der Phantasie-Statthalter aufgetan.

INDIANA JONES ist ein Film ganz ohne Konjunktiv. Dafür verfügt er über Genretraditionen, Attitüdenprägung und ästhetisch eingänglichen Schliff. Ihn nicht zu kritisieren, gleicht einer Kapitulation und einem Einverständnis mit dem Titelsong des Films. Die Revuesängerin Willie singt ihn im Nachtclub des 1935 von den Japanern bombardierten Shanghai. Er lautet: »Anything Goes.« Das ist etwas anderes als das Programm des libertären Philosophen Paul Feyerabend, der »Anything Goes« an kalifornischen Universitäten lehrt.

Anything Goes ist die Tendenz des Tages: das Schwinden der kritischen Sinne.

Es mangelt der Filmkritik an Selbstverständnis über ihre Geschichte. Denn die Geschichte der Filmkritik ist nicht die Geschichte des Films, die intervallisch in der Filmgeschichtsschreibung aufgehoben ist. Die Geschichte der Filmkritik ist noch gar nicht sichtbar. Wo sie auftaucht, wird sie von gierigen Seiten der Industrie, des Publikums und der Medien verschüttet. Sich nur an Filme zu erinnern, ist nicht genug. Die Filmkritik braucht ein eigenes Gedächtnis, das ein anderes Haus sucht als eine Cinémathèque Imaginaire.

Sie könnte sich, am Beispiel INDIANA JONES, an die Theorie der Sinne erinnern, um sich inne zu werden, daß die Geschichte der Wahrnehmungsinstrumente des Menschen eine andere ist als die Geschichte seiner Kunstprodukte. Das ist von André Bazin über Pierre Bourdieu zu Alexander Kluge ein alter Hut der Theorie, der nicht deshalb démodé sein kann, weil ihn zur Zeit keiner trägt.

Der Kritiker sieht. Aber wie? Diesen Grundbestand von Weltaneignung hat der New Yorker Künstler Jasper Johns in einem Halbrelief modelliert: »The Critic Sees« (abgebildet in der Zeitschrift ›Traverses‹, Nr. 14/ 15, 1979).

Im Zentrum von Johns' Plastik steht eine Brille. Die Sehkraft des Kritikers ist keine natürliche mehr. Sie ist korrekturbedürftig. Der Kritiker braucht Verstärkung. Zwischen seine Augen und den Gegenstand, in den jene sich versenken, tritt eine instrumentelle Vermittlung, die Brille. Sie rückt den Gegenstand näher und verrückt zugleich die Blickdistanz.

Hinter den Brillengläsern des Kritikers, wie Jasper Johns ihn sieht, liegen nun zwei Münder, nicht zwei Augen. Ein Mund setzt zum Sprechen an. Der andere zeigt seine Zähne. Der Kritiker, von der Kunst angeblickt, spricht mit den Augen, und er sieht, um zu sprechen. Und zwar in zwei Zungen, denn *einen* Sinn zu artikulieren, reicht nicht hin, um die Zweideutigkeit eines Werks zu erfassen. Es scheint, als glichen die Sinne ihre Defekte und Depravationen untereinander aus.

Bezeichnend ist nur die Reduktion, die Johns vornimmt. Die Ohren kommen beim Kritiker, der sieht, nicht in sein Bild. So widersprechen sich die dargestellten Sinne. Aus zwei Mündern sind auch zwei verschiedene Meinungen zu hören: der greifbare Widerspruch.

Das Selbstverständnis der Filmkritik ist, wie jetzt sichtbarer wird, da geschwächt, wo sie den Anspruch auf den Zusammenhang der Sinne mit dem Wahrgenommenen aufgab. Es wird zuviel geteilt und spezialisiert, so auch in der Ästhetik des Films, die immer noch aus dem organisierten Zusammenhang der Erzeugung von Licht und Dunkel, von Ton und Verstummen besteht.

Zur Verdeutlichung: den Straub/Huillet-Film KLASSENVERHÄLTNISSE, der von einem Kafka-Roman ausging, um sich ein neues Ziel zu suchen, besprechen Literaturkritiker. In der Pressevorführung des Milos-Forman-Films AMADEUS sitzen überwiegend Musikkritiker, als ob es reichte, sich bei Mozart auszukennen, um Musik im Film zu beurteilen.

Schaden kann die Spezialisierung nicht, aber sie läuft zu schnell darauf hinaus, einen Film und das Medium über Stoff und Thema zu bestimmen. Wäre das so richtig, dann sollte man doch arbeitslose Gangster in Sergio Leones Film ES WAR EINMAL IN AMERIKA zum Rezensieren schicken. Auch das wäre ein Weg, die Stoff-Liebhaber der Filmkritik zu entkleiden.

Ich nenne diese Sammlung von Kritiken aus den letzten zehn Jahren »Texte vom Sehen & Hören«, um an eine Theorie der Sinne anzuknüpfen, die noch nicht selbst zur Theorie verfestigt ist, noch sich zum Fürsprecher unkomplizierter Geilheit macht. Dagegen dem Film mit Eisensteins Worten »höchste Intellektualität und äußerste Sinnlichkeit« abzuverlangen, klingt nach einer unbilligen Forderung. Es stimmt, sie ist unbillig. Eine Anstrengung gehört schon dazu. Bloßes Entgegenkommen findet überall statt.

»Es giebt vielleicht keine Arbeit«, sagte der Aufklärer Georg Forster in seinen ›Ansichten vom Niederrhein‹, »welche so die Kräfte erschöpft, als dieses unaufhörliche, mit aufmerksamer Spannung verbundene Sehen und Hören.«

Wem diese Texte eine Vorliebe zum Abseitigen verraten, der sei daran erinnert, daß Vorlieben für Filme nicht nur mit eigener Lust, sondern auch mit Hierarchien zusammenhängen. Ich schreibe Kritiken als freier Mitarbeiter in der Freiheit, ein Licht auf den Rest zu werfen, den Redakteure, geht es um die Verteilung der freitäglichen Filmbeute, links liegen lassen. Ich sage das ohne Bedauern, eher mit einer Vorfreude, auf Ausgefallenes hier hinzuweisen.

Die Texte habe ich unverändert übernommen, insofern sie nicht von Redaktionen, für die sie allesamt geschrieben sind, im Namen der Grammatik, der Platzverteilungspolitik oder der Kunst schlechthin ungehörig entstellt wurden. In diesen Fällen steht hier der Text wie gedacht. Auf Abbildungen, die mein Buch illustrierten, habe ich verzichtet. Vielmehr hoffe ich, daß die Texte jene Filme, denen sie gelten, illustrieren.

Berlin, im Januar 1985   Karsten Witte

I. Späte Manieristen

Der späte Manierist *

Bernardo Bertolucci

> »Ich spucke jedem ins Gesicht, der behauptet, daß er Michelangelo oder e. e. cummings liebe, ohne mir zu beweisen, daß er wenigstens in einem singulären Augenblick diese Liebe gewesen ist, daß auch er der andere gewesen ist, daß er mit ihm und mit dessen Augen gesehen hat, und daß er gelernt hat, wie der andere das Offene zu schauen, das ganz Erwartung und Aufforderung ist.«   *Julio Cortázar*[1]

1

Bernardo Bertolucci ist mit allen Wassern und Essenzen der Moderne gewaschen. Er hat Marx' Lehre von der Gesellschaft studiert, er hat Freuds Lehre vom Individuum in sich aufgesogen, und beide kann er mit den Opern Verdis in einen ästhetischen Rahmen spannen. Er lebt im Paradox und baut aus ihm die Formen seiner Filme. »Der Marxismus kann auch die Oper beinhalten«, hat er der Zeitschrift ›Rolling Stone‹ erklärt.[2] Er jongliert zwischen den Genres, Stilen und Theorien und mischt zu jedem Spiel die Karten aufs neue. Wie einem spätgeborenen und reichen Erben steht ihm, wo er antritt, alles zu seiner Verfügung. Er ist ein Schüler Pasolinis und der Erbe von Visconti. Er hat karge, strenge Filme inszeniert und opulente Schaustücke. Seine Schaulust kennt keine Grenzen, seine Neugier ist schamlos, und wenn es ihm gefällt, macht er aus einem Lehrstück ein Melodram oder präsentiert ein politisches Panorama als chinesische Oper. Was er macht, bewirkt Befremden. Die Entfremdung bestimmt seinen Blick, der die Zertrümmerung des scheinbar alles überspannenden Sinnzusammenhangs durch eine virtuose Überformung kaschiert. Bertoluccis Debüt erfolgte zu einer Zeit, als es neben seinen elegischen Versuchen über die bürgerliche Intelligenz Italiens nur noch

* Abdruck mit freundlicher Genehmigung des Carl Hanser Verlags. Aus: Bernardo Bertolucci. ›Reihe Film‹ Band 24. © 1982 by Carl Hanser Verlag München Wien.

Bellocchios rabiate Wutausbrüche gab. Heute steht Bertolucci, unbestritten von Kritik und Kapital, wie ein Alleinherrscher des italienischen Films da. Neben ihm steht: nichts Nennenswertes, sieht man einmal von den überschaubaren Talenten der komischen Anarchie ab, wie sie zur Zeit Nichetti und Moretti verkörpern. Natürlich gibt es diverse Vertreter des mittleren Films, des Realismus und des politischen Diskurses, aber nur Bertolucci repräsentiert das Filmland Italien, weil er mit allen Formen spielt und als einer der wenigen privilegiert ist, kontinuierlich neue Versuche zu produzieren, die erstaunen und befremden.

Seine Filme paktieren weder mit dem gängigen politischen Diskurs noch mit dem Italien beherrschenden Kommerz. Die Innenspannung seiner Filme gewinnt Bertolucci aus der Kraft des Paradoxes, das er immer wieder neu zusammensetzt. Hieß es im öffentlichen Diskurs von 1968 in Paris: »Die Phantasie an die Macht!«, so drehte Bertolucci den Spieß in seinem Film PARTNER um und reklamierte die »Macht der Phantasie«. So sollte das Theaterstück heißen, das in jenem Film Jacob 1 und Jacob 2, die Partner, aufführen wollen. Daß keiner der Mitwirkenden zur Vorstellung kommt, ist die Kehrseite. Aus den Maximen macht Bertolucci Sinnsprüche, die Zitate dreht er den Urhebern im Munde herum, die Moral gerinnt ihm zum Concetto. Diese Grundstimmung prädestiniert ihn dazu, einer der späten Manieristen des Kinos zu werden.

Dafür hat die Filmkritik keinen Begriff, die in der Bewältigung des Ästhetischen kaum über die Realismus-Debatte hinausgelangt ist. Zwar hat sie sich dazu bequemt, anzuerkennen, daß Film Fiktion ist, schielt aber insgeheim weiter nach den Prämissen der Widerspiegelung von Welt, um sich in den Handlungsmustern und Formen wie vertraut einzurichten. Ein linkes Dogma und eine rechte Sehnsucht, die ergeben zu bedienen kein Bertolucci-Film geeignet ist. Die Bestimmung der modernen Kunst, die Widerspiegelung der Wirklichkeit nicht nur zu deformieren, sondern womöglich durch eigengesetzliche Artefakte zu ersetzen, ist wohl für die Bereiche der Malerei und Literatur akzeptiert worden, aber von den Kritikern des narrativen Fiktionsfilms innerlich noch nicht anerkannt. Arnold Hauser, der eine vielgelesene ›Sozialgeschichte der Kunst und Literatur‹ schrieb und eine weniger gelesene ›Philosophie der Kunstgeschichte‹, hat vor einiger Zeit eine kaum gelesene Monographie zum Manierismus-Problem geschrieben. Die Arbeitshypothesen, die ich dieser Schrift entnehme, sind so filmfern nicht, wenn man bedenkt, daß ihr Verfasser, freilich zu Zeiten der ungarischen Räterepublik, im philosophisch-politischen Zirkel mit Georg Lukács und Béla Balázs diskutierte. Unter den Stichworten ›Kunststück und Paradoxie‹, sodann ›Entfremdung‹ und schließlich ›Narzißmus als Sinnestäuschung‹ möchte ich drei Zitate von Arnold Hauser hierher stellen, die – ungeachtet der Problematik, gewonnene Erkenntnisse aus einem Medium in ein anderes, aus einer Epoche in eine andere zu übertragen – ein deutliches Licht auf den Traditionszusammenhang der Filme Bertoluccis mit dem italienischen Manierismus werfen.

»*Kunststück und Paradoxie*. Ein manieristisches Kunstwerk ist immer auch ein Kunststück, ein Bravourstück, das Sichproduzieren eines Zauberers. (...) Entscheidend für den verfolgten Effekt ist (...) die Übertreibung des Partikularen, das durch diese Übertreibung auf sein Gegenteil – auf das in der Darstellung Fehlende – hinweist: die Überspannung der Schönheit, die zu schön und darum irreal, der Kraft, die zu kräftig und darum akrobatisch, des Gehalts, der überfüllt und darum nichtssagend, der Form, die selbständig und damit entleert wird. Paradoxie bedeutet (...) die Vereinigung unversöhnlicher Gegensätze; und die *discordia concors*, womit die Formstruktur des Manierismus charakterisiert zu werden pflegt, stellt zweifellos ein wesentliches Moment im Gefüge dieses Stils dar. (...) Es kommt dabei (...) auf die unvermeidliche Zweideutigkeit und den ewigen Zwiespalt im Großen wie im Kleinen, auf die Unmöglichkeit, sich je auf ein Eindeutiges festzulegen, an.«[3]

»*Entfremdung*. Es gehört zu den inneren Widersprüchen des Manierismus, daß er nicht nur einen fortgesetzten Kampf gegen den Formalismus und gegen das, was man den ›Fetischismus‹ der Kunst nennen könnte, darstellt, sondern daß er zugleich selbst formalistische, fetischartige, dem schöpferischen Subjekt wesensfremde, preziös gearbeitete Kunst ist.«[4]

»*Narzißmus als Sinnestäuschung*. Die Metapher ist, so wie der Manierismus sie entwickelte, mit ihren schwankenden, irisierenden, die Sinne täuschenden Merkmalen nichts ähnlicher als dem Bilde, das Narziß im Wasserspiegel sieht, und das ihn so zeigt, wie er sich liebt, wie er sich zu sehen liebt. In der manieristischen Metapher kommt bekanntermaßen kaum je die Ähnlichkeit zwischen den miteinander verglichenen Gegenständen zur Geltung. (...) Der Spiegel ist übrigens an und für sich ein manieristisches Requisit, ähnlich wie die Maske, das Kostüm, die Bühne, mit einem Wort alles, was das Bild der Wirklichkeit indirekt, gebrochen oder übertragen zeigt.«[5]

2

Er ist der Sohn von Attilio Bertolucci, der keineswegs nur die Bedeutung hat, der Vater von Bernardo zu sein, sondern der ein in Italien durchgesetzter Poet, Professor und Kritiker ist, ein Homme de lettres aus Parma, früh mit der Familie nach Rom verzogen. Das Elternhaus: ein Treffpunkt der literarischen Intelligenz; die Erziehung: ein selbstverständlicher Umgang mit Kulturgütern jedweder Epoche, Stile und Medien; das Produkt: ein geschliffener Epigone, ein entlaufener Bürger, der Posen des Dandy ausprobiert und länger nach einem Stil suchen wird als andere, denen die

Sozialisation nur *eine* Erfahrung einrieb, von der sie sich lösen. In der Gedichtsammlung des Vaters, ›Viaggio d'inverno‹ (Winterreise), findet sich ein Vers, wie ihn Attilio sich auf den ersten Filmversuch Bernardos machte: »Beeilt euch, die Seilbahn ist noch weit, und Bernardo, mit den langen Beinen eines Vierzehnjährigen und dem Fieber des Geschichten- erzählers, besteht auf der Realzeit ...«[6] Im Sommer 1956 drehte Ber- nardo in den Schulferien einen Superachtfilm über eine Seilbahn, der Va- ter und Poet hält den Augenblick fest – und veröffentlicht sein Gedicht zu einem Zeitpunkt, als sein Sohn immerhin schon IL CONFORMISTA drehte. Die frühe Erfahrung war die: kein Versuch, sich spielend auszudrücken, bleibt unbemerkt, jede Artikulation im Künstlerischen wird sogleich ge- spiegelt in einem anderen Kunstprodukt. Vater und Sohn lassen sich nicht aus den Augen. Sie buhlen um wechselseitige Gunst und Anerkennung, sie spiegeln ihre Werke aneinander. Form entsteht so aus Form, die Kunst aus einem eigengesetzlichen Artefakt, in dem der Vater-Sohn-Konflikt der späten Ablösung durch die Ausformung zur Huldigung verdrängt, ja lange Zeit vertagt wird. Bernardo ist kein Muttersöhnchen, aber im eng- sten Sinne: ein fils à papa, der Attilio seinerseits eine ganze Sektion der Gedichte in seinem literarischen Debüt ›In cerca del mistero‹ widmet. Das Gedicht »A mio padre« spricht von Erziehung, von Affekten, von Kunst und Heimat in einem Atemzug.[7]

Pasolini, der ihm früh im Vaterhaus begegnete, wird zu seinem künst- lerischen und politischen Ziehvater. Er weiß, Pasolini ist unnahbar der andere, mit dem gemein er sich nie machen wird, dem dennoch uneinge- schränkt seine Huldigung gilt. Pasolini ist für ihn, wie in dem seinem Mei- ster gewidmeten Gedicht zu lesen, »der Kommunist mit Leib und Seele«, der seine Leidenschaft zur Rebellion nicht für die armen, sündigen Bür- ger, sondern die verratenen Jugendlichen (des römischen Subproleta- riats) einsetzt.[8]

Bertoluccis Filme von LA COMMARE SECCA bis ULTIMO TANGO A PARIGI sind die Werke eines jungen Mannes, der seinen 30. Geburtstag feiert, als er NOVECENTO vorbereitet. Dem Wunderkind stieg der Erfolg zu Kopf. »Bernardo sprach davon, daß er nach ULTIMO TANGO eine Art Allmacht- gefühl verspürt hatte. Während 1900 litt er dann an Depressionen und Hypochondrie und mußte deswegen die Dreharbeiten mehrmals unter- brechen«, notierte Eleanor Coppola.[9] Die Kehrseite der Grandiosität ist Depression, und beides in eins genommen ist ein Symptom des Narziß- mus, der strukturierten Ich-Schwäche, die sich an Außen-Objekten stärkt. Da Bernardo Bertolucci den Kampf gegen den eigenen, Kunst produzierenden Vater nicht aufnimmt, führt er ihn verdeckt mit jenen Vätern, die seine Kunst zunächst bestimmen: Pasolini, Godard und Verdi. So sind die Filme PARTNER und AGONIA als rabiate Abrechnungen mit Godards Vexierbildern zur Ideologie des Films zu lesen, von denen

Bertolucci nur die montierende Form und daher: kaum ihre sprengende Kraft begriffen hat. In IL CONFORMISTA geht es um eine intellektuelle Vatertötung. Die Adresse seines ehemaligen Professors, die der Mörder am Telefon erhält, lautet: 17, rue St. Jacques. Das war, zum damaligen Zeitpunkt, die Adresse von Jean-Luc Godard. Der Manierist arbeitet mit Chiffren, mit Verweisen und dem geheimen Genuß der kryptischen Invektive.

3

Bertoluccis Schauplätze sind die seiner engsten Heimat, auch dort, wo er sich ubiquitär von ihr entfernt. Er entstammt der roten Provinz Emilia Romagna, die traditionell kommunistisch wählt, weil sie über eine starke, eigenständige Geschichte des organisierten Landarbeiterproletariats verfügt. Bertolucci ist aus Parma gebürtig, wo sein erster Film in eigener Regie PRIMA DELLA RIVOLUZIONE spielt. STRATEGIA DEL RAGNO ist in Sabbioneta, halben Wegs zwischen Mantua und Parma, gedreht und trägt eine Widmung an die »Regione Emilia Romagna«, NOVECENTO auf einem großen Landgut der Emilia, dem selbst noch Caterina, die Sängerin aus LA LUNA einen Abstecher widmet, als sie sich in Parma bei ihrem alten Gesangslehrer moralische Stärkung erhofft. Spielt ein Bertolucci-Film nicht in Parma, wie ULTIMO TANGO A PARIGI, dann werden Chiffren von Heimat zitiert. Maria Schneider trägt schon in der ersten Einstellung, als sie das geheimnisvolle Appartement besichtigt, einen Strauß Parma-Veilchen am Hut. Marlon Brando hat, im gleichen Film, seine tote Frau zur wütend-obszönen Todeselegie mit Parma-Veilchen über den ganzen Leib geschmückt. Als Dominique Sanda und Stefania Sandrelli im Paris des CONFORMISTA einen Einkaufsbummel unternehmen, bieten zwei proletarische Kinder, die als Signal ihrer Klassenzugehörigkeit noch die Internationale singen müssen, den feinen Damen einen Strauß Parma-Veilchen zum Verkauf an.

Was Heimat sei, wird als bekannt vorausgesetzt. Bertolucci macht sich wenig Mühe, sein Parma, sein Paris oder Rom zu zeigen. Er kommt mit den Zeichen der allgemeinen Vertrautheit aus. In PRIMA DELLA RIVOLUZIONE sehen wir den Marktplatz, die Kirche, das Opernhaus und die Arkaden. Das sind Schauplätze, auf denen die Straße als Erfahrungsfeld des Unvorhergesehenen, des Improvisierten nichts verloren hat. Auch wenn die Kamera noch Bilder des Verismus, des Cinéma-Vérité vorgaukelt und mit den schick gewordenen Mätzchen der Nouvelle Vague kokettiert, so ist das bewußt inszenierte Augenwischerei, die uns Orte von Pasolini mit einem Blick von Visconti zeigt. Das ist ein Paradox, wie es Bertolucci prägte, das er selber aber unter der scheinbar so wasserdichten Form seiner Filme verbarg. Unter seinem Blick erfährt, was Landschaft oder

Straße ist, eine Metamorphose zum Schauplatz, auf dem eine Bewegung, ein Affekt, ein Konflikt im Stil der manieristischen *rappresentazione* inszeniert wird. Vordergründig gesehen wimmelt das Paris des CONFORMISTA und das des ULTIMO TANGO von Clichés. Die Brücke von Passy kommt in beiden Filmen vor, der Eiffelturm wird nicht ausgelassen, der Rond Point der Champs Elysées, die Rue de Rivoli, die Gare d'Orsay: die Wahl der Orte ist beliebig. Was aber verschieden an ihnen ist, erstarrt unter dem vereinheitlichenden Blick Bertoluccis, der das, was landläufig Cliché heißt, ummünzt zu einem Concetto. Parma als Medaillon, Paris als Anstecknadel, Rom als Postkarte – derlei Zeichen versprechen keine realistische Entdeckungsfahrt, sondern stecken die Welt als »Wald der Symbole« (Baudelaire) ab.

Bertoluccis Protagonisten sind Gefangene, die aus ihrer Heimat ausbrechen können, aber noch in der Fremde Gefangene ihrer Sehnsucht werden, die von keiner Fremderfahrung, von keinem äußeren Objekt durchdrungen wird. Weder erfährt der Zuschauer die spezifische Stadterfahrung von Parma außer der Chiffre: provinzielle Enge, noch die Außenerfahrung von Paris, das bloß als mythische Stätte der Befreiung bezeichnet, nicht beschrieben wird. Zum ULTIMO TANGO merkte Michael Rutschky in seinem Buch ›Erfahrungshunger‹ an: »Daß die Geschichte in Paris spielt, wohin Amerikaner Jahrzehnte zuvor auf der Suche nach einer authentischen Existenz emigrierten, das Zitat dieses Topos darf man als einen neuen Hinweis auf das allegorische Verfahren verstehen. Wie gesagt: der Allegoriker ist melancholisch.«[10]

Was Rutschky hier, in Berufung auf berühmte Geister, allegorisches Verfahren nennt, verweist auf die eingangs vorgeschlagenen Hypothesen, denen zufolge Bertolucci eine manieristische Methode in seinen Filmen verfolgt. Die ungebrochene Faszination mit dem Paradoxon macht sich auch an der Umkehr herkömmlicher Funktionen in Zuordnung zu Schauplätzen bemerkbar. Was innen spielen soll, intim ist, wird exponiert, nach außen gestellt, und folglich im gleichen Verfahren das, was außen spielen soll, auch: spiegeln soll, in den Innenraum verlegt. Affekte und Gefühle treten vorzugsweise auf dem Schauplatz öffentlichen Umschlags auf wie auf Bahnhöfen, in Hotelhallen, auf Terrassen, in Ministerien, in antiken Ruinen, wie zum Beispiel in IL CONFORMISTA. Das deutet auch auf den Grad, in dem sich der öffentliche Diskurs in die Räume des Privaten eingefressen hat. Discordia concors, die Gleichzeitigkeit des Unversöhnlichen, die Umkehr der Perspektiven und der doppelte Boden als der einzig tragfähige: mit diesen Kniffen schreibt sich Bertolucci ein als später Manierist.

Andererseits ist die Obsession der immergleichen Schauplätze mit geringfügig variierten Chiffren auch eine Sicherheit, der Entfremdung nicht ganz anheimzufallen und der Zerrissenheit den Schein von Kontinuität zu verleihen. Im Laufe der Filme löst sich Bertolucci auch von dieser Obsession, indem er mit der eigengesetzlichen Zeichenhaftigkeit spielend umgeht. So ist die Heimkehr von Caterina nach Parma (in LA LUNA) auch ein Augenzwinkern, ein Einverständnis mit der Kritik des Zuschauers am klischierten Schauplatz, das einzig diesen Bezug zum Zuschauer herstellen und nicht: ihm realistisch Parma zeigen will. Die Kontinuität der Schauplätze wird mitgetragen von der Kontinuität der Schauspieler, die mit ihrer Körperlichkeit erkennbar die Schauplätze ausstaffieren. Adriana Asti, die im ersten Bertolucci-Film Gina, die Tante Fabrizios spielt, wirkt im jüngsten Bertolucci-Film, TRAGEDIA DI UN UOMO RIDICULO, wieder mit. Alida Valli, die Draifa der STRATEGIA DEL RAGNO, spielt die Signora Pioppi in NOVECENTO. Bertolucci nutzt zudem den Kino-Mythos dieser Darstellerin aus, die in Viscontis erstem Farbfilm SENSO die Hauptrolle spielte. Massimo Girotti, Hauptdarsteller von Viscontis Debütspielfilm OSSESSIONE, überträgt Bertolucci im ULTIMO TANGO die Rolle des Marcel, des abgetakelten Liebhabers der Frau von Marlon Brando. An jedem Ort finden sich inszenierte Ambiguitäten. Gianni Amico, Filmkritiker und Filmemacher, der über die Dreharbeiten von NOVECENTO einen Dokumentarfilm machte, spielt in PRIMA DELLA RIVOLUZIONE den cineastischen Freund Fabrizios (schon sein Name »Amico« weist auf seine Rolle, die ihn in der Stabliste als »amcio/ Freund« führt), und er wird später kontinuierlich Drehbuchmitarbeiter von Bertolucci. Morando Morandini, der im Erstlingsfilm den Volksschullehrer Cesare spielt, ist Filmkritiker einer Mailänder Zeitung und Verfasser der ersten Bertolucci-Monografie. Franco (genannt »Kim«) Arcalli ist Bertoluccis langjähriger Cutter gewesen, Co-Autor zu NOVECENTO, der bei der Montage zu LA LUNA einem Herzinfarkt erlag. »Kim« ist der Film gewidmet.

Die Kontinuität der Mitarbeiter, die Anwesenheit der gleichen Darsteller, die prägende Handschrift des gleichen Kameramannes, das Festhalten an bestimmten Schauplätzen, auf denen ähnliche Konflikte nur verschieden ausgetragen werden, verweist auf Bertoluccis Ästhetik als System, als Konstrukt subterraner Verbindungen, die in der Starrheit ihrer Lösungen Filme auf einem ziemlich schmalen Feld produzieren. Die Schauplätze der Bertolucci-Filme sind weniger ihrem Ursprung verwandt als ihren Spiegelungen im Medium der Malerei.

Gleich ob Bertolucci seinen Filmen ein Zitat wie im PRIMA DELLA RIVOLUZIONE oder ein Gemälde voranstellt wie in STRATEGIA DEL RAGNO, ULTIMO TANGO A PARIGI oder NOVECENTO, stets dient der Hinweis als »renvoi«, als Schlüssel zur geheimen Bedeutung des Films. In STRATEGIA ist es ein Bild des naiven Malers Antonio Ligabue, der in der Po-Ebene, der Provinz Emilia lebte. Im TANGO sind zum Vorspann zwei Bilder von Francis Bacon reproduziert, ein nackter Mann und eine in eine Ecke gekau-

erte Frau: Chiffren des Unsteten, des Schreckens, der Zerrissenheit. NO-
VECENTO wird eingeleitet durch ein Gemälde von Giuseppe Pellizza da
Volpedo: »Il quarto stato/Der vierte Stand«, das (1901 gemalt) Landarbeiter auf einer Demonstration zeigt. Das Gemälde eröffnet den Film wie
eine Szene, es ist nicht als Standphoto dem Vorspann unterlegt. Die Kamera zieht aus einer Naheinstellung sich in der Mittelachse aus dem Bild
bis zur Totalen, als träten die Bauern, zum Leben erweckt, in Bertoluccis
Film ein.
Unter Bertoluccis Blick, der seine Zerrissenheit durch Überformung ab-
sichert, werden aus den diversen Orten ein Schauplatz und aus dem
Schauplatz ein Tableau, das in den ungezählten Kammern von Bertoluccis Musée Imaginaire nur die Stufen seiner Entstehung, die Handhabung
seiner Techniken zeigt, das »Sichproduzieren des Zauberers«, wie Hauser
an anderer Stelle sagte.

4

Die Titel der Filme verheißen keine Handlung, sie geben keine Namen
preis. Sie sind, in der Regel, Zeitallegorien. LA COMMARE SECCA heißt:
der Gevatter Tod. PRIMA DELLA RIVOLUZIONE: vor der Revolution. Nach
einem Zitat von Talleyrand: »Wer die Zeit vor der Revolution nicht erlebt
hat, kennt nicht die Süße des Lebens.« Ein Herzog und Bischof, der diesen Ausspruch, der eine Weisheit zynisch verklärt, wohl nach der Revolution, als Außenminister auf dem Wiener Kongreß in Umlauf setzte. Die
Revolution, die 1964 nur erahnt wird und 1968 auch nur phantastische
Hoffnungen erfüllt, als mögliche Zäsur für Fabrizios Existenz, der sich –
wie Talleyrand – unter Verzicht auf Privilegien von oben nach unten sozialisiert und schließlich der abgeklärten, nachrevolutionären Macht um so
süßer erliegt. Das ist auch ein Schlüssel zu den Befreiungsversuchen von
Fabrizio in jenem Film.
AGONIA: der Todeskampf. Ein alter Mann stirbt und im Vorraum versammeln sich die Trauernden, um Abschied zu nehmen. Eine hysterische
Klage, keine Elegie der Würde. Erst als die Diener der Kirche den Ster-
benden, einen Prälaten, einkleiden, erhält der Leib, als Mumie, seine
Würde. Agonie nimmt zum finalen Punkt die Bewegung auf dies Ziel
hinzu.
ULTIMO TANGO A PARIGI: letzter Tango in Paris. Das ist die verzögerte
Agonie, aber erkennbar auch hier: eine Bewegung auf den Tod zu. Tango
als Chiffre der Morbidezza und der Dekadenz, Paris als Chiffre existen-
tieller Sehnsucht. Der Todeskampf in artistischer Form, als grotesker
Wettbewerb alternder Paare, dessen Form Marlon Brando und Maria
Schneider flagrant verletzen. Tango als höhnischer Verweis und Todes-
metapher. Zum Assoziationsfeld dieses Tanzes, das, in einem anderen

Schauspiel, Pina Bausch und ihre Truppe bis zur Schamlosigkeit aus-
schritt, vergleiche Raimund Hoghe: »Von einem seiner Dichter beschrieben als ein trauriger Gedanke, den man tanzen kann. In Europa bis zur
Lächerlichkeit entstellt, verflacht, sentimentalisiert.«[11]

NOVECENTO: wörtlich »Neunzehnhundert«, aber: das zwanzigste Jahrhundert. Eine Zeitallegorie, deren Namen nach vorn und nach rückwärts
blickt, die in sich selber Zeit kondensiert. Bertoluccis Versuch, ein reprä-
sentatives Panorama des politischen Antagonismus der Moderne zu entwerfen. Die Titelwahl verrät auch einen Fetischismus zur runden Zahl.
Als ob die Moderne und ihre Theorien sich nach christlicher Zeitrech-
nung ausrichteten! Indiz dafür ist, daß er sogar Verdis Biografie ein wenig
verändert und das Jahrhundert mit dem Klageruf des Buckligen Rigoletto einläutet: Giuseppe Verdi – der 1901 starb – sei tot. Auch das Tableau da Volpedos »Der vierte Stand« dient zur gleichsam objektivieren-
den Datierung. Der Titel verrät zudem eine weitere Entsprechung zum
Stil des groß angelegten Films, der erklärtermaßen populistisch sein will.
»Novecento« nannte sich eine Gruppe italienischer Maler, die 1922 auf-
und 1933 abtraten. Ihr künstlerisches Ziel waren traditionsbildende
Werte, mit denen sie die »pittura metafisica«, die Gruppe der Modernen,
bekämpften.[12]

NOVECENTO ist Bertoluccis extremster Film zum Thema Körperlichkeit.
Die Zeitspanne in diesem Film umfaßt ein ganzes Mannesleben. Wir sehen ein schreiendes Baby und einen albernen Greis. Welche Kräfte welche Spuren den Körpern im Verfall einschrieben, macht Bertolucci mit
Mitteln der Masken deutlich. Der große politische Antagonismus ist
übersetzt in den kleinen Körperantagonismus. Das Politische wird zwar
reduziert, aber auf seine Körperdimension geschraubt. Wie sich Körper
unter dem Druck von Arbeit, Folter, Perversion und natürlichem Verfall
deformieren, wird in Bertoluccis Version vom Triebschicksal als Klassenschicksal demonstriert. »In NOVECENTO gibt es also so etwas wie eine
Trauerarbeit des Sozialismus«, schrieb der Psychoanalytiker Franco Fornari. »Aber sie spielt sich auf der Ebene infantiler Sexualität ab. Sie wirkt
als eine Art Magma, der nicht nur die Erinnerungen entsteigen, sondern
auch poetische Gefühle den großen Veränderungen gegenüber, die ein
neues Bild vom Sozialismus schaffen. Mein Eindruck ist, daß Bertolucci
den Sozialismus, psychologisch formuliert, als Genitalität begreift.«[13]
Das zwanzigste Jahrhundert, möchte ich Maurice Merleau-Ponty, den
marxistischen Philosophen der Körperlichkeit zitieren, »hat den Begriff
des Leibes, das heißt des belebten Körpers wiederhergestellt und ver-
tieft«.[14]

LA LUNA könnte man, à la rigueur, zu den Zeitallegorien stellen. Der
Mond, der die Gezeiten macht, schafft hier die wichtigste Erinnerungsarbeit: an eine Kindheitsepisode. Der ganze Film ist eine Rückblende zu

diesem Bild: Mutter und Sohn, nachts auf dem Fahrrad, hinter ihnen: der Mond. Der Sohn in Mittelachse dem Mutterauge konfrontiert, das seinerseits eine Achse mit dem Mond hinter ihrem Kopf bildet. Ein Kindheitsmuster, das Bertolucci kaleidoskopförmig auflöst. Am Anfang stand ein Concetto zur Zeit.

Die anderen Titel verweisen wie PARTNER auf das durchgängige Doppelgängermotiv, auf einen Sozialcharakter wie IL CONFORMISTA. Leicht daneben zu stellen sind: Fabrizio, der bürgerlich entgleiste Intellektuelle; Athos Magnani, der bloß ein entwurzelter Sohn ist; Clerici, der Konformist; Olmo Dalco, der Landproletarier; Alfredo Berlinghieri, der Großgrundbesitzer; Caterina, die Künstlerin. In Bertoluccis letztem Film TRAGEDIA DI UN UOMO RIDICULO verweist der Titel auf die scheinbar paradoxe Genremischung (Tragödie eines lächerlichen Mannes), in der sich jene neue Dramaturgie der Mischformen behauptet, die LA LUNA im provokanten Kommentar des Regisseurs ausprobieren konnte. »Man spricht heute von *nouvelle philosophie* und der *nouvelle cuisine*, warum nicht auch der *nouvelle dramaturgie?* Ich kann darüber nur lachen, aber das Leben basiert nun einmal auf Brüchen und Widersprüchen.«[15] Das im Titel STRATEGIA DEL RAGNO verdinglichte Rätsel ist nicht auf den ersten Blick zu lösen. Es gibt weder einen Bild- noch Dialogverweis als Schlüssel. Nur der Genus im Originaltitel gibt zu erkennen, daß eine Strategie der männlichen Spinne gemeint sein muß. Nicht gemeint ist die Umgarnung der Spinne, für die hier die Vergangenheit, die Macht, die Geschichte, aber auch: Draifa, die Geliebte des Athos Magnani sen. einsteht. Sondern: die Verweigerung, der Entzug der männlichen Spinne, die Anstrengung, sich der tödlichen Umarmung durch die Spinnenfrau zu entwinden. Die Strategie bestehe darin, daß die männliche Spinne bei der Paarung masturbiert, den Samen im Mund aufbewahrt, Kräfte sammelt und die Spinnenfrau aus sicherer Distanz befruchtet. So erklärt Bertolucci den Titel, aber nicht sein Rätsel.[16] Wäre der Titel, löst man sein Concetto auf, nicht Ausdruck des psychischen Grundmusters eines paralysierten, narzißtisch gestörten Bewußtseins, das sich aus bedrohlicher Ich-Schwäche dem Verströmen an die Außenwelt entzieht? Die Strategie der Spinne wäre eine des Überlebens: um den Preis des Fürsichselberlebens. Dies ist der Preis, den nicht nur Fabrizio in PRIMA DELLA RIVOLUZIONE, den auch Jacob in PARTNER und Clerici in IL CONFORMISTA entrichten, von Athos Magnani einmal abgesehen, der sich der Geschichte, der Macht, der Politik, der Geliebten seines Vaters und vermittels ihres zielgehemmten Werbens auch dem Vatermythos entzieht.

5

Zu den Titeln treten die Namen. Manchmal müssen Bertoluccis Figuren über die Namen lachen, weil sie so komisch seien. Fabrizio mokiert sich über Giambattista Bodoni, als er mit seiner Tante den Inzest in der alten Druckerei vollzieht. Bodoni, berühmter Typograph und Begründer der herzoglichen Druckerei zu Parma, steht nur als Chiffre für Parma, als welche ebensogut der bekannte Schinken dienen könnte. Aber Bertolucci läßt seine Helden über manierierte Verschlüsselungen stolpern. »Ein komischer Name«, sagt die Frau des Konformisten, als sie am Telefon den Namen des Komplicen erfährt. Sie hat eine Assoziation, weil der Name spricht. Daß sich in RIVOLUZIONE der Name Fabrizio angeblich von Fabrice, dem Protagonisten in Stendhals Roman ›Die Kartause von Parma‹ herleite, ist eine der falschen Fährten, die sich in diesem Blendwerk der sinnlichen Täuschungen bei Bertolucci finden. Die Chiffren dienen bloß dem Zweck, seine Filme dem Schauplatz Heimat anzubinden. So möchte man glauben, der Gutsherr Puck, der am Ufer des Po eine melancholische Endzeitklage anstimmt, verweise auf Shakespeares ›Sommernachtstraum‹. Schon möglich, andererseits zeichnete Gianni Puccini, Filmkritiker in der Emilia zu Resistenza-Zeiten, seine Artikel mit dem Kürzel »Puck«.[17]

In STRATEGIA DEL RAGNO gibt die enigmatisch lächelnde Alida Valli selber einen Hinweis auf ihren denkwürdigen Namen Draifa, den der Vater, Parteigänger von Zola, in Sympathie für Dreyfus ihr verlieh. Die Enträtselung klärt aber kaum das Wesen der Persönlichkeit der Draifa. Sie führt in die Irre, wohin Bertolucci mit seinen »schwankenden, irisierenden, die Sinne täuschenden« Mitteln ziehen will, wie Hauser zum Manierismus bemerkte. Athos Magnani: das deutet auf eine Lesefrucht. ›Die drei Musketiere‹, A. Dumas père. Athos war der edle, der romantische Graf, und kämpfte Athos senior nicht im Verein mit wackeren Verbündeten auch für die Durchsetzung von Recht und Freiheit? Wird, am Ende, der antifaschistische Kampf, als romantische Aventüre, kritisiert oder bloß: die tranceartige Suche nach ihren Spuren? Der Name Magnani bedarf für das italienische Kino und seine Huldigung an Populismus keiner Erklärung. Wohl aber der mehr als zweideutige Name, den Bertolucci der kleinen Stadt des Geschehens gibt: Tara. Fare la tara bedeutet: nicht alles für bare Münze nehmen, und diese Devise ist ein guter Schlüssel zum Werk. Als Nomen heißt Tara: Fehler, Gebrechen. Als cineastische Anspielung ist an den gleichnamigen Landsitz der Scarlett O'Hara im Film GONE WITH THE WIND (1939) zu denken, und zwar über die Namensgleichung durch die Formvermittlung, die sich auch in jenem Film den Affekten der Personen durch großartige Kreiselfahrten und Travellings annäherte.

Im CONFORMISTA häufen sich die sprechenden Namen. Marcello, der Konformist, ist mit Giulia verheiratet. Julia, denkt man an den Schauplatz des antiken wie des faschistischen Roms in diesem Film, war die Tochter des Kaisers Augustus, der sie mit Marcus Claudius Marcellus vermählte. Sichtbarer ist am Schluß, als Marcello in die Höhle, der er sich entronnen wähnte, zurückkehrt, daß neben dem Verschlag des Strichjungen, dem er sich zögernd nähert, mit Kreide der Name »Giulio« geschrieben steht: ein Ersatz, eine Ersetzung? Sein väterlicher Freund, der faschistische Radiokommentator, trägt den besonders faschistischen Namen Italo. Der Professor, den er umbringen lassen wird, heißt Quadri. Una testa quadra ist: ein gescheiter Kopf, und quadro im figurativen Sinn: ein Bild. In welchem Sinne hier die Fäden zu Platons Höhlengleichnis gesponnen werden, weiter unten. Der Chauffeur, den Marcello bezichtigt, ihn zur Homosexualität verführt zu haben, den er getötet zu haben glaubt und beim schockhaften Wiedererkennen öffentlich des Mordes an Quadri bezichtigt, den er beging, heißt: Lino. Lino heißt: Flachs, bezeichnet die Helle. Der alte Lino trägt flachsblondes Haar, der junge Lino eine schneeweiße Uniform. Tela di lino heißt: die Leinwand. Der ganze Mann dient Marcello als Projektionsfläche. Der Name des Agenten, den Giulia so komisch findet, ist: Manganiello. Der Stamm ist Mangan, ein graues Metall von mittlerer Härte, ziemlich unedel, das sich mit vielen Metallen legiert. Der Name enthüllt den Sozialcharakter der Figur, die ihn trägt. Noch eine Anzüglichkeit ist eingebaut: Giulia hat sich von ihrem Onkel Perpuzio entjungfern lassen (prepuzio ist: die Vorhaut).

NOVECENTO wurde von vielen Kritikern bezichtigt, den »historischen Kompromiß« des politischen Italiens zu verklären. Das war von Bertolucci beabsichtigt. Er wollte, mit aller ästhetischen Macht, den 25. April 1945, den Tag der Befreiung vom Faschismus, zum utopischen Augenblick entfalten, in dem der Sozialismus sich seiner eigenen Macht inne werde und der Macht jenen Prozeß macht, der sie abschafft. Als Schöpfer der Idee vom »compromesso storico« gilt der KPI-Sekretär Enrico Berlinguer. Wiederum nur als Paradox greift Bertolucci diesen Namen auf, indem er den Großgrundbesitzer, um dessen schlußendliche Abschaffung sein Prozeß kreist, Berlinghieri nennt: den Berlinguer, dem die Zeitbestimmung »ieri«/gestern eingeschrieben ist.

Eine Anspielung, die kausal nicht zu Ende zu denken ist, sondern vom paradoxen Concetto lebt und ihre Spuren gleich verwischt. Aber das Klangfeld der Assoziationen muß man im Ohr behalten, will man dem Manieristen Bertolucci auf die Schliche kommen. Proletarischer Gegenpol zum Großgrundbesitzer Berlinghieri wird Dalco Olmo: das ist die Ulme, bodenständig in der Emilia, wie der Großvater Dalco (Sterling Hayden) dem alten Berlinghieri (Burt Lancaster) erklärt. Ulmen und Pappeln: das sind die Zeichen für die Landschaft Emilia, wie sie schon sich verdichteten in PRIMA DELLA RIVOLUZIONE, als Puck am Ufer philosophierte. Alida Valli trägt den Namen Signora Pioppi, d. h. »Pappeln«.

Man erinnert sich an den Weg, den die Frösche im ersten Teil von NOVECENTO nehmen. Der kleine Olmo fängt sie, und der feine Alfredo muß sie essen. Ein Lehrstück über die Reproduktion, den Antagonismus im eigenen Haus. Aber auch: ein Schauspiel der frühkindlichen Erinnerung, Poesie geworden in Bertoluccis Gedichtband ›In cerca del mistero‹. Ein Gedicht ist überschrieben: »Il bambino e le rane«, der kleine Junge und die Frösche. Darin heißt es: »Ora che gli olmi sono/ umili lampade verdi / e i cancelli sono aperti, i pioppi sono/ pilastri coperti di foglie.«[18] Das wäre verdeutscht: »Jetzt, wo die Ulmen schwache grüne Lichter scheinen, sind die Tore geöffnet, und die Pappeln sind Pilaster, mit Blattwerk bedeckt.«

Das ist kein Gipfel italienischer Naturlyrik, hier aber unter allegorischem Blick, der die Natur zu Namen erstarren läßt, bedeutsam. So findet in diesem Kontext selbst Verdi seinen Platz. Nicht von ungefähr heißt der Bucklige, der die Landarbeiter in der »Lega« (Landarbeitergewerkschaft) organisiert, Rigoletto. Er trägt das Kostüm der Opernfigur von Verdi, der selber aus der Emilia stammend keine Chiffre mehr für Bertolucci ist, sondern: ein Insignum der Wahlverwandtschaft.

Dominique Sanda, die in NOVECENTO eine Dichterin darstellt, die eine Ehe mit dem Großgrundbesitz eingeht, trägt den Namen Ada Fiastri Paulhan. Das klingt wie eine angemessene *caprice*. »Ada«, das ist nicht nur ein Anagramm aus Sanda, sondern in sich ein Lautgedicht, wie diese Person sie schreibt. Der bizarre Mittelname ist eine Kontamination, die mehrere Assoziationen weckt, an Fiasko, wie an »astri«, Sterne, im übertragenen Sinn: hochfliegende Poesie. Paulhan schließlich ist eine handfeste Anspielung auf den einflußreichen Homme de lettres Jean Paulhan, mit André Gide 1925 Begründer der ›Nouvelle Revue Française‹. Der Name, scheint es, ist Adas bestes Gedicht.

Attila und Regina, das Verwalterehepaar auf dem Gut der Berlinghieris, sind der Inbegriff des Bösen und stehen, jedermann verständlich, dafür ein. Und was LA LUNA angeht – um den Spaziergang zu den Versteinerungen Bertoluccis abzuschließen –, so ist Caterina keine Heilige, sondern, wie das Gedicht in ›Cerca del mistero‹ belegt, eine Jugendliebe des achtzehnjährigen Bernardo gewesen. Joe, Caterinas Sohn von einem italienischen Vater, aber in New York aufgewachsen, trägt einen amerikanischen Allerweltsnamen. Seine Identität, vielleicht einen Namen, wird er sich erst in Rom erarbeiten. Mit Hilfe der Droge, seiner Freunde, seiner gelösten Vaterbeziehung? Sein leiblicher Vater, mit dem es zum theatralischen Finale in den Caracalla-Thermen zur Aussöhnung kommt, heißt Giuseppe. Das ist – in Italien – der Schutzpatron der Gehörnten. Man

27

kann an der aufdringlich populistischen Kamera-Arbeit in NOVECENTO und der preziösen Verschlüsselung der Benennungen einen jener Widersprüche festmachen, den Hauser als für den Manierismus charakteristischen beschrieb: »Es gehört zu den inneren Widersprüchen des Manierismus, daß er nicht nur einen fortgesetzten Kampf gegen den Formalismus (...) darstellt, sondern daß er zugleich selbst formalistische, fetischartige Kunst ist.«[19]

6

Bertoluccis erstes Thema sind die Väter. Damit hat er sich sehr früh und lang herumgeschlagen. Die Verwerfung der vielen Väter in seinen Filmen deutet auf eine beharrliche Suche nach dem einen Vater. Den biografischen Kampf gegen Attilio, den leiblichen Vater, führte Bernardo als mythischen Schaukampf. Daß der Gutsverwalter in NOVECENTO, der von dem schwachen Vater Giovanni Berlinghieri faktisch die politische Verfügungsgewalt überschrieben erhält, den Namen Attila trägt, kommt einer symbolischen Tötung gleich. Die Anfänge sind weniger deutlich. In RIVOLUZIONE identifiziert sich der vaterlose Held Fabrizio mit dem kommunistischen Volksschullehrer Cesare, einem stillen Kämpfer gegen die Misere des alltäglichen Klassenkampfs. Ein Weiser und doch nur ein Vorbild auf Zeit, an den angelehnt der Bürgersohn Haltung ausprobieren darf, ohne umzufallen. Schließlich wird er, einem feigen Brutus gleich, seinen Cesare verraten: nicht durch Vatertötung, sondern durch den sanften Verrat, mit dem er, von ihm abgleitend, in den Hafen der Bürgerlichkeit einläuft. Gemeinsam mit dem väterlichen Freund auf dem Sommerfest der *Unità* macht Fabrizio sich seine Gedanken zur Utopie der Vater-Sohn-Beziehungen. »Auf der Straße demonstrieren«, sagt er, »reicht mir nicht. Ich stelle mir den neuen Menschen vor: eine Menschheit aus Söhnen, die ihren Eltern: Eltern wären.« Abgesehen davon, daß aus dieser Utopie die Töchter von der Menschheit ausgeschlossen werden, ist der Satz ein manieristisches Concetto. Die Inversion ist seine Redefigur, »verkehrte Welt« sein Topos. Was einmal politische Forderung war: das Delegationsprinzip der Herrschaft von Vätern über Söhne aufzubrechen, wird gegen die eigene Substanz gewendet und erhält durch diesen Prozeß eine zweite Realität. AGONIA beschreibt den Tod eines Kirchen-Vaters, der die Trauerschar seiner Schüler und Jünger um sich versammelt. STRATEGIA beharrt, nach aller Einfühlung in die fremd gewordene Identität des toten Vaters, auf der Verwerfung des Vaters. Der Sohn gewinnt auf der Suche nach seiner sozialen Identität nur die von der Umwelt verliehene: des Vaters. Er bleibt Gefangener jenes Mythos, den aufzubrechen seine Suche unternahm. Athos Magnani jun. ist nicht Delegierter, er ist Opfer des Vaters. Wobei dem Zuschauer präsent bleiben muß, daß Bertolucci diesen Weg als Einbahnstraße konstruierte. Das Erfahrungsfeld des Sohns bleibt zwanghaft dem väterlichen Terrain verhaftet. In Tara lebt das Leben nicht, sondern vollstreckt nur die Zeichen, die der Determinismus des Drehbuchs setzt.

Auch im CONFORMISTA hat der Vater keine Chance zur realistischen Entfaltung. Er muß in den Extremen einer Überfigur verharren. Clerici (Trintignant), in hilfloser Haßliebe zur morbiden Mutter verstrickt, besucht den Vater im Irrenhaus. Dort schwafelt der Vater, in Zwangsjacken gefesselt, Bruchstücke eines Textes, der sich wie die faschistische Erfüllung der futuristischen Poesie anhört. »Blutbad und Melancholie«, murmelt der Vater, den bohrenden Fragen des Sohnes ausweichend. War der Vater schon Faschist, vielleicht Folterer in Mussolinis Abessinienkrieg – für den sein Textbruchstück als Chiffre stünde? Wie immer: der leibliche Vater entmündigt, der Wahlvater, Professor Quadri, ermordet, der faschistische Freund Montanari denunziert und dem Mob ausgeliefert und: aus Eifersucht, als politisch opportun getarnt, der japanische Liebhaber seiner Mutter auf diskrete Weise aus dem Weg geräumt. Der CONFORMISTA ist eine veritable Vätervertilgungsmaschine. Dafür sind, wie es sich schickt, subtile Zeichen gesetzt: nur die Mütze des vermutlich vom Agenten Manganiello umgebrachten Liebhabers sieht man durchs Laub rollen. Für diesen Anblick geht Storaros Kamera sogar in die Knie, um schließlich den Konformisten, der nun vaterlos dasteht, in bürgerlichen Vaterfreuden, die Sinne täuschend mit gemaltem Himmel, hinter der Wiege seines Kindes zu zeigen.

ULTIMO TANGO ist jene Wende in der Produktion von Bertolucci, die ihren Filmfiguren jedwede individuelle Geschichte entzieht, um die psychischen Affekte bloß noch als Stereotypen auszustellen, die selber zum Handlungsträger avancieren. Marlon Brando, der Liebhaber der Maria Schneider, ist überdeutlich Vaterersatz der jungen Frau, die erst dann sich von dieser Imago befreit und dem jugendlichen Glück (Jean-Pierre Léaud) anheimfällt, als sie Brando erschießt. Und zwar ausgerechnet, als dieser im Aufzug ihres Vaters auftritt und sich in der Sicherheit ihrer Liebe wähnt. Sein Unglück: er trägt das Offiziers-Képi des Obersten. Noch wo keine Väter mehr sind, muß der Schatten ihrer Autorität getötet werden.

In NOVECENTO stirbt der Großvater Berlinghieri (Lancaster) einen gewaltsamen Freitod und wird dem Enkel gegenüber zum Schein als lebend ausgegeben, damit der feige Sohn Giovanni die erbschleicherische Prozedur vollenden kann. Die Schwäche der Väter wird in diesem Film unterdessen als politische Dekadenz ausgegeben, sie entfaltet sich aber auf der gleichen Folie des mythischen Schaukampfs wie zu Bertoluccis filmischen Anfängen. Diese Väter sind korrupt und fallen dem Faschismus anheim: sie müssen weg, sagt die Ideologie des Films, die nun die psychischen

Stereotypen überformt. Alfredo jn. (Robert De Niro) wird diesen Vater verwerfen und in seiner Phantasie statt dessen mit dem weltmännischen Ottavio, seinem Wunschonkel liebäugeln. Der Landproletarier Olmo (Depardieu) hat nicht einmal einen identifizierbaren Vater. Sein idealisierter Ersatz ist die Großfamilie und der liebevoll-strenge Patriarch, sein Großvater (Hayden). Ihn nimmt er, der selbst ein liebevoller Vater wird, als Ersatz an.

Über LA LUNA, der vordergründig ein Film über eine verfehlte Mutter-Sohn-Beziehung ist, gibt Bertolucci in einem Interview Auskunft: »Mir wurde beim Schnitt des Films bewußt, wie wichtig die Wiedergewinnung des Vaters ist.«[20] Der halbwüchsige Sohn hat hier zwei Väter, einen leiblichen, der ihm verborgen bleibt bis zum letzten Drittel des Films, und einen Adoptivvater, der ihm in den Eingangsszenen des Films wegstirbt. Man sieht: eine Aufweichung in sinnvolle Psychologie und eine Bertolucci fremde Überformung durch herkömmliche Hollywood-Muster, die die Selbstverlorenheit des Sohns nun motivieren muß, wo zuvor blinde, mythische Gewalt herrschte.

Um den Nachstellungen der Mutter zu entkommen, hängt sich der Sohn an lauter Ersatzbeziehungen, an einen Freund, an einen wildfremden Schwulen in der Bar und an eine Vater-Imago, die ihm zudem ein Gefühl von Heimat garantiert: Billy Martin, Trainer des Yankee-Football-Teams, über dessen Tod Joe in tiefe Trauer ausbricht und einen gewaltigen Schauplatz, die leere Halle, für seine Trauer wählt und den Gang dorthin zudem mit einem Kreidestrich markiert, als wollte er ins Labyrinth seiner Vatersuche verschwinden. Die Besetzung des Schwulen mit dem Pasolini-Star Franco Citti ist überdies ein gesteigertes Zeichen der Reverenz an Bertoluccis »filmischen« Vater: Pasolini. Und ist der »richtige«, d. h. leibliche, italienische Vater am Ende gefunden, so erklärt der Sohn, seinerseits anonym, sich für tot. Einerseits führt das zu dem melodramatischen Effekt, daß die zerbrochene Familie auf der Bühne zusammengeführt wird; andererseits deutet dies auch auf eine Erschöpfung des mythisch angelegten Schaukampfes. Dieser Sohn setzt nicht mehr den Vater ab, sondern, indifferent sich selber gegenüber, die Nachfolge. Der jüngste Film, TRAGEDIA, verschleiert vollends den Vater-Sohn-Konflikt. Ungeklärt bleibt, ob der Sohn den Vater erpreßt, um die überkommene Väterlichkeit zu totalisieren oder zu verleugnen.

Wo kein Vater da ist, findet sich ein Doppelgänger. PARTNER, dessen Drehbuchidee vage auf Dostojewskijs ›Doppelgänger‹-Novelle beruht, thematisiert diese Rolle. Jacob / Giacobbe 1 und 2 spielen die Widersacher ihrer selbst: sehr veräußerlicht und grell. Aber wo Bertoluccis instabile Helden sich an keine Väter lehnen, lockt die Entsprechung zu sich selbst. Die Suche nach dem Vater wird begleitet, unterlaufen von der Suche nach dem Zwilling. Das ist nicht mehr die Suche nach dem Vorbild, das ist das

Sehnen nach dem Ebenbild. In STRATEGIA tragen Vater und Sohn den gleichen Namen, werden vom gleichen Darsteller verkörpert, was eine zwanghafte Identität behauptet und dem narzißtischen Spiegelbild verfällt. Je näher dieser Sohn sich dem Vater wähnt, desto stärker löscht er sich als Sohn aus. Im CONFORMISTA ist es Dominique Sanda, die in den Sinnestäuschungen der Doppelgängerei glänzt. Einmal posiert sie lasziv als Geliebte des Ministers auf dessen Schreibtisch. Bevor der Film dies Bild zeigt, bereitet er den Auftritt des Konformisten vor: der durch einen Bühnenvorhang den ministerialen Raum betritt und von der Erscheinung der Sanda geblendet wird. An der Grenze in Ventimiglia, wo er seine Order zum Mord erhält, tritt sie ihm im Gewand einer faschistischen Salonhure entgegen und beide Male im Gewand der Trauer, bevor diese Darstellerin die Rolle der Anna Quadri zu spielen anfängt. Ein Mythos beginnt sich derart durch zwanghafte Bildwiederholung zu etablieren, durch nichts anderes gesetzt als seine physische, in der Erscheinung changierende Präsenz.

In ULTIMO TANGO spielen Marlon Brando als Exehemann und Massimo Girotti als Exgeliebter jener Frau, die durch Freitod verschied, eine sehr leise, komische Szene der Doppelgänger. Anstatt sich zu duellieren, taxieren sie einander und prüfen ihre Qualität als Liebhaber. Ihre Erkenntnis zielt nicht auf Verschiedenheit, sondern auf Übereinstimmung in Alter, Figur und Wahl der Whisky-Marke. Sogar ihr Morgenmantel war vom gleichen Stoff. Und daß zwei Männer ihr Triebziel so beharrlich auf die gleiche Frau richten, läßt schließen, daß sie am Ende auch sich selber kaum feind sein können. Die Filme von Hawks illustrieren, welche Komik diese Stellvertreterenergien freisetzen.

In NOVECENTO erhält die Zwillingskonstellation ihre freilich aufgesetzte geschichtsphilosophische Dimension. Alfredo und Olmo, Gutsherr und Knecht, verkörpern deshalb so wenig sich selbst, weil sie für den Überbau ihrer selbst geradestehen müssen, für den vielberufenen »compromesso storico«. Sind unversöhnbare Klassen zuletzt doch vom gleichen Stamm? Wird ihre Zwillingssehnsucht nach Einheit und physischem Zusammenwachsen nur unglücklicherweise durch den Antagonismus ihrer Klassenziele entzweit? Zerbricht die brüderliche Liebe zwischen diesen Männern am Riß, der sich durch ihre politische Welt zieht? Vielleicht ging es Bertolucci mit dieser Konstellation nicht einzig um eine rhetorische Figur zum Historischen Kompromiß. Vielleicht liegt in dieser Alfredo-Olmo-Konstruktion auch ein Stück Platonismus verborgen, der sich selber fremd ist.

Gemeinsames Motiv der Flucht aus der gesellschaftlichen Welt dieser vaterlosen Söhne und verlassenen Zwillinge ist die Faszination durch Innenräume. »Unpolitische Ausbruchsversuche aus der bürgerlichen Familie führen in deren Verstrickung meist nur um so tiefer hinein«, notierte Adorno.[21]

Die Verschränkung der Vater-Verwerfung aber mit dem Motiv des Doppelgängers heißt, um der Geschichte abzuschwören, den Mythos willkommen. Wo die Väter abwesend sind oder vom Wege abgedrängt werden wie einst Laios wird der Verlust an Vergangenheit wettgemacht durch Verdoppelung der Gegenwart. »Meine Zukunft als Bürger ist meine Vergangenheit als Bürger«, sagt, sich selber paradox, Fabrizio. So spiegelt sich in Bertoluccis Figuren wider, was in den Titeln der Filme präludiert war: Zeitallegorie. Tritt in den Titeln die Eingrenzung, die Finalität der Zeit zutage, so tritt im Inneren der Figuren die Zeit auf der Stelle. Sie steht still. Kein Wind der Geschichte weht mehr. Er könnte ja auch die Wasseroberfläche, in der sich die narzißtischen Figuren spiegeln, zum Verschwimmen bringen.

7

Der Schauplatz der Geschichte wird zum Theater der Affekte. Als Bilderbuch zur Geschichte der aktuellen Konflikte des politischen Italiens taugen Bertoluccis Filme nicht. Diesen Diskurs führen die Filme von Francesco Rosi und den Brüdern Taviani. Bertolucci hält das Erbe von Pasolini als Fackel in die Höhe, um zu verbergen, daß er ästhetisch als Erbschleicher Viscontis in die Filmwelt kam. Die Geschichte ist die Domäne der Väter, und nach vorliegendem Befund zur Obsession der Söhne in den Bertolucci-Filmen ist es kaum verwunderlich, daß sie in ein Terrain Vague, ein Ödland: die Zwischenzone zwischen Vergangenheit und Gegenwart ausweichen. Betreten sie einmal das Gelände der Politik wie in RIVOLUZIONE oder CONFORMISTA, dann mit gewaltsamen Folgen. Nimmt man die Filme ineins: als einen serialisierten Versuch der Selbsterforschung des Regisseurs, so fällt ein zyklisches Verhalten auf. Auf einen politischen Film wie CONFORMISTA folgt ein apolitischer wie ULTIMO TANGO, auf den wiederum ein politischer Film folgt wie NOVECENTO, der abgelöst wird von einem apolitischen wie LA LUNA. Satz und Gegensatz: die einzige Beständigkeit bei diesem Werk liegt in der Paradoxie, durch die letztlich auch was als politisch oder apolitisch fest umrissen scheint, verschwimmt. Bertolucci, der späte Manierist, revoziert sich am laufenden Band und widerspricht dabei nicht sich, sondern: seinem ästhetischen System inhärent, bloß dem herrschenden Diskurs der Festschreibung in Eindeutigkeit.

Ist COMMARE SECCA ein Porträt des römischen Subproletariats oder eine Meisterschüleretüde à la Pasolini, in der das Klimpern mit dem Handwerk das Thema aufsaugt und sich an dessen Stelle inthronisiert? Ist RIVOLUZIONE ein Zeugnis des Vor-1968er-Engagements oder ein melancholischer Versuch, das Nicht-Engagement zu rechtfertigen? Fallen bei Bertolucci die stabilisierenden Zweifel der Bürger nicht immer stärker ins Gewicht als die destabilisierten Hoffnungen der Land- und Stadtarbeiter?

Ist PARTNER ein Panorama vom Pariser Mai 1968 oder sein dunkler Vorraum, in dem er zaudernd innehält? Ist STRATEGIA ein Beitrag zum faschistischen Antifaschismus – nämlich: Selbstaufgabe und Unterwerfung des Individuums unter den Mythos – oder eine Phantasmagorie zur Vaterlosigkeit? Ist IL CONFORMISTA, in schamloser Ausbeutung von Viscontis Film LA CADUTA DEGLI DEI (Die Verdammten. 1968), ein sozialpsychologischer Beitrag zur Faschismustheorie von Wilhelm Reich oder eine ästhetisch nostalgische Exploration der 30er Jahre? Ist ULTIMO TANGO eine radikale Tabuverletzung oder eine larmoyant geratene Elegie auf den einen grandios gewollten Virilismus? Ist NOVECENTO Kondensat von Zeithistorie oder die Vision der Sehnsucht nach dem Ende der sozialen Zerrissenheit, der Traum von Einheit und Versöhnung? Ist LA LUNA das Sozialporträt einer Diva oder die sehr persönliche Abrechnung des Regisseurs mit seiner nach Pasolini gleichbedeutenden Vater-Imago im ästhetischen Bereich, Giuseppe Verdi?

Wie immer ambivalent die Möglichkeit der Deutung sein mag, plädiere ich in jedem Fall für die letztgenannte Lösung, um zu zeigen, welche Reduktion an allen Orten Bertolucci vornimmt. Ein Manierist steht gern an der Schwundstufe der Realität, um sich auf schmalem Grund ein Treppenhaus ins Traumreich zu erbauen.

Bertoluccis Helden sind keine Helden mehr, sondern Zwangsvollstrecker jenes Opfers, das der Mythos ihnen abverlangt. Da ihnen der Spielraum zum Handeln abgepreßt wird, können sie, auf öffentlich-politischem Terrain, nur noch Figuren der Unterwerfung zelebrieren: Gesten und Formen erfinden, in deren Besitz sie sich wähnen. Während der Dreharbeiten zum ULTIMO TANGO stand der Regisseur, wie er an sehr entlegenem Ort und nicht der Boulevardpresse gestand, unter dem Einfluß des Philosophen Georges Bataille. Sein langjähriger Cutter, Kim Arcalli, hatte ihn darauf gebracht. Bertolucci dachte sogar daran, Batailles Roman ›Das Blau des Himmels‹ zu verfilmen.[22] In welchem Maße Bertoluccis Manierismus auch im Banne von Bataille stand, darüber gibt eine für jenen Philosophen zentrale These vielleicht Auskunft: »In der Erotik geht es immer um die Auflösung schon gebildeter Formen.«[23]

8

Bertolucci hat eine Vorliebe für die Sonderformen der Erotik. LA LUNA zum Beispiel blättert einen ganzen Leporello sexueller Spielarten auf, deren Vielfalt Zuschauer wie Kritiker verwirrt, und das heißt bei diesem Regisseur: vorsätzlich desorientiert. Was Dramaturgie, Identität, Rolle, Entwicklung, Genre oder Erzählform sein soll, verliert unter seinem Blick an Stringenz, um dafür an Weitläufigkeit und Vertracktheit zu gewinnen. Einen besonderen Stellenwert nimmt die Homosexualität ein, die sich wie ein roter Faden durch dies Werk zieht. Allerdings kaum als brodelndes Triebschicksal wie bei den Charakteren Pasolinis, sondern als eine Attitüde des Sublimen, in der die Triebe zum Affekt verschliffen und die Ziele, auf die sie sich richten, verfehlt werden. Kaum dürfen die Figuren sich ihrer sexuellen Orientierung innewerden, geschweige denn sie ausleben. RIVOLUZIONE und LA LUNA spielen mit dem Inzest-Motiv, ohne den Frevel als riskante Tabuverletzung zu durchleben. Die Perversionen, die Bertoluccis Filme werbend ausstellen, werden in der Regel höchstens verbalisiert wie im TANGO, kaum aber visualisiert. Der Manierismus, der Haltungen und Triebe theatralisch ausstellt, bietet den homosexuellen Charakteren Bertoluccis bloß repressive Flucht in Kunstwelten und Melancholie.

In RIVOLUZIONE wirbt der Arbeitersohn Agostino um Fabrizio, der sich aber dieser Freundschaft, die nicht einmal von sichtlichen Zeichen sexuellen Interesses tangiert ist, nicht gewachsen zeigt. Der Bürgersohn, der mit dem Kopf das Bündnis der Arbeiterklasse zu suchen vorgibt, läßt seinen Freund im Stich, nimmt abstrakt für die Politik Partei (dafür steht seine wiederum verfehlte Zuwendung zum Lehrer Cesare) und übersieht die politische Dimension des Privaten. Zwischen den beiden steht entweder ein Zaun oder Agostinos Fahrrad, mit dem, beständig stürzend, er Fabrizio zu umkreisen sucht. Drei Annäherungen, drei Abschiede und zum Schluß der Selbstmord Agostinos. Dabei schicken sich die Freunde ins Kino, das Hawks' RED RIVER zeigt, einen Film, dessen Männerfreundschaften sich gleichfalls nur als Rivalitäten ausleben dürfen.

Die Kamera vollführt Kreisbewegungen um diese Freunde: wie um Monaden, die in ihrer Privatheit verharren, aus der sie ausbrechen möchten. Beide träumen davon, sich loszureißen, enden aber als Entwurzelte. Wird Agostino für sein Werben bestraft? Das wäre, kausal, ein Kurzschluß. Aber, fragt man, warum wird nichts als die Erinnerung an ihn bleiben, das liebevolle Gedenken an sein Haar »wie Kanarienvogelfedern«, wie Fabrizio an der Tafel lamentiert, während die ihn liebende Tante Gina seufzt, derart möchte auch sie im Gedächtnis der anderen überleben.

Im Debütfilm COMMARE SECCA ist es ein Homosexueller, der den Mörder der Prostituierten identifiziert, am Klang der Holzpantinen. Das wäre, allein genommen, kein besonderes Indiz, macht aber hellhörig, denn mit der Beharrlichkeit, in der Bertolucci homosexuelle Figuren auftreten läßt, thematisieren sie die Wahrnehmung und nicht: ihre Interessen. Die ironische Vertracktheit der Zeichen will, daß zu COMMARE SECCA jeder Italiener, der einen Homosexuellen identifiziert, sich der populären Geste am Ohr entsinnt, die diese Minderheit in der öffentlichen Zeichensprache kennzeichnet.

Als der Konformist seinem Freund, dem faschistischen Radiokommentator, seinen Plan zu heiraten kundtut, antwortet der bestürzt: »Ich verliere meinen besten Freund.« Marcello Clerici, der Konformist, in seiner Kindheit durch einen Päderasten traumatisiert, ordnet sein Leben, seine private wie politische Karriere der Sehnsucht unter, als normaler Durchschnittsbürger zu gelten. In welchem Maß er von der Kindheitsbegegnung mit einem manifesten Homosexuellen geprägt wurde, will er zwanghaft vertuschen. Die Strategie des Spurenlöschens nimmt ihn dabei so gefangen, daß er erst gegen Ende des Films seinem liebsten Feind, dem Chauffeur, wiederbegegnet. Was ist normal?, ist seine bange Frage. Der Kommentator, der seinerseits seine Interessen an Clerici zügeln muß, beantwortet sie. Normal, das sei die Lust eines Mannes, sich nach dem Hintern einer schönen Frau umzudrehen und zu sehen, fünf andere Männer tun es auch. Noch während er dies sagt, taucht die Kamera vertikal ab, die zu Beginn der Einstellung – die Freunde in einem Souterrain vorm Fenster – die Beine der Passantinnen mit kadriert hatte. Nun senkt sich der Blick in den Keller und schließt die Außenwelt vor den Männern aus. Normal also wäre gemäß dieser Definition, die zugleich ein visuelles Urteil gegen den vorgebrachten Standpunkt abgibt, die ungenierte Kollektivität, das öffentliche Einverständnis über Triebziel und Genuß. Das Gegenteil davon wäre das Verstecken der Einzelgänger, der Unterdrückten, die sich heimlich verständigen, an unzensierten, von keiner Instanz überwachten Blicken. Daß Bertolucci ausgerechnet an homosexuellen Konstellationen die Wahrnehmung: ihre Intensivierung noch im Verheimlichen erörtert, ist gewiß kein Zufall. Wie seine Kamerafigur des Blickdelegierten funktioniert, dazu weiter unten.

Der gewöhnliche Homosexuelle, wie noch in dem Pasolini verpflichteten Debütfilm, ist für Bertolucci keine interessante Figur. Sein Drang nach überfrachteten Zeichen läßt ihn auch hier zu den Extremen finden. Der Chauffeur, der den jungen Konformisten ja offensichtlich nicht verführt, muß, um als Homosexueller zunächst erkennbar und dann mit heftigster Reaktion abgelehnt zu werden, zur Frau werden. Er lüftet die Uniformmütze, spielt mit einer gefährlichen Pistole, also den Zeichen quasi beruflicher Männlichkeit, um dann im Handumdrehen sich zu verwandeln. Er schüttelt die Haare, sie sind lang, legt einen Kimono an und fühlt sich als Madame Butterfly – der doppelte Boden: die unstillbare Sehnsucht der Butterfly als Opernfigur galt ja einem Uniformträger. Der Junge ekelt sich, schießt und flieht im Glauben, den Päderasten erschossen zu haben. Wichtig ist hier nicht die psychologische Stimmigkeit der Rollen, sondern das Changieren in den Rollen. In STRATEGIA beschäftigt Draifa (Alida Valli) in ihrem Landhaus einen jungen Burschen. Ein engelhaftes Lächeln, ein fleischgewordenes Rätsel, das sich erst auflöst, als »er« den Strohhut abnimmt, die Haare schüttelt, die dann »ihr« auf die Schultern fallen. Der Junge, der in dem Gasthof, der Athos Magnani jun. beherbergt, aushilft, hält einen Hasen im Arm und behauptet, rätselhaft lächelnd, es sei ein Weibchen. Sinnestäuschung und Sinnesverwirrung, fliegender Identitätswechsel: Sublimationen an jedem Ort, den Bertoluccis Figuren, ohnehin nur temporär, einnehmen.

In NOVECENTO verlustiert der erstgeborene Sohn des Landbesitzers sich in Venedig, anstatt zu heiraten. Kein Wunder, daß der verschlagene Giovanni sich dessen Rechte anmaßt, denn: der kleine Held, Alfredo, hat einen schwulen Onkel. Er weiß es bloß noch nicht. Diesem Mann, der auf blankem Arm ein Segelschiff eintätowiert hat (das erste überhaupt, was die Kamera von ihm zeigt), der um den Kopf des Neffen einen Turban wickelt, mit ihm spielend das Traumland (Seraglio/Sérail) betritt, gilt die Sehnsucht des Jungen. Ein schönes Vaterbild! Die Folgen sind bekannt: Führungsschwäche und inhärente Dekadenz, leichte Beute des Faschismus.

Im zweiten Teil des Films spielt dieser Onkel, auch er ein Päderast, die Rolle des deutschen Barons von Gloeden auf Sizilien nach, photographiert in antikisierenden Posen halbwüchsige Fischerknaben, deren Sinnlichkeit statuar gebannt scheint. Ottavio ist eine lächerliche Null, die für ihre sinnlose Existenz dramaturgisch bestraft wird, durch ihr Verschwinden aus der Geschichte von NOVECENTO.

Allerdings beschert er Dominique Sanda einen bezeichnenden Auftritt. In Ottavios Haus lernt Alfredo (Robert De Niro) seine künftige Frau kennen. Ein verwöhntes, jedoch unberührtes Luder, dem der reiche Onkel schicke Sportautos und neusachliche deutsche Maler à la mode schenkt. Im Hosenanzug kommt sie die Treppe hinunter, die nassen Haare trocknend, schon sprechend. Dann teilt sie den Vorhang ihrer Haare, steckt sich eine Zigarette an; und auftritt: ein Gesicht. Daß homosexuell unterdrückte Männer ihre Ichschwäche gern an starken Frauen aufrichten, ist kein Geheimnis, denkt man nur an den Kult um Bette Davis und Marlene Dietrich. Daß aber die starken Frauen ihrerseits nur als lesbische Frauen stark sein dürfen, ist ein Kinoklischee, aus dem auch der so waghalsige Bertolucci nicht ausbricht. Im Gegenteil.

In IL CONFORMISTA spielt Dominique Sanda (ich bemerke bloß, daß ihr Vorname doppelgeschlechtlich denkbar ist) die Frau des antifaschistischen Professor Quadri. Aber Antifaschismus schützt auch die lesbische Frau vor Strafe nicht. Sie spürt sehr wohl die Faszination, die sie auf den gelackten Schwächling, der am Ende sie und ihren Mann ermorden läßt, ausübt und versucht: sie dominierend auszuüben. Die Kameraeinstellung auf sie als Anna Quadri – man sah sie zuvor in zwei täuschenden Rollen als Doppelgängerin einer Rolle, die sie erst entdecken wird – zeigt sie im Pariser Appartement, wie sie rauchend, die Hände in den Hosentaschen, herausfordernd am Türrahmen lehnt: eine sehr männliche Erscheinung, die eine Dietrich-Pose zitiert. Trintignant aber wirft sie sich sozusagen bloß instrumentell an den Hals: einerseits um Schlimmeres zu verhüten, andererseits um an seine dumme, aber sinnliche Frau heranzukommen. In ihrer Ballettschule, bewaffnet mit einem Stock, der gewiß nicht bloß zum Taktangeben dient, angetan mit einem Wolltrikot und sehr hohen Stiefeln, wirkt sie ganz als Domina. Der Ehefrau des Konformisten wirft, nein: legt sie sich sanft zu Füßen, hilft ihr beim Ankleiden: um deren »Zofe« zu spielen, wie sie ihren sexuellen Wunsch unverhohlen definiert.

Auch hier fährt die Kamera in Mittelachse zurück, um den Blick auf einen Dritten, den Voyeur (in diesem Fall: der Konformist), freizugeben. Verschwiegene Blicke, die doch nicht zu verstecken sind, das ist bei Bertolucci stets das Zeichen einer homosexuellen Interessenlage, die sich ihrer selbst nicht innewerden darf. Als Anna Quadri und Giulia Clerici ihren Einkaufsbummel beginnen, eröffnet die Kamera nah mit einem Blick auf den kleinen Leopardenkopf, der den Umhang der Sanda auf der Brust schließt. Nicht »la belle et la bête« ist das Thema, sondern: la belle *est* la bête. Die Tanzsequenz im Ballhaus aus Glas, mit der die beiden Frauen das Publikum der Vorstadt befremden, ist das Ritual, in dem sich ihre Wünsche schon erfüllen müssen. Caroline Sheldon, die über das Thema Lesbierinnen und Film erschöpfend nachdachte, kam zu dem Schluß: »Daß sie [Anna Quadri] schließlich erschossen wird, soll signalisieren, daß es mit einer dekadenten, bourgeoisen Lesbierin ein böses Ende nehmen muß.«[24]

Einerseits dienen Bertolucci die homosexuellen Figuren als Instrumente sozial geschärfter Aufmerksamkeit, andererseits erstarren sie unter seinem Blick zu Statuen, an denen er nichts studiert als Details einer extrem gewundenen und mithin interessant erscheinenden Pose. Natürlich hat dieser aufgeklärte Mensch, wie er dem Interviewer in ›Rolling Stone‹ erklärte, nichts gegen die Homosexualität. Das wäre auch verwunderlich. In welchem Maße aber Bertolucci, noch auf der persönlichen Ebene, sie wahrnimmt als Bestandteil seiner theatralischen Inszenierung, verrät die folgende Beobachtung, wie er sie dem Interviewer nach dem Besuch einer homosexuellen Discothek in den USA preisgibt: »Viele Jungs tanzten, aber es schien, als wären sie vollkommen erstarrt [frozen], nichts passierte.«[25]

Das ist eine Frage der Wahrnehmung. Der Materialist, als der Bertolucci sich unermüdlich ausgibt, entpuppt sich, ästhetisch wie politisch, als Platoniker. Das Höhlengleichnis, aus Platons 7. Buch der ›Politeia‹ (Der Staat), war das Dissertationsthema, das Professor Quadri vor dem Exil seinem Schüler Clerici anvertraute. Der Konformist hat es nicht bewältigt. Bertolucci hat es als Diskurs über das Kino inszeniert. Für Platon war die Welt von Ideen beherrscht, von denen uns aber bloß das Abbild erkennbar ist, so könnte man das Höhlengleichnis auf seine Quintessenz bringen. Während Lehrer und Schüler, einander feind geworden, darüber reden, fällt Licht und Schatten, wie ein politisches Urteil, über sie. Quadri schließt die Fensterläden, simuliert Platons Höhle, hält dem faschistisch gewordenen Schüler eine Exegese des Gleichnisses, indem er ihn selbst den Bedingungen der Höhle und damit der Möglichkeit, sinnlich zu theoretisieren, aussetzt. Dann öffnet der Lehrer den Laden und das Licht, das nun auf den Schüler einstürzt, löst dessen Schatten auf in Nichts.

Damit ist Platon nicht aus der Erzählung verschwunden. Sein Höhlengleichnis bleibt präsent, auch wo davon die Rede ausdrücklich nicht mehr ist, sondern: ein Bild. Als der Konformist seinen mörderischen Plan dem Ministerium andient, werden, was seltsam berührt, antike Feldzeichen vor seiner Nase durch den Raum getragen. Als er seinen Freund Montanari am Schluß des Faschismus bezichtigt, dem er anheimfiel, wird die Szene auf der Straße begleitet vom Sturz der antiken Feldzeichen. Mussolinis Glanz und Ende wäre die politische Dimension der Zeichen, genauer: ihre zeithistorische. Ihre allegorische Dimension schreibt sich weiterhin Platons Höhlengleichnis ein. Denn da war ausdrücklich die Rede von Bildsäulen, steinernen und hölzernen Bildern, von Menschen hin und her getragen vor jenen Gefangenen in der Höhle, die davon bloß Schatten wahrnehmen.[26] Einmal bestand die Chance für die Gefangenen, ans Licht zu gehen, das bei Quadri umstandslos für Aufklärung gesetzt wird. Sein Schüler folgt diesem Weg, kehrt aber mutlos um: in sein Gefängnis, wie es bei Platon heißt.

Mit Blindheit geschlagen zu sein, das ist ein politisches Verhängnis der von Bertolucci gezeichneten Figuren. Das ist aber auch das Schicksal der Gefangenen in Platons Höhle. So gesehen ist die Blindheit des faschistischen Freundes Montanari schlüssig, der im Sender seinen Kommentar von der Braille-Schrift abtastet, ebenso wie der Traum des Konformisten, der darin erblindete und von seinem Philosophieprofessor – mit Erfolg – operiert wurde. Das war nur der Traum, ein Überhang der Vergangenheit, der seine Gegenwart nicht korrigiert. In NOVECENTO ist es die träumerische Poetin Ada (Dominique Sanda), die zweimal einer hysterischen Blindheit anheimfällt. Einmal im Auto, als sie Robert De Niro mit dem Sportauto ausfährt, und ein anderes Mal auf dem Tanzboden der Bauern, als sie in die starken Arme Olmos taumelt. In STRATEGIA kratzt Athos jun. dem Standbild seines Vaters die zudem weiß ausgemalten Augen aus. In PARTNER scheint die Freundin von Jacob wie geblendet, um doch eine neue Sinnestäuschung zu inszenieren. Auf die geschlossenen Augenlider hat sie Augen aufgemalt, wie um den manieristischen Trompe-l'œil-Effekt an und für sich vorzuführen.

Im platonischen Licht besehen erhält die Schlußszene von IL CONFORMISTA eine neue Dimension. Clerici umstreicht zwar mit unverhohlenem

Interesse den schönen Knaben, der ihn in seinen Verschlag lockt, aber wenn sein Ziel der Knabe ist, fällt er gleichzeitig der alten Höhle, der politischen Gefangenschaft anheim. Der Verschlag – ein Seitenloch des antiken Colosseo – hat Gitterstäbe, die Fackel brennt davor: alle Zeichen der Inszenierung bannen den Konformisten in die Höhle seiner traumatischen Kindheitserfahrung mit dem Päderasten zurück. In ihrer Totalisierung ergeben diese Zeichen aber Bertoluccis Urteil, das theoretisch dem schicken Kurzschluß von Wilhelm Reich (den Susan Sontag in ihrem Riefenstahl-Essay tradierte) erliegt, die Homosexuellen fielen, so oder so, dem Faschismus anheim. Noch im Festschreiben dieser Haltung erweist sich Bertolucci als ein Schüler Platons. Vielleicht ist dessen Bann nur von ganz außen zu brechen, durch eine Unverschämtheit, wie sie Julio Cortázar ersann: »Der Synomie und der Idiotie ist kein Ende. Jeder Polizeikommissar ist bereit, im Dichter den Homosexuellen oder den Kokainsüchtigen oder den Unzurechnungsfähigen vom Dienst zu sehen; und das entsetzlichste ist, daß es einmal einen Kommissar namens Platon gab.«[27]

9

In der Kamera-Arbeit versammeln sich die manieristischen Kunstgriffe bei Bertolucci wie in einem Brennspiegel. Seit RIVOLUZIONE, dem Film, an dem Vittorio Storaro als Assistent mitarbeitete, ist dieser Kameramann dem Werk Bertoluccis verpflichtet. Er setzt die Szene der Filme vorzugsweise einem fast tropisch intensiven Licht aus, und die Figuren schwindelerregenden, verschwimmenden Fahrten, zu denen Storaro seine Kamera auf einen Dolly (Kamerawagen) oder Kran montiert. Zum gewählten Bildausschnitt wählt er einen zweiten Rahmen, in denen er eine Geste, einen Gang der Figuren gefangen hält. Was in der Wahrnehmung verschwimmt, wird gefestigt durch eine starre Perspektive aus der Mittelachse; so wird das Sehen bei Storaro zu einem situativen Denken, das kaum über seinen Augenblick hinauszielt. Am Beispiel von STRATEGIA möchte ich das zeigen.

Die Zentralperspektive, in der die Menschen und ihre Welt überschaubar eingebunden wurden, ist eine Erfindung der Renaissance, die nicht von ungefähr auch die Philosophie des Neoplatonismus belebte. Storaro seinerseits untergräbt die Strenge dieser Perspektive, indem er sie der allersanftesten Erschütterung aussetzt. Um typische Erfahrungen im gesellschaftlichen Kontext zu umreißen, wählt er die Mittelachse. Dahin stellt er seine Figuren, die als Sozialcharaktere handeln. Ihr Handeln aber wird bewegt, begleitet, umfahren und schließlich unterlaufen durch eine fast ständig kreisende Kamera und ihren Blick, der zur Verdächtigung verführt. Was an diesen Figuren als Sozialcharakter fest umrissen schien, entgleitet in einer verschwimmenden Wahrnehmung.

»Vittorio ist darauf aus, für jede Einstellung die perfekteste und schönste Komposition von Licht und Dunkel zu erreichen. Seine Lichtmalerei ist etwas ganz Besonderes, aber es dauert sehr lange, bis alle Elemente genau aufeinander abgestimmt sind«, sagte Eleanor Coppola, die Storaro als Kameramann zum Film APOCALYPSE NOW beobachtete.[28] In STRATEGIA wird Athos jun. zum bewußtlos gemachten Opfer, das, durch Luxus und Schönheit ermattet, dem Ort Tara und seinen Lockungen erliegt.

Die erste Einstellung eröffnet den Film mit einem Blick auf bewegte Äste, auf ein sattes Grün. Ein Bild der Ruhe, das der Beunruhigung dient und dieses Paradoxon ausspielt. Der Zuschauer wird in keine Handlung hineinversetzt. Die gleichsam autonome Einstellung bildet keinen Hintergrund, auf dem sich ein Geschehen abzeichnete. Die vorgefundene Realität wird nicht auf einen Schlag durchdrungen, sondern als Rätsel belassen. Storaro liebt die Verunsicherung, in der er, was schön und natürlich scheint, drosselt. Unter seinem Blick ist die Kunst nicht gleich zweite Natur, sondern: in physischer Überwältigung wird die Natur zur zweiten Kunst. In diesen Bildern gibt es keine willkürliche Bewegung, die sich als realistisch eingefangen ausgibt. Sondern nur eine rigoros kalkulierte Bewegung, die im engsten Zusammenhang mit anderen Parametern wie Gestik, Mimik, Ton, Musik, Schnitt steht.

Erst ein sanft gezogener Schwenk nach links zieht den Vorhang auf das Umfeld der Szene auf, die Gleise der kleinen Bahnstation Tara. Ein Zug fährt ein. Die Kamera ist parallel zum Zug und Bahnsteig postiert. Ein Seesack wird aus der Waggontür geworfen. Ein Matrose springt hinterher. Zögernd steigt, aus einem anderen Waggon, der junge Athos Magnani aus. In der Schlußsequenz begegnen sich die Männer, fremd geblieben, wieder. Normalerweise würde ein Film mit der Zugeinfahrt beginnen und die disfunktionale Einstellung davor schneiden. Sie stört die Erzählkonvention. Sie behauptet eine Selbständigkeit, die ihr kein Standard zubilligt. Sie ist aber ein Storaro typischer Stilzug, der leere Plätze, verschachtelte Gänge, die Bewegungen der Figuren zwischen Innen- und Außenraum oft durch einen kaum merklichen Schwenk verbindet, der das Trennende zwischen diesen Räumen nur kurz, wie ein Gedankenstrich, markiert.

»In der Vorstellung von Bernardo zu STRATEGIA sollte der Film auf ein bestimmtes Klima verweisen, wie es in den Bildern von René Magritte herrscht: nichts endet an einem Ort, alles geht von einem Ort aus. In einem Bild entdeckt man ein anderes Bild, in dem wieder ein anderes steckt usw. Da der Film in der Landschaft um Parma spielt, kam uns spontan die Idee, die Farben an den Vorstellungen des Malers Ligabue auszurichten. Mich überraschte die Aggression der Farbe in diesem Landstrich. In der Stadt sind wir an den Zement, den Asphalt, das Grau gewöhnt. Verschlägt es einen unverhofft aufs Land, entdeckt man, daß Ton, Farbe und Luft verschieden sind. Ein roter Sonnenuntergang, ein grünes Umland, ein bläulicher Abend erzeugen ein Gefühl von Aggression, das wir im dramatischen Sinn ins Spiel brachten«, sagte Storaro über den vorgefundenen Schauplatz des Films.[29]

Als Athos den Mitverschwörern seines Vaters in der Opernloge gegenübersitzt, löst Storaro den Raum nicht durch Schuß-Gegenschuß-Einstellungen auf. Lieber läßt er die Blickachsen den Raum zerteilen, um die Einstellung autonom zu belassen. In jenem Dialog, der als Blickwechsel inszeniert wird, durchmißt die Kamera den unendlich tiefen Opernraum mittels Tiefenschärfe der Objektive. Das bewirkt eine innere Montage im Bild, die dessen historische Schichten aufdeckt. Schnittlosigkeit als Ideal, um die Spannungen, die zwischen Athos' Geschichtsforschung und den Interessen ihrer Aneignung liegen, nicht in harten Konfrontationen aufzulösen, sondern in Bewegungen, die einer frontalen Stellung ausweichen. Die Sprechenden – hier die drei Verschwörer, da der Rechercheur, der das Verhör führt – sitzen sich im Theaterrundbau nicht nur gegenüber, sondern auf verschiedener Höhe. So muß die Kamera, die das Gegenüber nicht in Horizontalbewegungen nachvollziehen will, zur Vertikalbewegung in den Raum abtauchen. Aus dieser Desorientierung in den Raumverhältnissen entsteht die für Bertolucci charakteristische verschwimmende Wahrnehmung.

Der darüberliegende Dialog deckt das ungeheuerliche Geheimnis um den Vater Magnani auf, der ein Verräter war, für den Widerstandsmythos aber noch gut genug und daher in opportuner Gnade sich von seinen eigenen Leuten liquidieren ließ. Jeder der Mitschuldigen sitzt nun abgeschirmt in seiner Loge. Doch die Kamera stellt den Zusammenhang der Tat wieder her und vollzieht die politische Wahrheit, wie sie hier ans Licht tritt, intim und öffentlich zugleich. Mit ihrer Hilfe kehrt die Geschichte an ihren Schauplatz zurück: auf das Theater, wo sie darstellbar wird. Die politischen Kräfte unterliegen bei Storaro/Bertolucci, um sich als typisch dem Betrachter einzuprägen, der strengen Stilisierung und einer Schicht um Schicht analysierenden mise-en-scène.

Die Mittelachse dient nicht nur zur Raumbeherrschung durch die Kamera. Oft wird sie befestigt, noch wo sie verschoben wird. Das heißt, Storaros Kamera wählt sich einen Blickpunkt in das Bild hinein, von dem aus die Mittelachse leicht verschoben scheint, durch eine Parallelfahrt umspielt wird. Im TANGO ist es eine Tür oder eine Wand, die als Mittelachse eine Grenze bildet, über die hinweg die Partner Marlon Brando und Maria Schneider kommunizieren (ihr Badezimmer). Als Brando das Bad betritt, in dem seine Frau Rosa Suizid beging, schneidet die Kamera sich ihren Weg durch zwei Räume. Was im Bild als Achse eingerichtet ist, wird unterlaufen durch die Fahrt. Die stabilen Blickverhältnisse im Raum verschwimmen.

Oft entfernt die Kamera sich in der Mittelachse von der Filmfigur auf den Betrachter hin, dem durch diese Bewegung zwei Räume eröffnet werden. In LA LUNA zerfällt auf diese Weise die Kommunikation, die Joe und seine Mutter im Landgasthof suchten. Der Kamerablick bannt sie in Monaden, noch wo er eine Totale zu zeigen vorgibt. Dahinter steht in allegorischem Sinn der bewachende und neugierige Blick des Gefängniswärters, der auf dem Gang, parallel zu den Zellen, seine Gefangenen im Auge behält: und derart seine Kontrolle unterwirft.

»Ich habe überhaupt keine Lust mehr, mit irgend jemand über Kino zu sprechen, wenn wir nicht erst mal klarstellen, daß Kino an sich ein starker voyeuristischer Trieb ist und ich als Filmregisseur ein Profi-Voyeur bin«, zitiert Laurens Straub Bernardo Bertolucci.[30] Diesen Trieb, die Blicksucht, delegiert Bertolucci gern an eine dritte Person in seinen Filmen. Noch die größte Intimität verlangt bei ihm nach einem Augenzeugen. Der Konformist und seine Frau turteln vor dem Mittagessen auf dem Sofa. Zum Schein diskret entfernt die Kamera sich in Mittelachse von dem Paar, um den Weg des Augenzeugen zu schneiden, der einen Blick auf den Schauplatz wirft. Hier ist es das Dienstmädchen, das mit der Schüssel dampfender Spaghetti dazwischentritt. Oder: der Konformist beichtet dem Priester, einzigem Ohrenzeugen seiner ungeheuerlichen Konfession. Aber die Kamera entfernt sich und entdeckt ihren Augenzeugen: Giulia, das Objekt der Anschuldigungen, vor dem Beichtstuhl sitzend. Als die Frau des Professors ihre erotischen Interessen an Giulia in der Rolle ihrer Zofe ausspielt, tritt der Konformist dazu, aber nicht: dazwischen. Die Kamera gewährt ihm einen Türspalt, um sich sodann diskret zu entfernen. Was im frühen Film RIVOLUZIONE noch als melodramatisches Blickballett (das Finale in der Oper) angelegt war, löst sich in den späteren Filmen auf: in kleine explosive Verstörungen, von der Kamera mit dem Verdacht inszeniert, jemanden in flagranti ertappt zu haben und dann fallen zu lassen. Um die Umkehrung des Konventionsblickes zu lenken, bauen Storaro und sein Regisseur halben Wegs vom Zuschauer zum angeblickten Objekt den Blickdelegierten ein, der die Irritation des Zuschauers bewußt auffängt und an das von jenem erblickte Zielobjekt weiterträgt. Bevor der Blick sich in einem sanften Schwenk, einer leisen Fahrt verliert, wird er aufgefangen, aufgehoben und unauffällig weitergereicht. In diesen Verhältnissen entwickelt Bertolucci den eisigen Charme eines Marivaux, der seinen Figuren nie erlaubte, sich aneinander sattzusehen. Auf die Sinnestäuschung innerhalb der Räume ist schon verwiesen worden. Was ein Blick ins Freie scheint, entpuppt sich oft als Leinwand, ein Stück inszenierter Natur. Der Konformist holt sich an der Grenze nach Frankreich seine neue Order, eilt zu einer Villa am Meer und trifft vor dem Eingang auf ein Gemälde, das gemalt fortsetzt, was die Wirklichkeit um es verspricht: Natur. Nicht der Zuschauer sieht hier nach draußen, das Draußen sieht auf den Zuschauer, und der Inszenator darf mit der Überrumpelung durch seinen Effekt zufrieden sein. Ein neues Paradoxon schmückt seine Rampe.

Mag die Szene noch so theatralisch sein, wie Bertolucci will, Storaro stimmt sie einen Ton tiefer. Seine Kamerabewegung entdramatisiert, was mit sich identisch scheint. Die Wirklichkeit, in der Bertoluccis Helden politisches Handeln produzieren, ist für Storaro eine Konstruktion. Was auf den ersten Blick stabilisiert, destabilisiert sein zweiter Blick. Das ist nicht bloß die Dekadenz eines ästhetischen Bewußtseins, sondern auch Dialektik einer Wahrnehmung, die ihre Mittel der Aufklärung nicht im Dunkeln läßt. Die Kritik dieser bewußt hergestellten verschwimmenden Wahrnehmung auf typische Verhältnisse, wie sie Bertolucci als verkappter Platoniker konzipiert, behauptet sich nicht als Instanz. Sie tendiert in ihrer irritierend flüssigen Form dazu, sich am Ende selbst zu liquidieren.

»Durch seinen Körper, der selbst sichtbar ist, in das Sichtbare eingetaucht, eignet sich der Sehende das, was er sieht, nicht an: er nähert sich ihm lediglich durch den Blick, er öffnet sich auf die Welt hin«, heißt es bei Merleau-Ponty.[31] Bertolucci übersetzt diese Erfahrung, nach der ein Blick sein Objekt sich bloß zum Schein aneignet, in eine Bewegung körperlichen Denkens.

10

Zum Schluß noch einige Bemerkungen zur Frage, wie der Manierist mit fremder Kunst umgeht, mit der Musik, der Literatur, dem Film in seinen Filmen. Wenn er provokant behauptete, der Marxismus könne die Oper beinhalten, so ist das zunächst die paradoxe Umkehr jener These, der zufolge die Regisseure des Musiktheaters die Handlung der Opern auf soziale Strukturen abklopfen. Gemeinsamer Nenner aber dieses kühnen Concettos, das einmal mehr das Unversöhnliche versöhnen will, ist die sowohl der Oper wie dem Marxismus eigene Reduktion auf typische Verhältnisse. Die Geschichte der Menschheit ist eben nicht nur eine der Klassenkämpfe, sondern auch eine der Affekte, denen sich Interessen anlagern, die ihrerseits zu Kämpfen führen. Beides zu versöhnen, die soziale Zerrissenheit zur Harmonie zu formen, ist eine insgeheim platonische Sehnsucht, die Bertolucci teilt.

Die Maske, das Kostüm, die Bühne hatte Arnold Hauser als manieristisches Requisit bestimmt, »mit einem Wort alles, was das Bild der Wirklichkeit indirekt, gebrochen oder übertragen zeigt«.[32] Die ganze Welt als eine Bühne, diese Metapher ist Bertolucci in vielen Brechungen geläufig. Er richtet diesen Schauplatz in der Regel nach einer Form des Tanzes ein. Bewegung zur Musik, ein abgezirkeltes Ritual, das seine private Dimension zurückläßt und die Tänzer der Tradition unterwirft. In COMMARE

43

SECCA ist es ein Tanzboden in der Vorstadt, der die Auflösung des kriminalistischen Rätsels bringt, in RIVOLUZIONE ist es das Fest der Unità, auf dem die Kamera die Argumente von Fabrizio zum Tanzen bringt, in PARTNER: ein Tanz um die Waschmaschine, das goldene Kalb des Konsumismus, zu dem die Parole »Masken ab!« ausgegeben wird. In STRATEGIA ist es der Ball der Faschisten, zu dem die Kamerabewegungen ihr Spinnennetz um Athos knüpfen – dies nicht als Metapher der Analyse, sondern: nachweisbar der Grundriß der fortrückenden Kamerapositionen um den tanzenden Athos herum. Im CONFORMISTA wird das Ballhaus im Pariser Arbeiterviertel Belleville Schauplatz der einkreisenden Bewegung, tanzen die Frauen ihren frechen pas-de-deux und umzingeln mit der Polonaise den Konformisten: das Opfer ihrer Form. Im TANGO kontrapunktieren Brando und Schneider die grotesken Tangoschritte des Tanzwettbewerbs durch ihren farcenhaften pas-de-deux, der in der Entblößung von Brandos Hintern gipfelt. In NOVECENTO tanzt sich Ada, hysterisch blind, in die Arme des Landproletariers, tanzt aber auch ein alter Bauer einen grotesken Tanz: mit einer seinen Schuhen angenähten Stoffpuppe; ein makabrer Theatercoup, der in die Arbeideridylle Befremden trägt. Joe schließlich in LA LUNA, vollgepumpt mit Heroin, tanzt in der »Zanzi-Bar« zur Musik der BeeGees, nachdem er als Kleinkind Bertoluccis Version der Freudschen Urszene ausgeliefert war: seine Eltern nicht im Beischlaf zu überraschen, sondern: im Tanz, beim Twist auf der Sonnenterrasse, im harten Gegenlicht wahrgenommen, zeichenhaft mit den Sexualmetaphern Fisch und Messer beschwert, die das Elternpaar in den Händen hält. Zum Finale tritt Joes Mutter auf in Verdis ›Maskenball‹, eine Probe auf der Bühne der Caracalla-Thermen.

»Verdi ist für mich wie ein Vater!« erzählt die Sängerin beschwörend ihrem Sohn, als sie das Geburtshaus des Meisters besuchen. Nicht nur für die Sängerin, die in ihrem römischen Appartement einen Wandteppich mit dem Porträt Verdis hängen hat. Ein Porträt übrigens, das schon, im Dunkeln allerdings und als Ahnenbild getarnt, in der alten Druckerei hing, in der Fabrizio und seine Tante – in RIVOLUZIONE – die unheilige Nacht zum Ostersonntag verbringen. Es scheint fast, daß, wo die Vaterschaft verfehlt wurde wie die Suche nach ihr, Bertolucci sich um so stärker an Verdi heftete. In dessen Musik fand er Bilder des Aufbruchs, der Erschütterung und Desillusionierung, die er an den Schauplatz Oper verlegte. Fabrizios Resignation wird bei ›Macbeth‹, als Verdioper die Saison von Parma eröffnend, besiegelt. Der junge Mann Fabrizio, ein liberaler Vetter des Konformisten, heiratet die fade Braut Clelia, obwohl seine Passion doch Gina gilt. Diesen unerhörten Wunsch hält Verdis Musik, kraft ihrer Exaltation der Gefühle, wach. Wo Verdis Belcanto verströmt, da züngelt die Empörung noch; zünden wird sie nicht mehr. Das Finale im Opernhaus, sagt Bertolucci, war der Handlung funktional. »Das Theater als Kulturtempel der Bourgeoisie koinzidiert mit dem Augenblick, als Fabrizio ins Leben eintritt und die ihm zugewiesene soziale Rolle akzeptiert, und Verdi, der im Risorgimento als revolutionär galt, wird, als Bestandteil des bürgerlichen Ritus, zur revolutionären Nostalgie.«[33]

Athos Magnani sen., dem vermeintlichen Widerstandskämpfer, wird seine spektakuläre Hinrichtung während einer Aufführung von Verdis ›Rigoletto‹ zuteil. NOVECENTO eröffnet, nach dem Vorspann zur Handlung um 1945, mit dem Klageruf des Krüppels, Rigoletto geheißen und dessen Kostüm verhaftet: »Giuseppe Verdi ist tot!« Joes Mutter in LA LUNA glänzt in einer Opernaufführung von ›Il Trovatore‹ – in dem die Rivalität zwischen Manrico und dem Grafen Luna ausgefochten wird. Verdi, das ist für Bertolucci zum einen: Heimat, denn der Komponist stammt aus Le Roncole in der Provinz Parma und hatte sein Landgut Sant'Agata, das in LA LUNA die Sängerin und ihr Sohn besuchen, 1848, nur wenige Kilometer von seinem Geburtsort entfernt, erworben. Zum anderen gießt die Musik Verdis Wärme aus auf Bertoluccis kalte Formen, denen die Erstarrung, Vertracktheit und Überformung droht. Das Hochmanierierte wird dem Publikum mit Verdis Hilfe schmackhaft und populär gemacht, weil die Musik das befremdliche Bild mit vertrautem Klang eingehen läßt. Dennoch ordnet Bertolucci diese Musik seinen Bildern unter. Nie dient sie als dramaturgisches Zitat, als verdoppelnde Anspielung, als müsse man den Sinn einer Szene über Verdis Szene vermittelt erschließen. Er nutzt ihn kontrapunktisch und verfährt mit der fremden Musik montierend.

Beschäftigt er einen Auftragskomponisten wie Morricone für NOVECENTO oder Delerue für TANGO, so variieren diese eher konventionellen Musiker die wohltönende Kompaktheit, das sinfonische Verströmen und den kollektiv einbindenden Harmoniezwang, wie es ihnen Verdi vorschrieb. Leitmotive, illustrative Programm-Musik und eng gefaßte, als eingängig geltende Themen – das sind die Kennzeichen von Morricones Musik zu NOVECENTO, die bloß unterbrochen wird durch Zitate von Volksmusik wie das Widerstandslied der demonstrierenden Frauen oder der Trauermarsch zur Totenklage um die in der »Casa del Populo« verbrannten Landarbeiter. Eine trockene, ungefüge Elegie für Blasorchester klingt hier auf, die man als populistisch genießen mag. Andererseits ist es die gleiche Verdi-Musik, die Visconti in seinem Film IL GATTOPARDO wählte, als der Fürst Salina in seine Sommerresidenz einzieht. Burt Lancaster spielte den Fürsten, und diese Darstellung war so überzeugend, daß Bertolucci ihn für die Darstellung des Patriarchen in NOVECENTO wählte. Besetzung und Musik-Zitat sind ein doppeltes Zeichen der Reverenz an Visconti.

Die Zitate von Mozart, die Bertolucci wählt, sind, so scheint mir, im Gegensatz zu seinem eher instinktiven Umgang mit Verdi dramaturgisch verstärkend eingesetzt. Im TANGO erklingt, als Jean-Pierre Léaud und Maria Schneider durch ihr Elternhaus taumeln, vom Kassettenrecorder der 2. Satz aus der Sinfonia Concertante für Geige und Bratsche in Es-Dur, K. V. 364. Thema und Durchführung sind nicht polyphon geführt, sondern fast stimmenförmig; der Satz der beiden Instrumente wird zu einem Duett, eben gesungen. Die Musik stellt einen Dialog her, über der Konstellation, die Maria Schneider aus den Armen von Brando in die von Léaud treibt. Eine helle und eine dunkle Stimme, die sich umspielen in einer melancholischen Stimmung. In LA LUNA sucht die Sängerin Trost bei ihrem alten Gesangslehrer, als sie wähnt, ihre Stimme versage. Der Lehrer drückt eine Taste im Kassettenrecorder, und wo ansonsten der üppigste Verdi tönt, klingt leise ein Abschiedsgesang an, das Quintett aus dem 1. Akt von ›Così fan tutte‹, »Soave sia 'l vente« (Günstig sei euch der Wind gesonnen). Hier funktioniert die Musik als Kommentar zum Bild, wo sie im übrigen umstandslos dem Affen, das heißt dem Publikum, Zucker gibt.

»Wenn die Musik der Liebe Nahrung ist, spiel weiter«, höhnt Marlon Brando zur Kapelle im Tanzsalon des TANGO. So spricht kein namenlos Gestrandeter. Hier spricht ein zynisch gewordener Literat, wie er zum Mythos des Amerikaners in Paris gehört. Brando hat einen Satz des melancholischen Herzogs aus der Komödie ›Was ihr wollt‹ auf den Lippen, und deren Autor Shakespeare war unter den Manieristen einer ihrer größten Zeitgenossen. In RIVOLUZIONE ermahnt der Lehrer Cesare seinen Schüler Fabrizio: »Denk an Pavese, ›Ripeness is all‹«. Abgesehen von der falschen Fährte halben Wegs – Pavese war nicht der Autor dieses Concettos, wohl aber für Italien einer der wichtigsten Mittler der anglo-amerikanischen Moderne –, führt Cesare, der mit Pavese seinen Vornamen teilt, Shakespeare im Munde. »Reif sein ist alles«, ist die Maxime des jungen, auch zutiefst melancholischen Charakters Edgar aus ›König Lear‹, der seine eigene Maxime, nur darin beständig, verfehlt. Nicht nur Trintignant als Konformist, auch Brando als namenloser Literat geben lateinische Verse von sich, und zwar die gleichen. »Anima, Vagula, Blandula« und beschwören damit »unstete, holde Sinne« – die eigenen? Die Verse stammen vom römischen Kaiser Hadrian. Der Konformist, im Zug nach Paris unterwegs, sinniert einigen Versen von Leopardi nach, diesem Romantiker des Weltschmerzes. Als Léaud als schwadronierender Jung-filmer seine Freundin drängt, ihr eine realistische Szene aus dem Leben, zur laufenden Kamera, vorzuspielen, wirft sie ihm schnippisch hin: »Heute abend wird aus dem Stegreif gespielt.« Das ist wahr, aber doppeldeutig. Denn es ist ein Stücktitel von Pirandello, der als Überwinder des naturalistischen Theaters gilt. So leicht hingeworfen klingt es als Bertoluccis ästhetischer Programmvorsatz, Schluß mit der Abbildungsfunktion des Kinos zu machen, als eine Pointe mit der linken Hand ausgestreut.

Daß drei Filme dieses Regisseurs auf literarischen Vorlagen beruhen, kann, nach Erörterung seiner Technik, nur eine Arbeitshypothese sein. Ein Ausgangspunkt, ein Bild wie von Magritte, von dem alles erst ausgeht, wie der Kameramann Storaro sagte. PARTNER ging aus von einer Dostojewskij-Novelle, STRATEGIA von einer Borges-Erzählung und CONFORMISTA von einem Moravia-Roman. Sie sind als Film darum nicht literarischer als die anderen Filme Bertoluccis.

Gibt es, bei allen Affinitäten, filmische Vorbilder für Bertolucci? »Ich fühle mich den Strukturen von Oshima nahe«, sagte er, »der Lichttechnik von Francis Ford Coppola, den Filmobsessionen von Bogdanovich und der gestischen Gewalt von Glauber Rocha.«[34] Der späte Manierist eröffnet einen Blick in seine Ahnengalerie und begrüßt als die ihm Nächsten: lauter Epigonen, denen nur eines gemeinsam ist, die Maximalisierung der filmischen wie ökonomischen Mittel sowie, zwangsläufig, der Gefühle, die sie ihren Tableaux auf der Leinwand unterwerfen. Was nun die filmischen Zitate angeht – es sind ihrer Legion, und sie im Lager der Analyse antreten zu lassen, wäre pedantisch. Eine Haltung aber soll erkennbar werden. Unter Godard, Eisenstein, Renoir und Hawks tut es Bertolucci nicht. Die Größten sind ihm gerade groß genug, gleich ob er deren kinematografischen Lösungen nachstellt, sie parodiert, veralbert oder ungeschickt nachäfft. Mit den Meistern geht man selbstverständlich und nicht ängstlich um. Erst ab LA LUNA geht diese Manie des cineastischen Zitierens zurück, geht Bertolucci, und das ist ziemlich spät im Kontext seines Werkes, ökonomisch mit der fremden Kunst um. Je stärker er das Interesse an Fremdmaterial verliert, das seinem Werk zu inserieren wäre, desto stärker beugt er sich über das eigene Werk. LA LUNA ist nicht weniger arm an Zitaten als die früheren Filme. Nur: es sind Zitate aus den Bertolucci-Filmen, die der Meister halb ironisch, halb narzißtisch einstreut. So findet ein später Manierist – mit den Anfängen – zu sich.

Anmerkungen

1 Julio Cortázar: ›Reise um den Tag in achtzig Welten‹. Frankfurt a. M. 1979, S. 226 (edition suhrkamp 1045).
2 B. Bertolucci, Interview in: ›Rolling Stone‹ (21. Juni 1973), S. 35.
3 Arnold Hauser: ›Der Manierismus. Die Krise der Renaissance und der Ursprung der modernen Kunst‹. München 1964, S. 13.
4 ders., a. a. O., S. 110.
5 ders., a. a. O., S. 119.
6 Attilio Bertolucci: ›Viaggio d'inverno‹, Mailand 1971, S. 33.
7 Bernardo Bertolucci: ›In cerca del mistero‹. Mailand 1962, S. 83.
8 ders., a. a. O. (Gedicht: A Pasolini), S. 58.
9 Eleanor Coppola: ›Vielleicht bin ich zu nah. Notizen bei der Entstehung von Apocalypse Now‹. Reinbek 1980, S. 231 (neue frau).
10 Michael Rutschky: ›Erfahrungshunger. Ein Essay über die Siebziger Jahre.‹ Köln 1980, S. 199.

11 Raimund Hoghe/Ulli Weiss: ›Bandoneon – für was kann Tango alles gut sein?‹ Texte und Fotos zu einem Stück von Pina Bausch. Darmstadt 1981, S. 15 (Sammlung Luchterhand).

12 Vgl. den Katalog zur Ausstellung der Staatlichen Kunsthalle Berlin/West: Realismus. Zwischen Revolution und Reaktion 1919–1939. München 1981, S. 48 ff.

13 Franco Fornari, Kritik zu NOVECENTO in: ›La Repubblica‹, 29./30.8.1976. Zitiert nach der Übersetzung von Arno Widmann in: ›Filmfaust‹, 1. Jg., Nr. 3 (April/Mai 1977), S. 70.

14 Maurice Merleau-Ponty: ›Das Auge und der Geist. Philosophische Essays.‹ Aus dem Französischen von Hans Arendt. Reinbek 1967 und Hamburg 1984, S. 117.

15 Bernardo Bertolucci im Gespräch mit Jonathan Cott, in: ›Rolling Stone‹, 15. November 1979, S. 52.

16 Bernardo Bertolucci im Gespräch mit Francesco Casetti, in: Casetti, ›Bernardo Bertolucci‹, Florenz 1975, S. 6.

17 Casetti, a. a. O., S. 24.

18 Bernardo Bertolucci: ›In cerca del mistero‹, a. a. O., S. 15.

19 Arnold Hauser, a. a. O., S. 110.

20 Bernardo Bertolucci, Interview mit Jean A. Gili, in: ›Etudes Cinématographiques‹, Nr. 122–126 (Paris 1979), S. 13.

21 Theodor W. Adorno: ›Minima Moralia‹. Reflexionen aus dem beschädigten Leben. Frankfurt a. M. 1964, S. 17.

22 Bernardo Bertolucci in: ›Kim Arcalli – montare il cinema‹. Venedig 1980, S. 76.

23 Georges Bataille: ›Der heilige Eros‹ (L'Erotisme). Berlin 1979, S. 18 (Ullstein Taschenbuch).

24 Caroline Sheldon: ›Lesbierinnen und Film‹. Aus dem Englischen von Karola Grammann, in: Nabakowski, Gislind, Helke Sander und Peter Gorsen: ›Frauen in der Kunst‹, Frankfurt a. M. 1980, Bd. 1. S. 119 (edition suhrkamp 952).

25 Bernardo Bertolucci in: ›Rolling Stone‹, Nr. 137 (21. Juni 1973), S. 34.

26 Vgl. Politeia in: ›Platons Sämtliche Werke‹, Bd. 3, übersetzt von Friedrich Schleiermacher, Reinbek 1980, S. 224–227 (das Höhlengleichnis). Rowohlts Klassiker 680.

27 Julio Cortázar, a. a. O., S. 233.

28 Eleanor Coppola, a. a. O., S. 107.

29 Vittorio Storaro im Interview mit Lorenzo Codelli, in: ›Positif‹, Nr. 222 (September 1979), S. 43.

30 Laurens Straub in seiner Replik auf Alf Mayer, in: ›medium‹, 11. Jg., Nr. 6 (Juni 1981), S. 28.

31 Maurice Merleau-Ponty, a. a. O., S. 16.

32 Arnold Hauser, a. a. O., S. 119 (vgl. Anmerkung 5).

33 Bernardo Bertolucci, ›La musica e mili film‹. Interview in: ›Filmcritica‹, Nr. 305/306 (Mai–Juni 1980), S. 203.

34 Bernardo Bertolucci, Interview in: ›Rolling Stone‹ (1973), S. 35.

Legende einer Befreiung

»Die Nacht von San Lorenzo« der Tavianis

Tizian hat ein Bild gemalt, das zu den Meisterstücken des venezianischen Manierismus zählt. Es heißt: »Die Marter des Hl. Laurentius« und zeigt, wie der Märtyrer auf einem Feuerrost zu Tode gefoltert wird. Daß er seinem Glauben nicht abschwor, hat ihm die Legendenbildung recht gelohnt. Die Tränen des standhaften Heiligen fallen als Sternschnuppen am zehnten August auf die Erde zurück. Der Wunsch, bei ihrem Anblick gefaßt, soll in Erfüllung gehen. Die Legende lebt von dem Wunder, das Glaube, Liebe, Hoffnung stets erneut vollbringen. Aber wer den Preis für das gewünschte Glück bezahlt, das hat der bloß Wünschende leicht vergessen.

Der neue Film der Brüder Paolo und Vittorio Taviani ist eine Legende, die den Preis der Idylle – das Martyrium – nicht unterschlägt. Er liest die Legende rückwärts. Er verwandelt die Sternschnuppen in Tränen, ohne an Poesie zu verlieren, die in den Metamorphosen des Alltags, den Legenden, steckt. Wenn die Tavianis demnächst vorhätten, Ovid zu verfilmen, könnte ein solches Unterfangen ihr Publikum nicht weniger befremden und begeistern als dieser Film. Ganz unverschämt greift er naive Formen des Erzählens auf. Denn die Beschwörung der realen Geschichte ihres Herkunftsortes kraft ihrer Phantasie ist den Tavianis ja ebensogut Realität wie die als historisch geltende Geschichte. Ihre ausschweifende Poesie macht aus der Geschichte, was sie als steifleinerne Historie nie war: ein Fest.

Mit ihrem vorletzten Film DIE WIESE setzten sie das Fest vielleicht auf die zu hohen, ungelenken Stelzen der Utopie und stürzten ab. Dieses Mal holten sie sich für das Drehbuch Tonino Guerra zu Hilfe, den langjährigen Szenaristen von Francesco Rosi. Der kontrollierte die Wildheit ihrer Einfälle. Weiterer Ko-Autor ist ein freundschaftlich mit Vornamen genannter Giuliani. Dahinter verbirgt sich ein Freund der Regisseure, der Produzent des Films De Negri.

Die Rolle des unerschütterlich weisen, zum Vater idealisierten Anführers der abtrünnigen Dorfbewohner, denen die Gnade des Überlebens winkt, spielt Omero Antonutti. Zuschauer der Taviani-Filme kennen ihn aus PADRE PADRONE, wo er den verstockten Vater darstellte. Margarita Lonzano spielt die Signora, die sich nach unten sozialisiert, die ihr Haus verliert und eine Welt gewinnt, so, daß man sie nicht vergessen kann. Den Altweibersommer im Dorfe San Martino erlebt sie nicht allein. Auf italienisch sagt man: »ein Sommer des San Martino.« Die ganze Ortschaft erlebt einen trügerischen zweiten Sommer. Das Vakuum zwischen Faschismus und Demokratie wird abgelöst durch die Befreiung. Als die eintritt, verkündet eine junge Bäuerin, daß nicht ein Wetter herrscht, sondern zwei: »Es regnet und die Sonne scheint.«

Die Einladung zum jüngsten Fest der Tavianis gilt einem Sommerfest der Wünsche und der Tränen. Wie eine Bühne ist die Aussicht in die toskanische Nacht hergerichtet. Aus einem Fenster, neben dem ein kleiner Fernseher nichts mehr als seine Überflüssigkeit zu melden hat, fliegt der Blick zu den Sternen. Eine sanfte Frauenstimme erzählt einem Kind eine Gutenachtgeschichte. Eine andere Geschichte: die eigene, die böse Nacht des 10. August 1944. Längst hatte Italien kapituliert. Noch kämpfen fanatische Faschisten und deutsche Wehrmacht weiter gegen die Alliierten. Partisanen bereiten die Befreiung vor.

Die Stimme gewinnt erst im Schlußbild einen Körper, aber nicht der Körper gewinnt Kontur im Film, sondern die Stimme, die das Erzählen zum Akt erfüllter Tradition macht. So körperlos wird dieser Vorgang, daß nur noch ein Raunen das Imperfekt beschwört. Daraus spinnt sich kein Stil, sondern nur das Gewebe kollektiver Erinnerung. Eine Dorfchronik klingt an. Ein Chorgesang kann sich daraus entwickeln, der die Helden besingt, die sich durch Tatkraft und Mut zum Aufbruch eine Zukunft retten.

DIE NACHT VON SAN LORENZO könnte eine Fußnote in Erich Kubys Buch ›Verrat auf deutsch. Wie das Dritte Reich Italien ruinierte‹ (Hamburg 1982) bilden, denn am Anfang des Films steht der Vergeltungsakt für einen ermordeten Soldaten. Die Wehrmacht sprengt die in die Dorfkirche befohlene Zivilbevölkerung in die Luft. Nicht alle sterben. Ein Teil der Bewohner konnte rechtzeitig unter beherzter Anleitung des Knechts Galvano (ein sprechender Name) fliehen. Wer sich der Allianz von fremder Macht und heimischer Kirche anvertraute, geht unter, lehrt die Legende; wer sich zur eigenen Befreiung auf die Socken macht, überlebt und verschmerzt die Verluste. Zu den hinreißenden Farben von Agfa-Gevaert treten die moralischen Farben des Films, die nicht leuchten, sondern beißen.

Der Herr spaziert mit blütenreinem Anzug in den Tod. Dem Knecht, der anderen Seite, schiebt er die Signora, seine Schwiegermutter, zu. Sie bewährt sich und streift mit alten Kleidern Allüren ab. Ihre kostbaren Ohrringe schenkt sie dem kleinen Mädchen, aus dessen Blickwinkel der Film erzählt wird. Der Zwischengeneration gibt der Film wenig Hoffnung. Er setzt auf die ganz Alten und ganz Jungen. So werden die Vergangenheit und Zukunft beide rosig sein. Doch die intime Klassenversöhnung, die der Knecht und die Herrin schließlich in einer der bewegendsten Szenen des Films feiern, kommt zu spät: historisch gesehen.

Draußen dröhnen die Flugzeuge der Befreier und drinnen beben zwei Menschen, deren Glück die Konvention zerschnitt. »Das alles hätte vor vierzig Jahren passieren müssen«, sagen sie sich, leise. Und da sie »alles« sagten, verweisen sie mit ihrem Wunsch auf mehr als das versagte Glück. Denn 1904 wäre nicht nur das Datum ihrer verpaßten Hochzeit gewesen. Es war auch das Jahr, in dem Italiens Ministerpräsident eine wichtige »Hochzeit« verpaßte, die Sozialisten in seine Regierung aufzunehmen, was öffentlich damals denkbar schien.

So viele Wünsche werden in diesem Film, der von Wünschen handelt, verfehlt. Die Gläubigen, die Frieden suchten, müssen verbrennen. Die sich in Freiheit wähnten, werden im Bruderkrieg zwischen Faschisten und Partisanen niedergemacht. Die Schlacht im Weizenfeld, mit Verdi-Trompeten und der Vision von römischen Legionären schamlos überhöht, geht unentschieden aus. Sie hält in einem Stil, der aus der Legende in die Oper springt, daran fest, daß dieser Krieg nicht ums Ganze einer Weltanschauung ging, sondern um das Nächstliegende: ein Mißverständnis unter Nachbarn und Brüdern. Auch dem schlimmsten Faschisten, der seinen blutjungen Sohn als Mordkomplizen abgerichtet hat, werden Schmerz- und Schamgefühle zugebilligt, denen die Regie überdies ein bewegendes Pathos abgewinnt. Der Vater, dessen Sohn vor ihm sterben muß, bohrt sich mit dem Kopf in die Erde, als wolle er sich ungeboren machen. Auch hier findet ein Wunsch zu gräßlich naiver Gestalt.

DIE NACHT VON SAN LORENZO ist auch ein Arsenal von Bann- und Zaubersprüchen. Denn niemand traut so recht dem Augenschein in dieser Nacht, die über die Zukunft entscheiden soll. Das junge Mädchen, das als Medium der Erzählung gilt, entdeckt mit ihrer Freundin die ersten amerikanischen Soldaten. Als sie dies den Erwachsenen beweisen will, ist der Schauplatz leer. »Du hast wohl ein Kino im Gehirn«, wird der Augenzeugin vorgeworfen. Mit dieser Wendung vergröbert die Synchronfassung, was im Original als Äquivalent zur Produktion des Scheins gilt: »Du machst uns wohl was vor«, soll das heißen.

Diese Augenzeugin kann gut schielen, womit sie heftig kokettiert. Oft sieht sie auch etwas, was noch nicht alle sehen. Ihr Ohr ist das erste unter anderen Ohren in Großaufnahme, die die Sprengung des Ortes erwarten. Die anderen folgen ihrer Zeugenschaft. Der Ton lenkt ihre Sinne auf ein Bild, das sich manches Mal als Täuschung der Sinne erweist. Wo alle so tun, als herrsche schon Frieden am Rande des Kriegs, zeigen die Tavianis inmitten der Idylle den Schein von Frieden. Frauen waschen sich im Fluß, als ob nichts dabei wäre, Männer tauschen ihre Namen, um sich zu tarnen. Was an diesen Bildern stört, ist, daß immer ein Krieg vonnöten ist, damit an Menschen Eigenschaften zutage treten. Das Selbstverständliche als schön zu zeigen, scheint dem Film nicht genug.

Wie von selbst bilden diese Menschen auf der Flucht Kreise und Halbkreise. Sie gruppieren sich, um in Formen Schutz zu finden. Die Tavianis schwelgten ja immer schon in »unmöglichen« Verbindungen von Ton und Bild. Hier setzen sie das Requiem zum Massaker, eine ›Tannhäuser‹-Melodie zum Transport der Leichen, das Lächeln der Schwangeren neben das Schreckensbild ihrer tödlichen Wunde. Aber nie prallt ein Widerspruch auf den anderen. Die Bilder des Grauens verkriechen sich am Ende in der Idylle. Das Böse feiert Harmonierekorde mit dem Frieden.

Die Filmerzählung wird durch Schiebeblenden markiert, die weich vorübergleiten. Das hat was von der Zärtlichkeit alter Hände, die Alben anblättern und der Erinnerung nachfahren. Diese Erinnerung macht der Film hörbar. Man kann sie mitsummen oder in den Chor einfallen, der alle Stimmen in mächtiger Einstimmigkeit aufgehen läßt. DIE NACHT VON san lorenzo ist ein Hymnus auf die Überzeugung, daß die Geschichte sich auch nach vorwärts verwandeln ließe. Aber dazu muß man wohl aus ihr auftauchen und aus der Gewalt der Tränen die Poesie der Sterne gewinnen.

Die Zeit als Filmkalenderblatt

»Hécate et ses chiens« von Daniel Schmid

Dieser Film hat ein Geheimnis, das er auch dann bewahrt, als er es nach der ersten Hälfte offenbart. Es spielt dann nicht länger jene Rolle, den unser Wunsch nach Aufklärung ihm zuschob. Einer der Partner im Spiel, das sich zu einem *amour fou* verstrickt, sucht es, will es entdecken. Je mehr doch die Spurenlegerin des Geheimnisses sich ihm entzieht, desto stärker kreist er um sich selbst. Ein Kalvinist zieht aus, das Laster zu lieben, und kehrt am Ende blasiert und geheilt heim.

Das Geheimnis wird Zug um Zug von einer Frau gelüftet, die sphinxhaft lächelt, die sich dem Mann, der ihr verfällt, mit einer Leidenschaft zur Indifferenz hingibt und dabei das Laster, um sich selber zu entlasten, ihm gleichsam überschreibt. Das ist bei aller Individualisierung ein klassischer Schuldentlastungskonflikt der französischen Literatur. Von Racine über Stendhal zu Gide ist überliefert, in welchem Maß die männlichen Novizen ins soziale Netz der Sexualität durch eigene Lust am moralischen Verfall und schwächer werdende Empörung an diesem Sturz, der auf deutsch widerstandslos als Weltende durchlitten würde, an Relief gewinnen.

Dieser Weg ist geschützt bloß durch Immoralismus zu begehen. Hierzu lädt der Film auf breiter Bahn ein, die mit raffiniertem Luxus und besonnener Schönheit leicht verdeckt, was ihren Untergrund ausmacht. Das Geheimnis, einmal benannt, heißt Kinderprostitution, Päderastie. Das bedeutet als moralisches Geschoß die gezielte Verletzung des letzten Tabus der westlichen Welt, nach dem Dogma der Mutterliebe.

Die Story verrät ihr Geheimnis aber nicht an den Film. Der Film bewahrt es, indem er die Entdeckung nicht als den plötzlichen Skandalblitz in den sozialen Frieden leuchten läßt, sondern indem er die Entdeckung als einen Prozeß von der Ahnung zum Verdacht, vom Verdacht zur vermeintlichen Gewißheit und wieder zur vermuteten Einbildung zeigt. Das Geheimnis könnte ebenso gut oder schlecht nicht die besondere Vorliebe einer einzelnen Person sein, sondern die Manifestation einer kollektiven Phantasie, die in diesem Film auf engstem Schauplatz keinen anderen Raum zur Ausschweifung kennt als die Unterdrückung zum Gerücht.

Der Film schafft Räume neben den vorgezeigten. Die Kammern der Imagination liegen im Off und werden vom Zuschauer ausgestattet. Die Tabuverletzung geistert als Skandal durch die Story, gezeigt wird sie nicht. Sie nicht zu zeigen, ist Teil der Frustrationsstrategie des Films, der sich der Sache nicht aus Prüderie entzieht, sondern aus der Schamlosigkeit, sie, einmal benannt, wieder zur fixen Idee aufzulösen.

Ein junger Mann im diplomatischen Dienst wird vom Ministerium auf seinen ersten Außenposten versetzt. Das ist ein Sprung von Paris nach Marokko und ein folgenschwerer Karriereknick. Der unbekümmert sportive Dreißigjährige, der sich im geborgten Glanz der sicheren Laufbahn wähnt, entdeckt in seiner Leidenschaft zu einer fremden Frau deren Geheimnis, das er zunächst aus Eifersucht, dann wohl auch aus uneingestandener Komplizenschaft teilt. Ein Film über den Tauschwert der Begierde einerseits und ein Film der ästhetisch tarnenden Betörung andererseits.

Zwei makellos schöne Stars verkörpern die Partner in diesem ebenso schwebenden wie fatalen Spiel der Bodenlosigkeit. Bernard Giraudeau und Lauren Hutton. Die Kamera von Renato Berta, sehr kalt und kalkuliert, wie es sich für dieses Ambiente gehört, entdeckt nach und nach den Zerfall in jenen makellosen Erscheinungen. Giraudeau ist zunächst der glatte Geck mit den zweifarbig abgesetzten Lederschuhen, von denen ausgehend im Vertikalschwenk aufwärts über die Rollbahn der breiten Revers und den markanten Endpunkt des Hutes ein Sozialcharakter umrissen wird. Später sieht er ganz schön derangiert aus. Afrikanische Musik ertönt, bevor dieser Mann den Boden Marokkos betritt. Unberührt schiebt er sich durch das Lokalkolorit, mit den zeitlupenhaften Bewegungen eines Alain Delon, der sich in eine amerikanische Produktion verlaufen hätte.

Lauren Hutton dagegen spielt mehr als ihren Akzent aus und verlängert in diesen französisch-schweizerischen Film gleichsam ihre Rolle aus Paul Schraders Film AMERICAN GIGOLO. Das Top-Modell blendender Schönheit, deren zarter Silberblick den Zuschauer nur schneller in ihr Rätsel hineinzieht. Zwei Stars in einem Film der gemischten Spielweisen, der interkontinental vereinheitlichten Körpersprache. Auch das ist ein Produkt der Gaumont-Politik, die den Hollywoodfilm made in Europe anstrebt, der von Norwegen bis Sizilien problemlos amortisierbar ist.

In den filmvereinigten Staaten von Europa wird die Luft für Innovationen dünn. Experimente in ungewohnten Ausdrucksformen sind von der Industrie kaum zugelassen. Ein Film, dessen Rezept auf alten Filmen beruht, hat mehr Chancen als ein Vorgriff auf kommende Formen. Daniel Schmid kennt sich aus in beiden Abteilungen, und was an diesem Film so raffiniert daherkommt, ist sein Experiment in den alten Ausdrucksformen. HÉCATE ist ein Film, der auf den ersten Blick wie aus alten Filmen maßgeschneidert aussieht. Genauer besehen ist er mehr als das Flickwerk einer gängigen Nostalgie, der in den achtziger Jahren nichts besseres einfällt, als die Geschichten der vierziger Jahre nachzuerzählen.

Der Stoff, den Schmid sich wählte und mit dem Autor Pascal Jardin zum Drehbuch formte, legt dies nahe. Was an seiner Lösung nun besticht, ist die Differenz in der Nähe zu den derzeit herrschenden period pictures & costume pieces. Sein Film beruht auf dem Roman ›Hécate et ses chiens‹, den Paul Morand 1954 in Paris veröffentlichte. Bei den üblichen Literaturverfilmungen trifft die Formel »beruht auf« als ein Zustand der Erstarrung zu. Hier hat sich ein Film über seine Vorlage beunruhigt und die suggestive Glätte mit Rissen versehen, die Selbstdistanzierung dem Autor wieder angenähert. Deutlicher gesagt: wo Morand seinen Helden zum Bankangestellten macht, den es in die nordafrikanische Kolonie verschlägt, rücken ihn die Filmautoren wieder an das eigene Vorbild, den Autor und Diplomaten Morand heran.

Der Film beginnt und schließt mit einer Szene in der französischen Botschaft in Bern 1942. Just der Zeitpunkt, wo Morand dort selber Gesandter seines Landes war, bevor er 1945 wegen offensichtlich zu enger Kollaboration mit dem Vichy-Regime ins Exil ging. Genauer gesagt, er blieb. Der Roman ›Hécate‹ ist in Vevey geschrieben und, um Authentizität bemüht, als *récit* klassifiziert. Es ist sein, zähle ich richtig, 44. Buch, bis dato. Reiseberichte, Essays, Kulturgeschichten am laufenden Meter, Aufnahme in die Académie Française. Ein Vielschreiber, ohne Sinn zur Verdichtungsarbeit in seinem Handwerk. Aber gewiß hohe Auflagen. Das war die Karte, die bei Gaumont stach.

Daniel Schmid hat sich, zu seinem Glück, nicht auf die eindimensionale Handlung des Romans eingelassen. Wo diese in die physischen Übungen der »passion amoureuse« verwickelt ist, um ihr auf den *Grund* zu kommen, stellt der Film die Frage, was *jenseits* jener Leidenschaft läge. So ist eine metaphysische Dimension eröffnet, die der Film in der Schwebe hält und nie überfrachtet. Andererseits ist bei dieser Art, die Leidenschaft zu sublimieren, auch kein Platz für häßliche Verfärbungen. Von Zigarettenasche, Lippenstift und Eigelb im Bett zeigt der Film nichts.

Aber die historische Zeit, die im Roman ausgespart bleibt, schenkt der Film sich nicht. Der Innenminister läßt in der Provence auf streikende Weinbauern schießen, in Paris ereignet sich eine Demonstration des Front Populaire – in derlei beiläufigen Dialogwendungen ist sogleich die Zeit evoziert, die ihren sinnlichsten Ausdruck in den Filmen des Jean Renoir jener Epoche fand. Fremdenlegionäre im Dienste Frankreichs foltern aufständische Araber, indem sie die Rebellen bis zu den Schultern eingraben. Ist das »Que viva Mexico« abgesehen? In einem alten Kinostreifen werden Kinder mit Ledergurten gefesselt. Nachts, wenn der Muezzin betet, heulen die Hunde. Bloß als weiße Wand für westliche Lüste zeigt Daniel Schmid die Geheimnisse des Orients nie. Immer sorgt ein flackerndes Licht inmitten des Tableaus der Schönheit für Beunruhigung.

Die faszinierenden Panoramen der Landschaft, die mysteriösen Nachtbilder werden von der Kamera nicht als Augenfutter abgegrast. Im Gegenteil, sie werden bewußt kurz geschnitten. Auch ein Teil der erwähnten Strategie, den Zuschauer nicht einer rein schwelgenden Schönheit zu übergeben. Nach und nach ergreifen die Schatten Besitz von den sich noch entziehenden Figuren. Was blendend war an diesem Paar, wird abgedunkelt, gewinnt aber in der Zone des Verbotenen morbide Leuchtkraft.

Die Küsse im Treppenhaus des maurischen Palastes werden zum Schattenspiel. Die Umarmungen, die sich regellos jeden Ort als gelegen suchen, sacken ab in die Horizontale, gleiten allmählich zu Boden in den Schatten der Fenster- und Geländergitter, bis die Schatten den verzweifelt Liebenden, dem sich die rätselhafte Frau entzieht, ganz zudecken. Das Licht ist nicht zärtlich, es spaltet den Raum in Zonen, die noch die heftigste Regung des Verlangens nicht versöhnen kann. Das Licht selber spinnt hier den schleichenden Verdacht.

Ein Schuljunge wird auf offener Straße mißhandelt. Der junge Diplomat, gehetzt auf der Suche nach seiner Entschwundenen, gerät hinzu und zieht den Mißhandelten in sein Auto, um ihn zu trösten. Philanthropie, Angst und Neugier zeichnen sein Gesicht. Da kommt eine Karawane mit der europäischen Kolonie des Ortes vorbei. Ein Mann blickt mißbilligend ins Auto. Wut und Panik mischen sich nun in den Ausdruck des hilflos Helfenden. Unter dem Blick der Fremden wurde er zum Päderasten gebrandmarkt. Ein Mißverständnis, dessen Bedrohlichkeit die Angstlust seines späteren Tuns bestimmen wird.

Ambiguitäten auf der ganzen Linie. Denn was tut die sphinxhaft schöne Frau mit den Araberknaben, wozu der Roman die historischen Metaphern: den Kaiser Tiberius und die Vorlieben des alten Krupp auf Capri bemühen muß? Dem Film nach könnte man die reizend bemühte Lauren Hutton auch für eine Freiwillige im Dienst des Friedenscorps der USA halten, so wenig geht von ihr das Klima sexueller Gewalt, es sei denn: bloß behauptet, aus. Wahnvorstellungen, Vorurteile, Verdammungen als ungelebte Ausschweifung einer Phantasie, die in Nordafrika strandet? Dieser Diplomat muß der Mann von Welt, als der er kraft seines Amtes gilt, erst werden. Insofern ist der Film auch in der Tradition einer *Education sentimentale*. Allerdings, die Erziehung eines Herzens zur Verrohung.

HÉCATE ist ein Film eines jungen Mannes über das Buch eines alten Mannes, der sich seiner Jugend erinnert. Diese Erinnerungsarbeit wird der Patina entkleidet ohne Rücksicht auf Verluste. Was im Bericht des Helden Verklärung war, wird zur lakonischen Frage, was besonnter Aphorismus war, der glatte Hohn. Schmid wählt zur Situierung des Geschehens ein voice-over des Helden. Auf den ist aber kein Verlaß. Seine Stimme ist eher dazu angetan, uns im Raum zu desorientieren, je tiefer er dem Orient verfällt.

Die erste Szene weitet sich aus zu einer nicht endenwollenden Rückblende. Der Kreis zwar schließt sich, die Wunde der Einnerung bleibt aber offen. Wie erinnerlich, ist in dieser Komposition auch Bertoluccis KONFORMIST angelegt, das diesem Film naheliegende Vorbild, den Zwang eines period picture durch den Umriß eines Sozialcharakters zu durchbrechen. Wenn die Liebenden wieder, durch die Zeitläufte getrennt, an der gleichen Tafel beieinandersitzen, haben sie nichts als blasierte Erkenntnis auf den Lippen, maskenhaft gealtert und in Melancholie ermattet. Das klingt denn wie »trop tôt ou trop tard«, was die beiden Figuren zu Waffenbrüdern im Geiste des internationalen Snobismus macht. Die Frechheit daran ist, daß J. M. Straub mit dieser Wendung (einer Briefstelle von Friedrich Engels) seinen letzten Film benannte. Der Kameramann von HÉCATE wird es wissen. Er war auch Straubs Mann.

Natürlich gehe ich hier zu weit. Das ist auch keine Unterstellung, sondern die Beschreibung eines Verdachts, wie dieser Film mit Filmen spielt. Zum elegischen Morgenkuß beschreiben die Liebenden den Tagesanbruch mit der Feststellung: »le jour se lève«. Das ist korrekt, aber in einem Gaumontfilm, dem Stoff eines französischen Schriftstellers und dem Werk eines ausgepichten Cineasten ist diese Wendung kein zufälliger Verweis auf den gleichnamigen Film der dreißiger Jahre. Auch eine Elegie der Vergeblichkeit.

Und dann dieser Anschluß der Rückblende an die Eröffnungssequenz! Die Kamera senkt sich in ein Sektglas ab, als wolle sie kosten, bloß um danach in das scheinbar identische Element (Schraubenwasser eines Dampfers, unterwegs nach Marokko) zu überblenden. Solcher Suggestion verfiel man nur in der frühen Tonfilmzeit, Mitte der dreißiger Jahre befreite man sich rasch von derlei Zwangs-Anschlüssen. Schließlich noch die Wendung, die der Erzähler in seinem Off-Monolog bereit hält: die Zeit sei wie in alten Filmen, wo der Wind die Kalenderblätter abreißt. Douglas Sirk hätte es nicht treffender sagen können. Das sind Reverenzen und keine Rezepte. Sehr knappe Verbeugungen vor den kinematographischen Mitteln der Zeit im Film. Gegen Ende von »Hécate« wird sie mir zu deutlich eingerieben, als eine akzelerierte Montage aus Dokumentarfilmmaterial sich entfärbt und Braunstichigkeit, die Schminke von Filmen auf alt gemacht, auflegt. Schließlich trägt Lauren Hutton ein Matrosenkostüm zum Strohhut, was sie zur androgynen Schwester Tadzios aus TOD IN VENEDIG macht.

Das sind die Appetithäppchen, die man mitverkraften muß. Ebenso wie der schon langweilige Wahn, eine Geschichte bis zum wahrlich bitteren Ende zu erzählen. Das bedeutet auch das Ende der Ambiguität und den Auftritt einer konventionellen Erzähltechnik, die Zuschauererwartungen am Ende bloß noch mechanisch bedient. Mit anderen Worten: die Begegnung des geläuterten Liebhabers mit dem ehemaligen Mann der Sphinx im fernen Rußland hätte Schmid sich sparen können. Dieser Komplex wattiert das Vakuum aus, das die Frage nach moralischer Schuld hinterließ. Ist jetzt alles abgebüßt und die Gerechtigkeit im Lot, weil nun beide Männer als Opfer jener Frau sich entlasten?

Besser wäre, es bliebe etwas offen. Wie die Frage nach dem griechischen Mythos der Hekate und ihrer Hunde. Die Antwort ist auch eine Falle.

Melville, der Immoralist

LE SILENCE DE LA MER (1948). Nach der klassischen Erzählung von Vercors. Widerstand als Hermetik der Form, Widerstehen als lakonische Innenspannung. Rückzug vorm Außenfeind durch Selbstversenkung in die Prosa des 18. Jahrhunderts, in eine Transparenz, die Emotionen abkühlt, fast neutralisiert. Nicole Stéphane, die im Melville-Film LES ENFANTS TERRIBLES sich subversiv entfesseln darf, muß hier verschnürt und still sitzen. Neunundachtzig Minuten schlägt sie in Anwesenheit des deutschen Offiziers die Augen nieder, um sie in der letzten Minute lang zu einem »Adieu!« aufzureißen. Wenn dieser Film wie einer von Bresson beginnt, um wie einer von Cocteau zu enden, ist das kein unüberbrückbarer Gegensatz. Schließlich haben jene schon anläßlich der DAMES DU BOIS DE BOULOGNE zusammengearbeitet. Und der Stoff war von Diderot. Im Rigorismus der Form hat man das Zeitalter der Aufklärung sich bisher zu wenig vorgestellt. Hier hat der Mutismus eine Leidenschaft, die aus der scheinbaren Unbeweglichkeit der Dialogstrukturen ein heftiges, ein implosives Theater macht.

Frankreich unter faschistischer Besatzung. Fast könnte man Treblinka vergessen. Die Deutschen schicken ja lauter Literaten, die höchstens im Tagebuch der Obersten Heeresleitung Krieg führen. Wir haben die Musik, sagen sie, gönnerhaft, euch lassen wir die Literatur. Was Okkupation ist, soll wie eine Einverleibung unter Gleichgesinnten, doch leider nicht gleich Starken wirken. Vercors, das zeigt sich erst in Melvilles Adaptionsweise, die ihm innewohnenden Gemeinplätze zu materialisieren, ist das Gegenstück Frankreichs zu Ernst Jünger.

Melvilles Figuren leben nicht. Sie machen, an der Front des Realismus, bloß Theater. Sie werden als Gefäße mit Ideen abgefüllt. So schwappt manche Reflexion über ihren Kopf hinweg. Ausgetauscht werden die Ansichten zum Allerallgemeinsten. Damit Privates sich nicht zeigt, wird das Öffentliche bemüht, das sich schamlos decouvriert. So tritt neben den Schauplatz die rhetorische Figur des pars pro toto. Daher das Schleppende in den Bewegungen, das Gravitätische im Versuch, sich nicht zu bewegen. Der Zugriff des Ganzen auf das Bruchstück macht die Situation so unerträglich, daß man ihr nur noch mit Regungslosigkeit begegnen kann. Mit der bekannten »impassabilité«.

Der deutsche Offizier, zwangseinquartiert, monologisiert seinen Versöhnungswunsch vor sich her. Der Alte und seine junge Nichte werden beim Versuch beobachtet, nicht zuzuhören. Der Zuschauer leidet unter diesem Entscheidungskampf, wem seine Aufmerksamkeit zu gelten hat und wem er sie mit moralischem Recht entziehen muß. Der Onkel ist der Erzähler im historischen Präsens. Er spricht fast ohne Ton, um seine Wörter nicht mit privatem Sinn aufzuladen.

Die Kamera von Henri Decae hält auf Schulterhöhe. Was an Atmosphäre an behagliches Umfeld erinnert, schneidet er weg. Jede Einstellung teilt mit, diese Figuren bewegen sich in einem vorherbestimmten Rahmen. Sie ahmen nicht die Unendlichkeit alltäglicher Kontingenz nach. Oft stehen die Gesichter in abgedunkelten Räumen im Profil gegen das Nichts gezeichnet. Jede Geste wirkt geführt, jede Hand wie von Fäden gezogen. Melville steht über diesem Schauplatz und läßt die Puppen tanzen.

Ihm ist es gleichgültig, wer im Namen der Kultur Krieg führt gegen die Barbarei. Der moralische Diskurs ist schwächer als das Schweigen des Meeres. Melville führt eine Verhaltensstudie unter den Bedingungen des Immoralismus vor. Das taten die französischen Moralisten auch. Ohne die einschneidende Form und die kalte Wut eines Diderot hätte das Engagement von Voltaire weniger Sinn.

LES ENFANTS TERRIBLES (1950). Ein Theaterfilm, nach einem Roman von Cocteau, der für Melville das Drehbuch schrieb und in der Hauptrolle seinen Geliebten Edouard Dermit unterbrachte. Thematisiert die Klaustrophobie, verläßt in der Regel nie den Schauplatz eines geräumigen Zimmers, abgedunkelt mit schweren Vorhängen. Im Théâtre Pigalle gedreht, die Bühne als Sprungschanze in die tiefste Morbidität hinein. In einer katholisierenden Übersetzung der Nachkriegszeit hieß der Roman »Kinder der Nacht«. Der Schrecken sollte ihnen entzogen, das schwebende Spiel mit der Geschwisterliebe, Eifersucht und Fatalität durchkreuzt werden. Die trockene Lakonie dieser frühen Prosa von Cocteau fand ihre filmische Umsetzung in seinem Film LE SANG D'UN POÈTE, den er unmittelbar im Anschluß an die Fertigstellung des Romans ›Les Enfants terribles‹ schrieb.

Melville übersetzt und übersteigert Cocteaus Gestus in einen Ausdruckswillen, dem man die Anstrengung in jeder Phase der Bewegung ansieht.

Vorlage und Film verhalten sich zueinander wie eine Radierung und ein Ölgemälde. Trotzdem wird der Zuschauer von Melville nicht in die Theatralität entlassen, sondern ins Gefängnis der Innenräume eingeschlossen. Einerseits schafft die Musik von Vivaldi in ihrer terrassenförmigen Steigerung eine raumbildende Wirkung, andererseits besteht die Kamera von Henri Decae auf Einstellungen aus der größtmöglichen Distanz. Diese Figuren scheinen weit entfernt, aber wenn sie in Gang kommen, bedrohen sie gleich die Physis des Zuschauers.

»Ungeheuer sind die Vorrechte der Schönheit. Sie wirkt selbst auf jene, die sich ihrer nicht bewußt werden.« Ein Zitat aus dem Roman, das als Devise auch den Film beherrscht. Unentrinnbarkeit und demonstrierte Schönheit, dazu ein Hohngelächter auf die bürgerliche Moral und Haltung zur Kunst, auch darin manifestiert sich ein Immoralismus, den bei Melville zuzugeben sich die Kritik geniert.

L'AÎNÉ DES FERCHAUX (1963; Verleihtitel: DIE MILLIONEN EINES GEHETZTEN). Wie oft bei Melville will das Drehbuch einen Action-Film, der unter den Bildern erstarrt, der sich verhakt im Gestrüpp blinder Motive und entlegener Sackgassen. Der Lichthof um ein Gefühl strahlt heller als ein stimmiges Beziehungsgeflecht zur angespielten Person. In den Farben allein, die eine Leidenschaft aus dem Spektrum herausfiltern, steckt schon die Abscheu vorm mittleren Realismus der Wahrscheinlichkeit. Hält ebenso intensiv an der Materie wie an der Situation fest. Der Startlärm einer TWA-Maschine will nicht aufhören. Die Autofahrten durch Paris und New York machen den Eindruck von Realzeit. Die Landschaft von Virginia und Louisiana, über Nationalparks und Highways, feiert die Dekadenz des Südens und seinen glänzenden Zerfall.

Das Dekor spielt eine Rolle und bildet einen Raum, wo es sonst zur Tapete verkommt. Das Palais des Bankdirektors, das drittklassige Hotel, in dem der Boxer logiert, die Milchbar unterwegs in den USA, die schäbige Fluchthütte, in der die beiden Brüder, blutsverwandt durch Gier nach Geld, unterkriechen. Die Objekte, die ins Bild rücken, evozieren keine Stimmung. Sie beanspruchen die Aufmerksamkeit eines erstklassigen Kleindarstellers. Es gibt keine Hierarchie in den Erscheinungen. Auch ein Gesicht ist nicht mehr als bewegliche Masse an Ausdruck, die mal hier, mal dort benötigt wird.

In Louisiana ist die Endstation. Nach Caracas werden die beiden Männer nie gelangen. Ein Auslieferungsantrag lähmt ihr Vorwärtskommen. Was man nicht in Handlungsmustern erzählen kann, ist die innere Verfassung der Helden zueinander. Wie sie sich selber ausgeliefert sind, verfolgen, unterdrücken, Räuber und Gendarm im kleinen Maßstab spielen, bis es blutiger Ernst wird. Dann ist der Film schon aus. Der korrupte Bankier, dessen Name Kruppstahlmentalität verhieß, stirbt an

Herzversagen. Nicht ohne zuvor dem jungen Sekretär den Tresorschlüssel in Caracas überreicht zu haben und gerührt »Mein Sohn« zu hauchen.

Das darf nicht wahr sein. Denn nicht um Überlieferung der Tradition des Finanzverbrechens geht es, sondern um die Archaik unter dieser Maske. Der Darwinismus ist, unter Brüdern, die sich auflauern, gleich stark. Das Mißtrauen des Älteren, seine Gerissenheit macht der Jüngere durch brutale Rücksichtslosigkeit wett. Das wachgehaltene Interesse am Kampf dieser beiden ist wichtiger als sein Ausgang. Wie sie sich in der Fremde verlieren, sich immer tiefer in eine Herr-Knecht-Situation verstricken, die mit jeder Sequenz eine umgekehrte Konstellation erreicht. Beileibe nicht dialektisch fortschreitend, sondern nur mutig im Schlamm des Fatalismus versackt.

Die Gegebenheit bei Melville ist, daß seine Helden weder Vor noch Zurück kennen. Sondern ihre Bestimmung in einer finalen Bewegung erreichen, die spiralenförmig in sie selber führt. Bevor sie anfangen, haben sie schon abgeschlossen. Das Testament, das jetzt entfaltet wird, ist nur noch Protokoll eines in Schönheit ritualisierten Abgangs. Der von eigener Hand inszenierte Tod wird als kleines Kunstwerk gefeiert, das ein für allemal mit der Schäbigkeit eines verplemperten Lebens aufräumt.

Die Dialoge beschränken sich auf Mitteilungen, die manches Mal direkt dem Publikum gegeben werden. Das klingt wie ein innerer Monolog durch Verzicht auf direkte Ansprache des Partners. Verdopplungen des Ich: Charles Vanel ist bloß älter als Jean-Paul Belmondo; nicht anders, nicht besser. Das ist ein schönes Gespann des Immoralismus, das hier zusammenfindet. Sieht man einerseits die Verdopplung, kann andererseits die Reduktion nicht mehr als Kälte der Verzweiflung gelten. Was so leidenschaftslos klingt in diesen Dialogen, ist der Monolog, der sich selber nachlauscht, der bloß in sich ein Echo bildet. Diese Sätze haben mit dem jungen Brecht ebensoviel gemeinsam wie mit der modernen Bildererfahrung vom Zusammenwachsen der Metropolen. Die Stadt wird die Wildnis, sie zu begehen ein Irrlauf im Dickicht der Städte. In ihr sich zu verlieren die ebenso naive wie romantische Sehnsucht. Man kann neben die Filmbilder von Melville die tropischen Farben des Zöllners Rousseau halten.

In dem durch implosive Gesten, gedrosselte Fahrten gestauten Bild geht es nicht um die Abfuhr der Spannung, sondern um ein Nebeneinander von Erwartungen. Bei der Fahrt durch die Südstaaten gibt es einen Halt auf einer großen Autobahnbrücke. Es wird gebadet, ein Mädchen ist im Spiel, Anhalter. Ablenkungsmanöver vom Coup der Rache des Alten. Dreimal wird die Brücke fotografiert, mit schöner Herbstlandschaft, aber leer. Ein Anlaß zur Spekulation, jetzt führe der Alte allein mit dem Wagen weg. Oder überführe den Jungen und das Mädchen auf der Brücke.

Oder lauerte ihnen unter der Brücke auf. Die Brücke verbindet nichts. Die Akteure befinden sich außerhalb des Bildfeldes. Man hört sie nicht einmal. Aber man ahnt, daß ihre Konstellation sich jetzt entscheidend verändern wird. Vielleicht können die Helden noch selber entscheiden, aber wenn wir sie wieder sehen, wird alles anders. »Nun nimmt das Schicksal seinen Lauf«, sagt Belmondo im inneren Monolog. Das ist ein Satz, mit dem die Vertrauten der Herrschenden die fatale Wende in Opern einsingen.

Aber nicht in dramatische Einzelbilder löst Melville die Szene auf. Er baut Tableaux, die er beharrlich nebeneinandersetzt. Er konstruiert die Gleichförmigkeit, die Wiederholung der Bildmotive, je sprunghafter die Handlung weglaufen will. Der Gleichförmigkeit im ästhetischen Bereich entspricht die Gleichgültigkeit im Psychologischen. Melville legt seine Fundstücke zu Augenblicksbeschreibungen vor, anstatt auf linearer Entwicklung und Stimmigkeit zu bestehen. In seinen Figuren, die alles hinter sich und wenig vor sich haben, kommt die Zeit zum Stillstand. Die Aura, die sie um sich mit Hutkrempen, erlesenen Stoffen und lividen Farben breiten, ist eine Abschiedsgeste an die Gegenwart. Jeder Melville-Film stellt eine Freifahrt in den aristokratischen Selbstmord aus.

Dame und Dandy

Ulrike Ottingers Filme

1

Höfisches Ritual und Chiffre des Unbekannten, gekoppelt an ein erotisches Versprechen, das ist für einen Filmtitel schon ein Programm, das in Hollywood zum Beispiel (von 1920 bis 1965) viermal verfilmt wurde. Damit hat dieser Film nichts im Sinn. Er verspricht keine Pikanterie für Männerphantasien, sondern halluziniert ein Ritual von Frauenherrschaft, in dem der Feminismus glücklos bleibt. Denn der herrschaftsfreie Diskurs, von dem wir alle träumen, ist nicht putschistisch: ohne den Diskurs über die Herrschaft der Träume zu führen.

MADAME X, auf ihrer Piraten-Dschunke eine absolute Herrscherin, sendet eine Botschaft über alle Meere an alle Frauen, denen sie Gold, Liebe und Abenteuer verheißt. Flora Tannenbaum, die deutsche Försterin, empfängt die Nachricht aus der FAZ; auf Josephine de Collage, die europäische Künstlerin, regnen Papierschnipsel; Betty Brillo, amerikanische

Hausfrau, findet die Botschaft im Einkaufskorb; der Psychologin Carla Freud-Goldmund wird sie von einer Patientin auf der Couch zugesteckt; das Photomodell Blow Up erhält einen Anruf am Autotelephon; die Buschpilotin Omega Zentauri trifft der Appell im Funkdialog mit der Bodenstation; Noa-Noa, die Frau aus der Südsee, fischt eine Flaschenpost auf. So findet sich, zu Fuß, per Rollschuh, auf dem Klappfahrrad, der Rikscha, im Mercedes, im Flugzeug und Kanu, die Mannschaft als Frauenbesatzung der Dschunke zusammen.

Ein Aufbruch der Frauen, rund um die Welt. Sieben Berufe, sieben Möglichkeiten als Frau zu arbeiten, werden addiert zu einer unerhörten Unternehmung, der Eroberungsarbeit von Frauen, die männlichen Territorien gilt. »Biete Welt!« verspricht Madame X und fordert Unterwerfung unter ihre absolute Herrschaft. Die Mannschaft erbringt den Tribut. Wenn dieser Planet, im phantastischen Diskurs dieses Films, nicht herrschaftsfrei zu denken ist, dann wäre die Herrschaft der Frauen noch die beste der Männermöglichkeiten, sich unterdrücken zu lassen.

Das schafft Unbehagen an diesem Film, daß Frauen von Ritualen der Gewalt sich willig faszinieren lassen und – in der Männerphantasie – dabei das Territorium der Unschuld, der Vermeintlichkeit, als Frau ein besserer Mensch zu sein, verlassen. Und im schroffen Gegensatz der Sanftmut in anderen Frauenfilmen den Rücken kehren, die den Frauen »Liebe ohne Scherereien« versprechen, wie noch Agnès Varda in ihrem letzten Film.

Dieser Film hat keine Spur von Ängstlichkeit. Im Gegenteil: denen, die gegen die Faszination dieser ritualisierten, vollkommen ästhetisierten Gewalt stramme Abwehr in Marsch setzen, macht er Angst. Denn auf dem Frauenschiff »Orlando« sind die Flaggen: Angriff, Leder, Waffen, lesbische Liebe und der Tod mit einer Schönheit aufgezogen, die den Zuschauerblick nicht absolut beherrschen will. Die Ästhetik unterliegt strenger Stilisierung, die ohne Überwältigung sich frei herzeigt. Die wunderbaren Kostüme von Tabea Blumenschein sind kein Korsett fraulicher Formen mehr, sondern flattern frei, bilden, unförmig geworden, die Haut für einen zweiten Körper, der in diesen Frauen steckt. Die Gesten sind auf kleinem Radius abgesteckt, die Mimik ist bisweilen dem Stummfilm abgeschaut. Das wirkt durchaus komisch, denn mit diesem inszenierten Mißverhältnis, der brillant gehandhabten Asynchronität (ich kenne kaum einen neuen Film, in dem die Funktion des Tons witziger geregelt wäre als hier) arbeitet der Film.

Dennoch herrscht nie blutiger Ernst, sondern die spielerische, selbstironische Phantasie eines denkbaren Bewußtseins. Dieses Bewußtsein der Piraterie entert mit einem Handstreich das blanke Deck der Normalität, um sich blendend und höhnisch darauf niederzulassen. »Alles, was irgend etwas zerschlägt, alles, was mit der etablierten Ordnung bricht, hat etwas mit der Homosexualität zu tun oder mit einem Tier-Werden, einem Frau-Werden. Jede Semiotisierung im Umbruch impliziert eine Sexualisierung im Umbruch«, schreibt Guattari in seiner ›Mikro-Politik des Wunsches‹.

2

Die Leinwand ist rot. Es knistert. Falten aus Chiffon werfen sich auf. An den Rändern schwindet die Farbe. Ein barocker Innenraum wird sichtbar. Auf hohen Schuhen schreitet ein Kleid davon. Wer es trägt, wird sichtbar erst, als Tabea Blumenschein, Hauptdarstellerin und Designerin der Kostüme, in Mittelachse von der Kamera sich in den Hintergrund entfernt. Sie tritt an einen Schalter, verlangt einen Flugschein nach Berlin-Tegel, ohne Wiederkehr. Ihre Reise kann beginnen. Zuerst die Farbe, dann ein fixer Bildausschnitt, sodann Ton und ein Kostüm und schließlich Träger, die es durch den Raum bewegen. Das ist die Folge der ästhetischen Parameter, die den Stil dieses Films bestimmt.

Im Gegensatz zu Ulrike Ottingers letztem Film MADAME X – EINE ABSOLUTE HERRSCHERIN, dessen Ausfahrt mythischen Meeren galt, hat das BILDNIS EINER TRINKERIN eine exakte Geographie. Sie, eine reiche Frau von Nirgendwo, wählt Berlin (West) als den Ort, an dem sie »ungestört ihrer Passion«, dem Trinken, leben kann. Sie trifft dabei auf Lutze, die Trinkerin vom Bahnhof Zoo. Sie: im Taxi, die andere: mit einem Einkaufswagen ihrer beweglichen Habe auf den Straßen streunend. Eine Sightseeing-Tour, auf der sie sich zu Tode säuft. Ein Trinkplan, nach dem das anonyme Duo durch die Pinten geistert. Ganz Berlin ein Nachtasyl.

Dies ist kein Problemfilm, der ein sozial relevantes Thema aufgreift wie die Kräfte der Ordnung Leute ohne festen Wohnsitz. Wer das erwartet, sollte Billy Wilders therapeutische Anleitung in seinem LOST WEEKEND zu Rate ziehen. Hier herrscht keine Fernsehdramaturgie des öffentlichen Auftrags. Das deviante Verhalten wird narzißtisch, exzessiv und ohne Rücksicht auf die Konvention gelebt. Dem aristokratisch-proletarischen Trinkerduo immer hart auf den Fersen sind drei allegorische Figuren. Sie heißen Soziale Frage, Exakte Statistik und Gesunder Menschenverstand. Sie irren in ihren Kongreßuniformen – ein gräßliches Pepitamuster – umher wie eine Mischung aus Blitzmädel und Stewardeß. Sie studieren ein Milieu und verfehlen, wovon es lebt. In ihrem Mund klingt wissenschaftliche Erkenntnis über den Alkoholismus, als sanktionierte Form der Selbstberauschung. Als ihr Fall, den sie verfolgen, einmal arbeitet, sieht man die drei grotesken Schwestern der Fürsorge, wie sie an die Tür huschen, Augen und Ohren am Riffelglas plattdrücken. Ihr Voyeurismus hat Suchtcharakter.

Berlin ist, scheint es, aus Glas gebaut. Kaum entrinnt Tabea Blumenschein dem Käfig aus automatischen Türen in Tegel. Im Botanischen Garten besteigt sie den gläsernen Turm. Sie bewegt sich schleppend, so somnambul wie Sybille Schmitz in Dreyers VAMPYR. Jede glänzende Fläche wird zum Spiegel ihrer kostbaren Schönheit. Sie kann dies Bild aber nicht ertragen. Sie schüttet Gläser über Spiegeln aus. Ihr Bild zerfließt, es splittert nicht, und im Verrinnen sieht sie süchtig der Spur der Selbstauflösung nach. Auch ihre Kostüme werden transparenter. Die Farben werden metallischer, die Stoffe steifer. Wo sie anfangs Contenance durch die Kleider gewann, deren üppige Eleganz zur Schau stellte, baut sie gegen Ende ihre Kostüme so um, daß für jede Bewegung Spielraum gegeben ist.

Was Ausdruck des Verfalls, der Selbstzerstörung sein kann, muß man hier nicht am Dialog, der Mimik ablesen. Kein Mienenspiel verrät, was innen vorgeht. Das Vonaußensehen wird hier wesentlich. Aber kleine abrupte Gesten, allegorische Kostüme und die Schauplätze des banalsten Alltags geben die Signale. Gesprochen wird so gut wie nicht. Aber die Toncollagen sind von einer raffinierten Schichtung, die auch einen technologisch mächtigen Dolby-Sound in den Schatten stellt. Das Klirren von Gläsern, das Quietschen der Korken, das Rascheln von Geld und das Knistern der Kleider – derlei Reibungen des Materials, mit Originalton und schrägen Tönen einer Zirkusmusik gemischt, hat man so sinnlich noch nicht gehört.

Die Schauplätze zwischen Schutthalden, bizarren Wannseedampfern, Rübenfeldern an der Mauer, der Spielbank und Kreuzberg wirken verschwenderisch ausgestattet. Sie wurden aber alle vorgefunden, wie sie sind. Der Eindruck ihrer Inszeniertheit beruht auf dem gewählten Kamerawinkel. Oft herrscht extreme Untersicht, aus der heraus Figuren sich überlebensgroß in den Bildhintergrund entfernen, bis sie erkennbar menschliche Größe erreichen und dann entschwinden. Der Schauplatz ist der Star, und die Kamera steht an der Rampe. Da treten Seiltänzer, Penner und Kellner auf. Aber ausgeleuchtet wird der Raum von den Randzonen her, in denen sie sich bewegen. Am Künstlertisch eines Cafés knabbert Ginka Steinwachs am Brotmantel, den Wolf Vostell sich hergerichtet hat. Eddie Constantine spielt angetrunken mit Tabeas Rose und einem Text von Gertrude Stein. Die Regisseurin selbst greift zur Lektüre. Auch die Klofrau am Bahnhof Zoo verfällt einer Vorlesewut. Material der Fremderfahrung, zitiert wie die Bemühungen der Wissenschaft. Auch Nina Hagen hat einen hinreißend frechen Auftritt. Sie besingt eine Vergewaltigung (wieder die prekäre Spannung, in der das Grauen nur in Form der Farce bewältigt wird) und übersteigert ihre stimmlichen Mittel derart leidenschaftlich, als müsse sie Puccini singen. Oft bauen die Bilder auch Erwartungen auf, die abrupt abbrechen, glatt verschenkt werden, weil da noch Ressourcen an Erfindung auszuschöpfen sind. So spielt auch der Aufbau der Bilder mit filmisch bekannten Größen. Da gibt es Assoziationen an Hitchcocks doppelbödige Bilder: Karin Dors Tod in TOPAZ – die Leinwand füllt sich mit ihrem Kleid, bis nur noch die Röte des Technicolors, das Material der Farbe sichtbar wird; an Fellinis Zirkustruppe, seine Zwerge, oder an das Spiegelkabinett aus THE LADY FROM SHANGHAI. Doch mit diesen verdeckten Fluchtpunkten des Blicks wird sehr selbstironisch, unaufdringlich umgegangen.

In diesen Bildern stolpert man durch Berlin wie Jacques Offenbach durch das ›Pariser Leben‹. Der Oberflächenglanz besticht. Das heißt, seine kunstdurchtränkte Heiterkeit trügt, weil er die Oberflächlichkeit vorsätzlich zum ästhetischen Prinzip erhebt und allem Sinnzwang wie die Dandies des Second Empire entflieht. Berlin wird der neue Boulevard und Laufsteg, auf dem alles geht, sich spreizt und ungeniert entfaltet, im Morgengrauen aber in Melancholie erstarrt. Von dieser Attitüde ist das BILDNIS EINER TRINKERIN gezeichnet.

»Als Schauspieler denunziert der Dandy den Künstler, seinen Bruder, der mit ihm das Gemeine, geldraffend Erniedrigende des bürgerlichen Alltags verabscheut. Der Arbeitswelt setzt er den Müßiggang entgegen, der allgemeinen Anpassung den Trotz und der Pflicht den Genuß, wie er der Moral mit einem oppositionellen Begriff von Stilgefühl begegnet«, so beschrieb Ralph-Rainer Wuthenow das Dandytum in seiner Untersuchung ›Muse, Maske, Meduse. Europäischer Ästhetizismus‹ (Frankfurt a. M. 1978). Ästhetizismus ist, heute, ein in Verruf geratener Widerstand gegen die Auflage, im Bizarren noch Vernunft zu bewahren, die den Dandy am Ende doch zu nichts als zur Räson bringt. BILDNIS EINER TRINKERIN hat Ulrike Ottinger ohne das Fernsehen zustande gebracht und mit schmaler Hilfe öffentlicher Filmförderung selbst produziert. Ihre nächsten Projekte gelten den Freaks und DORIAN GRAY IM SPIEGEL DER BOULEVARDPRESSE.

3

Der Titel schillert. In ihm stecken barocker Umstand und akademische Ausschweifung gleichermaßen. Bisher begnügte man sich damit, den ersten Teil des Titels zu lesen: Dorian Gray, um an die zitierte Figur aus Oscar Wildes Roman anzuknüpfen, was mißlang. Der Film annonciert aber auch in seinem Titel-Vorspann eine Wahrnehmungsmethode (»im Spiegel«) und ein Massenmedium (»Boulevardpresse«). Das ist das Netz, das um die scheinbar individuelle Figur des Mr. Gray gespannt wird, so fest, daß es sie von gängigen Erfahrungsmustern abschnürt. Der Titel legt die Karten auf den Tisch. Es geht um ein Spiel, in dem eine Figur mit Methode und Medium verstrickt wird.

So beginnt keine Geschichte, wie sie das »Leben« erzählt, das im Film gerne behauptet, ungeschönt in den Alltag zu greifen und Rohstoff auf die Leinwand zu bringen. So beginnt eine Geschichte der Kunstfertigkeit, die sich in jedem Augenblick bewußt ist, daß sie einen »Film« erzählt. Nicht die Geschichte ist hier der Rohstoff, sondern Ton und Bild. Ottingers Filme sind Ausdruck des Prekären im Maße, wie sie immer auch ihre Kunstfertigkeit betonen.

Buchstabe für Buchstabe setzt sich der Titel in grüner Computerschrift zusammen. Unter der Schrift liegt das Bild einer Höhle. Neben dem Abwässergeplätscher hört man sich nähernde Schritte einer Gruppe von Frauen, die sich frontal der Kamera stellen und nach einem Umschnitt in die Gegenrichtung entlassen werden. Von oben fällt ein wenig Kunstlicht in den dunklen Gang, die Frauen entfernen sich auf einem Eisentreppchen, das vielleicht ins Außen führt. Aber der Gang führte aus dem geheimen Verlies in eine Versammlungshalle. Räume extrem verschiedener Größe stießen aneinander, und kein Gang führte nach außen.

Eine Versammlung wird eröffnet. Frau Dr. Mabuse (mit allem Schmelz, wie er zur Verführung der Macht gehört, gespielt von Delphine Seyrig) leitet sie. Anwesend sind die nationalen Chefs ihres internationalen Medienkonzern. Die Herrin verkündet, in drei Sprachen und mit mal schneidendem, mal gurrendem Ton, als sei sie schon berauscht von der Idee, ein neues Programm. »Unser Konzern wird einen Menschen schaffen, den wir nach unseren Vorstellungen formen und nach unserem Belieben führen.« Dieser medial geschaffene Mensch soll zum Medium der für ihn kreierten Sensationen und Katastrophen taugen. Die Boulevardpresse, die ansonsten dem Niedagewesenen nachjagt, zeugt das Niedagewesene. Sie fingiert also Realität und druckt Meldungen aus der Nicht-Wirklichkeit. Die Presse wird zur Künstlerin.

Dorian Gray, der Prototyp des alterslos schönen Mannes (gespielt von Veruschka von Lehndorff, die sich nicht einfühlsam versteckt, sondern immer wieder aus der Mann-Maske herauslugt), wird zum auserwählten Helden, seine Abenteuer zur unerhörten Begebenheit der »Geschichte«.

Dorian treibt Studien zum Müßiggang. Sein Diener, genannt Hollywood, erledigt den Alltag für ihn. Dorian ist tadellos funktional gekleidet, bewohnt ein Haus funktionalistischer Architektur (das Erich Mendelsohn erbaute), bietet sich mithin an als Figur des Fungiblen, aller Individualität entäußert. Er ist nichts, und er ist das, was ihm widerfährt. Er ist ein ideales Objekt für den Zusammenhang von Sehnsucht und Massenmedien. Er wird von Frau Dr. Mabuse zum Glücksprinzen der kunstseligen Inseln erkoren.

Seine Gefühle sind ferngesteuert, auch die Zuneigung, die er einer Schauspielerin in der Rolle der Andamana (Tabea Blumenschein) entgegenbringt, ist ein synthetisches Produkt. Ständig werden persönliche Gesten in diesem Geflecht der öffentlichen Medien in privater Hand zu Vorzeige-Gesten, zu Kontrollbildern der totalen Überwachung. Spitzel in Loden-mänteln, Stadtstreicherinnen mit Sprechfunk in der Plastiktüte, die drei in Kosmonautengrau gekleideten Assistentinnen der Konzernchefin (Magdalena Montezuma, Irm Hermann und Barbara Valentin) spielen im Reich der Computerdiktatur, als könnten sie sich inmitten der völligen Technisierung mit opernhaften Gefühlen behaupten.

Deshalb ist die Diskrepanz zwischen dem Rahmen, der Ausstattung und den zeichenhaft, fast nur choreographisch angedeuteten Inhalten auch komisch. Allein die breit ausgestellten Revers am schwarzen Kleid der Delphine Seyrig wirken wie eine Startbahn großer Gesten, zu denen die Arme dann ausholen und den Raum mit Linien füllen, auch wo der sinn-entleert scheint. Seyrig spielt nicht die märchenhaft Böse, sondern schon die Erinnerung an den Mythos vom absolut Bösen, wie er in den Medien selbst, den Filmen, überliefert wurde.

Bei Fritz Lang war Mabuse ein Mann, ein Falschspieler, ein Falschgeld-produzent. Bei Ulrike Ottinger mutiert Mabuse zur Frau und Bewußt-seinsproduzentin, die nichts als den Schein in Umlauf bringt und am Ende sich mit der Phantasmagorie der vollkommenen Herrschaft über ihr Me-dienprodukt Dorian Gray betrügt. Eine Gefangene des eigenen Wahns, ein Opfer technisch angezettelter Gefühle, die nicht länger dauern als es braucht, ein Fernsehbild abzutasten. Die Meisterin wird Opfer ihres Mei-sterschülers, und der Meisterschüler avanciert zum Meister des Medien-konzerns. Das entwickelt sich nicht, das spielt eine Versuchsanordnung durch, die an den Ausgangspunkt zurückkehrt. Welches Programm wird Dorian Gray nun für den »Herrn von Welt« und »Alexander Baron von Regenbogen« entwerfen?

Schauplätze sind neben der Geheimwelt des Konzerns: ein monumen-tales Felsentheater, eine Opera auf den Glückseligen Inseln, die zur Zeit der spanischen Inquisition spielt, ein Presseball, auf dem noch die Sekt-gläser aus Zeitungspapier »geblasen« scheinen, die Unterwelt der Lüste und Strafen, das Traumreich der opiumgeschwängerten Erinnerung, eine Punk-Disco, bevölkert von allerlei Erscheinungen wie siamesischen Zwil-lingen, Matrosen, freiwilligen Märtyrern, einem Sarotti-Mohr, einer Österreicherin u. a.

Das Kino Ulrike Ottingers sieht auf den erster Blick wie eine Zauber-schachtel aus, die, einmal geöffnet, zu einem Kabinett monströser Zwänge, traumatischer Erinnerungen an Herrschaft wird, die Macht aus Selbstunterdrückung behauptet. Der Schein der Schönheit, der auf je-dem Bild glänzt, ist diesem Untergrund abgepreßt. Der theatralisch ge-messene Gang der Figuren zeigt auch, wie kurz angebunden die Figuren an ihren Mythos sind, der sie fesselt. Die Machtmythen, wie Medien sie überliefern, sind die Spielleiter in Ottingers Filmen. Sie gewinnen ihre Kraft durch konsequente Denaturalisierung der Geschichte. Die Mythen »leben« ohne Anführungszeichen und Quellennachweis. Sie drängen hier nicht in die Tiefe, sondern in die Oberfläche. Das aber ist jener Ort, der – wie Kracauer schrieb – die geringsten Verfestigungen aufweist.

II. Bilder aus der Wunschmaschine

Bilder aus der Wunschmaschine

Südseefilme

Die Analytiker haben dem Kino immer vorgehalten, Ideologieproduzent zu sein, ohne recht zu fragen, wie denn jene Ideologie in unsere Köpfe eingeht. Sie nimmt den Weg der Wünsche. Das Kino weckt, vor aller Rechtfertigung sozialen Handelns, die soziale Libido. Es wirkt als Wunschmaschine, die unsere Energien im phantastischen Bezirk ausmalt und in kontrollierte Bahnen lenkt. Der Südseefilm ist eines der Programme, die das Kino für uns träumt.

Sein Prinzip heißt Sehnsucht. Die Sehnsucht gilt der Südsee, die seit dem 18. Jahrhundert als Erfahrungsfeld des Traums vom guten Menschen, als Paradies entdeckt wird, das verloren galt. Von der Utopie der Aufklärer blieb in unserem Jahrhundert, das die Welt aufs neue durch die Kamera entdeckt, nur noch die Idylle, wohl wegen der Affinität zum Abbildbaren. 1930 sind Europa und Amerika schon abgekurbelt. Zivilisationsmüdigkeit und Welthunger sind die Energien, die Murnau in die Südsee trieben. Sein Film TABU (1931) ist der Klassiker des Genres. Alle Elemente sind in ihm als gültig vorgebildet, alle Südseefilme zehren von ihm.

Tabu bezeichnet das Berührungsverbot, das die Tahitianer im religiösen Bereich verhängen. Der Film erzählt von der Liebe eines eingeborenen Paares, das die Tabuverletzung mit seiner Trennung bezahlt. Das ist ein Indiz, daß der Film – vom Co-Regisseur Flaherty zunächst als anthropologische Erkundung angelegt – umschlägt in eine europäisch gesehene Geschichte. Unseren Ohren wird es deutlich eingerieben. Zu Lagunenbildern klingt Smetanas ›Moldau‹ an, und als der Schatten des Tabuwächters auf die Geliebte fällt, müssen wir, um die Gefahr zu erkennen, Schuberts ›Tod und das Mädchen‹ anhören.

Oft sind die Szenen aus dem primitiven Leben Vorwand, die physische Vollkommenheit der Körper vorzuzeigen, um mit diesen Wunschbildern über unsere Hinfälligkeit hinwegzugaukeln. Die Traumstätten des Paradieses werden aber nicht als ungleichzeitig zur kapitalistischen Gesellschaft entworfen. So treten der chinesische Händler und der französische Kolonialoffizier als Agenten einer Macht auf, die das Scheitern jener

Liebe mitverantworten: durch das Tabu gleichwohl existenter ökonomischer Zwänge.

Delmer Daves' Film BIRD OF PARADISE (INSEL DER ZORNIGEN GÖTTER), 1951, ist eine Variation von Murnaus Film, die Kriegserfahrungen der Amerikaner im Pazifik einbringt. Nach Hiroshima propagiert Hollywoods Wunschmaschine nicht mehr Welthunger, sondern Weltflucht, die sie in Ozeanien ansiedelt. Daves führt in seinem Film einen Tahitianer, der aus den USA heimkehrt, mit einem Franzosen zusammen. Heimweh und Sehnsucht prallen aufeinander wie Aufklärung und Aberglaube. Das Paradies entpuppt sich als vulkanische Hölle, die Heiterkeit der Lagune als Ort tückischer Gefahr. Der Dialog der beiden Freunde ist angelegt wie eine völkerkundliche Unterweisung in die Stammesriten der Insel. So könnte ein zweites Leben beginnen, das doch zu Lebzeiten nicht zu haben ist. Der Franzose nimmt nur eine gemischte Glückserfahrung von der Insel fort, aber schon die Erfahrung seiner gescheiterten Assimilation bereichert ihn.

In der Spätphase des Südseefilms wird Ozeanien der Ferienort der Phantasie, den man vorübergehend aufsucht, um sich vom Kummer der heimischen Welt in exotischer Pracht zu erholen. Tahiti und Hawaii garantieren den Touristen eine folgenlose Fremderfahrung. Der frische Wind wird vollklimatisiert. John Fords Film DONOVAN'S REEF (DIE HAFENKNEIPE VON TAHITI), 1963, ist hierzu aufschlußreich: nicht nur als Versöhnungsgeste gegen alles Fremdrassige, sondern auch als Prozeß der zweiten Sozialisation. Eine Geschäftsfrau aus Boston sucht ihren Vater auf Hawaii auf, der im Krieg dort hängenblieb und mit der letzten Prinzessin der Insel entzückende Mischlinge zeugte. Dem Vater droht deshalb Enterbung. Da aber die erwachsene Tochter ihre Halbgeschwister liebenlernt, bleibt das Fremde nicht befremdlich, wo es sich als verwandt entpuppt. Wir alle sind Mischlinge, wo nur die Liebe herrscht, sind die Rassen versöhnt – so lautet die Botschaft des kriegsmüden John Ford. Dennoch geht das Südseeglück auf Kosten der Frau. Die Fremde macht aus der feinen Dame einen feinen Kerl. Die Widerspenstige wird allen Torturen der Zähmung unterworfen, geschlagen und geküßt, bis sie endlich dem herzhaften Rabauken (John Wayne) unterliegt. Ihr Ausflug in die Südsee war Vorwand, das einer Frau Fremde, nämlich Handel und Wirtschaft, auszutreiben.

Nachdem Hawaii als Bundesstaat in die USA aufgenommen wurde, dient die Südsee als Schulungsort, ein besserer Amerikaner zu werden. Bisweilen reguliert die Wunschmaschine die soziale Libido auch vaterländisch.

Den Grund allerdings, warum die Wunschlandschaft der Südseebilder von unserem Kontinent verbannt bleibt, hat Ernst Bloch benannt: »Terra australis in *Europa* und ohne Primitive, dieser Werktag als Sonntag wurde noch nirgends gemalt; denn er wäre die klassenlose Gesellschaft.« Das Tabu lastet auf dem Abbild eines solchen Entwurfs, den wir nur träumen und lesen dürfen: im Film bleibt er verboten.

Des Menschen Wolf

Schoedsack & Pichels Film »Graf Zaroff«

Solange eine Filmgattung von ihrem Inhalt her bestimmt wird, wie ein Western oder das Melodram, mag ihre Definition kongruent sein. Was aber wäre ein Horrorfilm anderes als ein Lustspiel, das seine Wirkung aus dem sadistischen Vergnügen seines Publikums bezieht? In die jüngste Einvernahme (vom EXORZIST bis zum OMEN) des Schreckens, der uns doch nicht bange macht, fällt diese Ausgrabung von 1932, die deshalb so spät entdeckt wird, weil sie so lang verboten war.

GRAF ZAROFF – GENIE DES BÖSEN ist ein Beiprodukt von KING KONG, im gleichen Studio, Dekor, mit der gleichen Hauptdarstellerin, von den gleichen Produzenten erstellt. Es läßt sich an diesem Film das Amortisations-Verhältnis von A- und B-Filmen erkennen, auch: warum die billige Produktion oft die radikalere war. Dieser Film ersetzt jenen Mythos vom tierischen Monster durch das Monster Mensch, das vernunft- und lustbegabt den Schrecken nie blind vollzieht, sondern abgestuft auskostet.

Eine amerikanische Jagdgesellschaft, auf einer Kreuzfahrt durch den malaiischen Archipel, teilt kurzerhand die Welt in Jäger und Gejagte ein. Prompt bricht die strafende Katastrophe ein. Die Yacht zerschellt am Riff, Haie fressen die großmäuligen Jäger. Nur der stärkste, der welterfahrene Jagdbuchautor Rainsford, kann sich auf eine Insel retten. Graf Zaroff, Beherrscher des finsteren Eilands, das er mit dem durch die russische Revolution geretteten Vermögen erstand, nimmt ihn nobel auf.

Zaroff ist passionierter Jäger, der nur noch durch Töten Ekstasen erfährt. Des Sensationskitzels mit Tieren müde geworden, verfiel er auf den Menschen: THE MOST DANGEROUS GAME (der doppeldeutige Originaltitel meint Wild und Spiel). Rainford soll, da er Komplize nicht sein will, Opfer werden. Die Menschenjagd beginnt und endet mit dem Tod des Jägers. So ungeheuerlich scheint der Gedanke, daß er mit eigenen Waffen geschlagen werden muß und zum Schluß zerstückt und zerrissen wird. Graf Zaroff als Opfer seiner eigenen Meute – das ist ein makabrer Gastauftritt der vom Filmkomiker Harold Lloyd entliehenen Doggen.

Der Film dauert nur eine Stunde, dehnt seine Zeit aber durch kurzatmige Peripetien. Nie kann man sich vom Schreck erholen, pausenlos wird der

Zuschauer durch Schloß-Labyrinthe und Dschungelpfade gehetzt. Die Regie hält einen breit sortierten Köcher an Kunstmitteln der Montage bereit. Oft springt die Kamera in subjektiven Perspektiven in Hallen und Verliesen herum, läßt Blicke wirklich in die Tiefe fallen, zieht eng die Spiralen um das fliehende Paar (Mr. Rainford ließ es sich nicht nehmen, ein weibliches Opfer namens Eve aus Zaroffs Klauen zu retten), um doch den Jäger zu erlegen und in einer überwältigenden Schlußeinstellung den Blick aus dem Schloßgefängnis wieder freizugeben.

GRAF ZAROFF ist nicht nur visuell ein Meisterwerk. Seine Philosophie des schrankenlosen Elitären, der sadistischen Raffinesse und moralischen Dekadenz rührt an das Tabu der Allmachtphantasie, die 1933 nur in mythischer Form – im Monster King Kong – verkörpert werden durfte. (Fußnote zur Feindbildforschung: beide Remakes aus den 50er Jahren ersetzen den Russen Zaroff durch einen Nazi.) GRAF ZAROFF verweist auf den Bildzwang, Sadismus als tierisch abzubilden, im Vorspann (die Pietà aus Jäger und weiblicher Beute) und in den Zwischenschnitten auf den Wandteppich im Treppenhaus (Zaroff wiedererkennbar als Kentaur abgebildet, der eine Frau abschleppt: wo »King Kong« als Fabelwesen des Rassismus auftrat, ist im Seitenstück des »Zaroff« die antike Sage vom Frauenraub der Kentauren bemüht – ein Indiz dafür, warum die Kühnheit des Gedankens esoterisch werden muß). Die Kühnheit war, das Böse nicht mit mythischen Zeichen zu besetzen, sondern dafür ein Bild zu finden, das bislang nur als Metapher zugelassen war: der Mensch als des Menschen Wolf.

Fliegende Elefanten

»Die Marx Brothers im Kaufhaus«

Mit dem Boulevard im 19. Jahrhundert, der den Durchbruch aus der Enge zur Beherrschbarkeit der Plätze schaffte, kam das Kaufhaus auf, das in paradiesischer Pracht alle Waren, die sich bislang in den Gassen versteckt hielten, unter einem Dach zu Schleuderpreisen präsentierte. Kleinbürger, die gewöhnlich ihre Sachen im eigenen Viertel erstanden, unternahmen nun einen Ausflug ins Kaufhaus, das die Einkaufstraßen zu Stockwerken übereinandertürmte. Im Warenhaus geht der Kunde nicht mehr seinen Gang, er wird auf Rolltreppen, in Aufzügen zur Ware hin befördert. Wenn die Marx Brothers im Warenhaus auftreten, heißt das, die Magie des Ortes wird entzaubert, die Zirkulation von Waren und Käufern durch einen ruinösen Ausverkauf unterbrochen.

Das ganze Kaufhaus soll verkauft werden. Ein Sänger, der den Sprung von der Straße zum strahlenden Erfolg geschafft hat und Miterbe des Unternehmens ist, will seine Anteile abstoßen, um sie in einer guten Sache, einem Musikkonservatorium für Kinder seines Viertels, zu investieren. Der gute Zweck hat seinen Widersacher, den scheinheiligen Direktor des Kaufhauses, der sich erbschleicherisch der Tante des Sängers nähert und sie mit Hilfe frisierter Bilanzen an sich ziehen will. Die alte Dame (Margaret Dumont, wie immer das unerschütterliche Monument gutherziger Dummheit, deren Wunsch, interessenlos geliebt zu werden, zynisch ausgebeutet wird) engagiert sich den Privatdetektiv Wolf J. Flywheel (Groucho Marx), der seinen Clan, Chico und Harpo, unversehens in die Affäre verwickelt. Als Nacht- und Leibwächter im Warenhaus angestellt, decken diese Spießgesellen das bankrotte Fundament auf und entlarven die Bande ehrbarer Käufer als Wirtschaftskriminelle. Groucho gelingt es, seinen Widersacher auszustechen und sich die Erbtante zu angeln. Das Happy-End zeigt schon das Ende dieses Glücks an: Die Frau muß fürchten, daß Groucho mit dem Geld durchbrennt, und dieser tröstet sie mit dem Versprechen – ihr zweimal die Woche zu schreiben.

Nur das Drehbuch spiegelt die Kontinuität der Handlung vor, der Film räumt mit der Illusion vom Inhalt gründlich auf. So wird denn auch die Legitimation für die Umtriebe der Gebrüder Marx, die stets das Gute will und doch nur Böses schafft, am Ende selbst durchkreuzt. Diese Brüder, die märchenhaft sich als moralische Gewalt aufspielen, sind keinen Deut besser als ihre Kontrahenten; nur ehrlicher in der Durchsetzung ihrer materialistischen Bedürfnisse.

DIE MARX BROTHERS IM KAUFHAUS (THE BIG STORE, 1941) ist ein zweiter Höhepunkt in der Reihe der Filme, die das Team, nach dem traumhaften Zenith: DUCK SOUP (1933, bei der Paramount) für die MGM drehte. Als diskrete Werbung weist eine Kinoanzeige, inmitten der Handlung, auf das MGM-Musical STRIKE UP THE BAND (1940). Der Firmenwechsel, der Klimawechsel, der Krieg waren Momente, die den Marx Brothers die Autonomie über Aufbau, Timing und Gags ihrer Filme Zug um Zug aus der Hand nahmen. Die Arbeit für die MGM hieß Zähmung zur Gefälligkeit, der Zwang zur kohärenten Story und der Zuwachs an Musikeinlagen seriöser Darsteller. Tatsächlich kündigt das Plakat zur Uraufführung von BIG STORE als Hauptversprechen eine »Big Musical Show« an, was Liebhaber der grotesken Witzkaskaden von Groucho, der aggressiven Libido von Harpo und der Schlitzohrigkeit von Chico leicht enttäuschen mag.

Sie werden entschädigt durch die Raffinesse der Musikauftritte, in denen nicht nur der ironisiert schmalzige Sänger mit seiner Aufstiegs-Saga (»The Tenement Symphony«) glänzen darf, sondern auch eine hinreißend ausdruckslose Sängerin, die aus einem Wiegenlied einen Boogie Woogie entfesselt, daß es einen ganz nahe an die Leinwand reißt. Da singt ein

Engel des Bösen im weißen Gewand, der vorgibt, Wiegen im Warenhaus zu verkaufen; aber was da als Kinderliebe sich einschmeichelt, wird zu einer frechen Farce auf die Mutterschaft, deren Melodie die gesamte Belegschaft des Hauses zum Swingen bringt. Jeder Verkaufsstand wird plötzlich zu dem, was die Ware zu ihrem Auftritt braucht: eine Bühne zum Vortanzen.

Die Marx Brothers sorgen dafür, daß aus dem Warenhaus eine Drehbühne wird, daß aus den Aufzügen heimtückische Paternoster, aus den Kulissen gefährliche Fallen werden. Wo sie auftreten, beleuchtet ihr Budenzauber brüchige Wände – ob sie sich im Opernhaus, im Parlament oder im Warenhaus herumtreiben. Überall setzen sie geheime Hebel in Gang; so wird die Magie, die zuvor herrschte, durch Mechanik entzaubert – das haben sie von Buster Keaton gelernt, und für die virtuose Flucht auf Rollschuhen zum Finale haben sie einen schamlosen Blick auf Chaplins eleganten Rollschuhtanz geworfen.

Die Kriegslage erforderte Zugeständnisse an das Zutaten-Kino, das, um die bodenlose Frechheit einzudämmen, auf Ausgewogenheit aus war. Aber selbst unter der schmalzigen Musik brodelt schon der Boogie Woogie. Als der Film in England lief, saß Premier Churchill im Saal und erfuhr, während die Marx Brothers wie Elefanten durch das Kaufhaus flogen, daß Rudolf Heß in Schottland gelandet war.

Auswärtige Affären

Billy Wilders Filme

A FOREIGN AFFAIR hieß Wilders Film, den die Militärregierung von Berlin 1948 kurzerhand zur Aufführung sperrte, weil Wilder, und nicht nur hier, die öffentlichen und privaten Interessen seiner Figuren als identische bediente. Der Titel birgt den Doppelsinn von Liebschaft und Handel auf fremdem Gelände. Genau auf diesem Schwarzmarkt von Geld und Gefühlen treten Wilders Helden auf. Das empörte die Kritik, die an Mittelstandsnormen klebt, um Wilder auf dem Pfad zur Moralistik extreme Umwege vorzuhalten. Seine deutschen Drehbücher aus den dreißiger Jahren befand man als zu seicht, sein Hollywood-Debüt als zu schwarz, seine Komödien aus den fünfziger Jahren als zu zynisch und das Spätwerk als zu sentimental. Kurz geschlossen führen diese Vorwürfe zum Kern von Wilders Engagement.

Er ist ein Meister der Mesalliancen, der scheinheilig die Kirche der Konventionen täuscht, um das Unvereinbare abzusegnen. Seine Filme schikken den Amerikanischen Traum auf Brautsuche nach Europa. Viele seiner Helden brechen mit der Energie von Pionieren vom Leistungskampf in den Hedonismus auf, um sich auch darin mit Wut zu verstricken. Sie missionieren die Neue Welt mit der Skepsis der Alten. Sie arbeiten, oft zum Verzweifeln komisch, daran, ein Fenster zum besseren Leben aufzureißen, in dessen Wärme sie aufblühen, in dessen Licht der Zwang der Tradition, der Schatten der tüchtigen Väter sich verflüchtigt.

Wilders Helden träumen in der Abenddämmerung davon, die Zeit, in der sie altern, anzuhalten. Die Filmstars, die mit jeder Geste die Schattenlinien ihrer verflossenen Größe in die Luft malen, arbeiten hektisch daran, die Spuren des Alterns zu tilgen. Norma Desmond (aus SUNSET BOULEVARD, 1950) und Fedora (aus dem gleichnamigen Film 1978) – die Diven – tragen weiße Handschuhe wie elegante Pflaster über den Falten der Zeit. In diese Entlarvungen zweier Traumbiographien setzte Wilder kleine bösartige Vignetten: private Jokes und filmhistorische Verweise. So erinnert Norma Desmond an die legendäre Schönheitstänzerin Olga Desmond, an deren Seite Hans Albers sein Stummfilmdebüt – MUT ZUR SÜNDE – gab; Fedoras filmische Vergangenheit spielt auf den Star der frühen Lubitsch-Filme: Pola Negri an, die noch vor Gloria Swanson für die Rolle der Norma Desmond zur Debatte stand. Um den Mythos ihrer ewigen Jugend zu nähren, gibt sich Fedora als ihre eigene Mutter aus. Eine junge Frau gab sich, aus koketter Not, als Kind (Minor) aus und wechselte, um die Liebe des Mannes (Major) zu sich wie zum Vaterland zu prüfen, noch in die Rolle der eigenen Mutter: THE MAJOR AND THE MINOR, 1942. Aber nicht nur die Stars sind Produkte aus der Zeitmaschine, auch die gewöhnlichen Sterblichen läßt Wilder ans Armaturenbrett des Kinderwunsches, vom Vater geliebt zu werden und das Erwachsensein als traumhafte Wiederholung frühkindlicher Erfahrungsmuster durchzuspielen.

Wilder selbst zeigte in den unterschiedlichen Produktionszusammenhängen, wie zäh er an bestimmten Konstellationen hängt. Deshalb ist die Motivik seines Werks genauer in synchronen Strukturen als im diachronen Ablauf zu bestimmen. Dem Traum des Strukturalisten, die Welt als Schrumpfungsprozeß von der Zeit auf den Raum zu erfassen, kommt Wilders Werk auf breiter Bahn entgegen. Seine Schauplätze sind die Großstädte Berlin, Paris und New York, seine Helden sind die Angestellten, seine Themen sind die Medien, die zu bewegungslosen Reisen auf fremdes Gelände verführen.

Er dreht Filme über die Geschwindigkeit, mit der eine Nachricht, eine Meinung, ein Mythos in den Metropolen umläuft. Sein erstes bekanntes, 1929 von Ernst Laemmle verfilmtes Drehbuch hieß DER TEUFELSREPORTER. Ein armer Schlucker, im Konkurrenzdruck um die heißeste Schlagzeile, feuert, um entführte Mädchen zu retten, die letzte Kugel auf die Gangster und telefoniert mit der linken Hand die Sensation an seine Zeitung durch. Kaum hat die Kamera Zeit, Stadtansichten von Berlin wahrzunehmen. Es bleiben nur Fragmente, die sich dem Zuschauer vereinzelt einprägen. Im Regiedebüt MAUVAISE GRAINE, 1934 im Pariser Exil gedreht, werden nicht mehr amerikanische Mädchen entführt, sondern amerikanische Autos geklaut, von einer Jugendbande, auf die der Titel, salopp übersetzt: »Faule Früchtchen«, anspielt. Hier verschmilzt Wilder autoritäre Handlungsmuster des Weimarer Films mit dem Lyrismus französischer Filme und amerikanischem Tempo. Da zeigt sich kein Stolpern mehr durch die Genres, sondern die in blitzschnellen Umschwüngen sichere Hand. Ehe man sich's versieht, hat man sie schon verpaßt.

Wilders Komödien haben einen Hauch von Unwahrscheinlichkeit, die nur durch ihren konservativen Traum, den der Abenddämmerung, zu retten ist: jede Anmaßung der Helden, jede Lüge muß Wahrheit werden. Denn auf den Balken, die sich biegen, ruht leicht ramponiert der Versöhnungstraum. Der gilt nicht bloß der Harmonisierung von schlechtem Geschmack und guten Gefühlen, von Mysogynie mit verkörperter Unschuld, sondern vor allem dem unstandesgemäßen Glücksanspruch. THE EMPEROR WALTZ (KAISERWALZER, 1948), ein als kitschig verachteter Film in Technicolor, übersetzt den absurden Kodex der Staatsräson in einen Diskurs über erotische Interessen am Beispiel unterschiedlicher Hundeklassen. Dekor und Schauspiel befremden im Mangel an Realität. Aber die Frechheit, mit der Wilder die höheren Interessen an die niederen, also das Realitätsprinzip verrät, hat hier den Witz von Offenbach-Operetten, der mit der Versöhnung tanzt, ohne ihr zu erliegen.

Wilder bezeichnet sich mit legitimem Stolz als Schüler von Lubitsch und Bewunderer von Stroheim. Weil er im Gegensatz zu Lubitsch – für den er das Drehbuch zu NINOTCHKA (1939) schrieb – das Cliché todernst nahm und höchstens in Dialogpointen unterlief, konnte er den Charme des Meisters härten und seinen Filmen als Charaktermaske aufbinden. Mit Wilder, dem Regisseur, war die Zeit der liebenswürdigsten Unverschämtheit, die er als Drehbuchautor kultivierte, abgelaufen. Seine von ihm geführten Helden sind keine Meister der Malice mehr, sondern Gesellen der Grobheit. Sie müssen sich ganz schön, wie Hampelmänner, abstrampeln, um deftige Lacher zu ergattern. Dennoch sind die Filme mit Repliken auf Lubitsch durchsetzt, die ihres Vorbilds würdig sind. Wieder ein Beispiel aus A FOREIGN AFFAIR: Das Flugzeug der Kongreßabgeordneten landet in Tempelhof. Alles wirft einen Blick aufs zerbombte Berlin, nur Jean Arthur nicht. Sie verstaut ihre Brille, Füller und Schlüssel, dann noch das Brillenetui, ehe sie das erste Mal aufschaut und den Zuschauerblick peinlich als Umstandskrämer puritanischer Ordnung berührt. Als die Abgeordneten begrüßt werden, kann man ihren Heimatstaat, Texas, Illinois, New York, schon an der Hutform orten.

Von Stroheim hat Wilder, der diesen überragenden Regisseur als Schauspieler zweimal einsetzte – in der Rolle des Feldmarschalls Rommel in FIVE GRAVES TO CAIRO (1943) und als Exregisseur und Butler der Diva in SUNSET BOULEVARD – den kruden Blick auf die Erbärmlichkeit von Ruhm und Glanz ererbt. Das brutale Spiel mit Travestien und Burlesken, das auch Stroheims Filmen als Entgleisung angelastet wurde, hat Wilder fortgesetzt. Einfach, indem er das Banale durch zwei Kniffe so drapierte, daß aus einem Trauerkleid für den Träger ein Traumkleid wurde. Selbst schuld, wer in auswärtige Affären mit einer Kette von Fauxpas hineinstolpert. Jean Arthur wirft sich in Schale, um die »moralische Malaria«, wie sie Fraternisierung nennt, am Krankheitsherd zu bekämpfen, und Marlene Dietrich schnippt sie mit einem Finger aus der verkleideten Verruchtheit: »Ein tolles Kleid, aber tragen Sie es nicht verkehrt herum?« Wo immer sie auftreten, verlassen Wilders Figuren das vertraute Territorium, um in auswärtige Affären hineinzuschlittern, die sie als diplomatische tarnen. Wilder, als Exilant nach Frankreich, Mexiko und schließlich in die USA vertrieben, rächt sich, indem er der Gesellschaft das Parkett einseift.

Wenn diese hektischen, vom Arbeitskampf zerfressenen Angestellten die Bildfläche betreten, ist das Schlimmste schon passiert. Nun erzählen sie, wie es dazu kam. In Rückblenden und in der narrativen Technik des Voice-over, die das Wilder-Universum beherrschen. Die Stimme der Figuren erhält in dieser Technik eine eigene Rolle zugewiesen, als Kommentator und Verteidiger des reflektierten Fehlverhaltens. Der Zuschauer im Kino wird bei Wilder in den Beichtstuhl, in die moralische Konfession gedrückt. So hastig er sich selbst die Absolution erteilen mag, uns spricht er nicht frei. Indem er sich entlastet, mit der Gewaltenteilung der Moral jongliert, halst er dem Zuschauer eine Arbeit auf, die ihm nicht schmeckt. Nämlich, wie das Kombinationsgenie Sherlock Holmes (dem er 1970 eine mit Resignation geätzte, leider unterschätzte Komödie widmete) alles Stückwerk mit Mokanz auf Einpassung zu prüfen, um am Ende der Komödie die sinnlos erfahrene Kontingenz des Alltags als Weltplan auszugeben.

Bürgerkrieg in Chintz erstickt

Zu Curtis-Bernhardt-Filmen

Wie viele Bahnhöfe in diesen Filmen, gewaltsame Abschiede, das Aufspringen der jäh Getrennten, im letzten Moment, auf den fahrenden Zug! Entscheidungen, die sich einen Auftritt im Theater der Öffentlichkeit suchen, fallen an Plätzen, wo sich die sozialen Klassen mischen, um ihrer

Vereinheitlichung entgegenzubrausen. Da treffen sich die kleinen Ladenmädchen mit dem netten Jungen aus reichem Haus, da rührt einen Romantiker der Schlag, als er die rätselhafte Schönheit in Person am Abteilfenster sieht; da eilen Soldaten zum Zug, um lachend in den Weltkrieg, in den Koreakrieg zu ziehen, da beißt selbst Barbara Stanwyck, die eben ihr Glück verabschiedet hat, die Zähne zusammen und grüßt das auffahrende Militär: militärisch. Wo in den zwanziger Jahren das Grand Hotel, der Tanzpavillon ihre Rollen als Freihäfen der Sehnsucht spielten, steht in den Filmen der vierziger Jahre das Kaufhaus und der Bahnhof. Aber jene Sehnsucht bleibt nicht mehr so vage ausschweifend wie einst in den frühen Filmen. In seinen amerikanischen Filmen stempelt Bernhardt sie mit dem Sinn der Sozialisation nach unten.

Kriegsfilme in seiner ersten Schaffensperiode (DAS LETZTE FORT, 1928; DIE LETZTE KOMPAGNIE, 1930; DER REBELL, 1932) und Melodramen im Hollywood-Exil. Das war Bernhardts Fortführung seiner traumatisierenden Kriegserfahrung mit anderen Mitteln. Das Melodram, das ist der Krieg nach innen, der Bürgerkrieg im Wohnzimmer der amerikanischen Mittelklasse, wo die Decken tief hängen und einen Aufbruch ins Freie niederdrücken. Der Aufruhr, in großen Gesten entfesselt, wird in ebenso großen Kissen aus Chintz erstickt. Gibt es ein Happy-End, dient es als Auszeichnung für Tapferkeit vor dem inneren Feind. Oder als Anerkennung für eine Konsequenz, die einsam ihren Weg geht.

So wie es in seinen Kriegsfilmen oft um das Letzte ging, so blieb es in den Melodramen, bis zum letzten Atemzug. Bernhardts Figuren verfechten eine raison d'être der extrem bedrohten Selbstbehauptung. Ich schieße, also bin ich; ich singe, also bin ich. Nur darf man, bei aller Bewunderung für die Leidenschaften starker Frauen (Marlene Dietrich, Bette Davis, Joan Crawford, Barbara Stanwyck sind die Stars, die hier um ihre Selbstverwirklichung – bigger than life – ringen) und ihren »Aufruhr der Gefühle« (so lautet das Etikett für diese Retrospektive), nicht vergessen, um welchen Preis jener Aufruhr erkämpft ist, der seinerseits jegliches Gefühl für Aufruhr im außeremotionalen Sinn in schönen Stoffen erstickt, neurotisiert, als krank und behandlungsbedürftig hinstellt.

Diese Figuren untersuchen am laufenden Band – ohne die Möglichkeit, von diesem Transportmittel, das den Takt zu ihrer Freizeitsphäre schlägt, herunterzukommen – die gewordene, die deformierte Natur ihrer Gefühle. Kunst sei bloß Ersatz für frustrierte Liebe, bescheidet der rüde Maler die Sonntagsmalerin Bette Davis (in A STOLEN LIFE, 1945). Humphrey Bogart, der im ersten Anlauf, seine Frau zu töten, einen Unfall baut, wird im Gipsbett von seinem Arzt bescheinigt, sein Nichtmehrgehenkönnen sei neurasthenisch (CONFLICT, 1943). Wieviele Charaktere müssen für die Gewalt ihrer Wünsche mit Verkrüppelung, mit Kinderlähmung und dem Gefesseltsein an die Abhängigkeit bestraft werden!

Noch in der Unterdrückung jener Leidenschaften, die sich in diesen Filmen eine Bahn brechen, steckt harte Arbeit.

Unbedingte Liebe, Aushalten auf verlorenem Posten, Durchhalten bis zum letzten Mann, Wunder wirken in der Überwindung seiner selbst – derlei Forderungen stehen nicht im Gesellschaftsvertrag unter vernünftigen Menschen, die ihre Konflikte im Gleisbett der Konvention regeln. Die Menschen bei Bernhardt sind ebenso Draufgänger wie Vereinsamte; allesamt, ob Kommandant oder Krankenschwester, sind sie Desperados, die sich einen Dreck um Reputation scheren. Sie kündigen den Gesellschaftsvertrag auf und verbrennen, im Ritual des selbstverhängten Untergangs, ihre bürgerliche Existenzberechtigung. Noch der Partner, Ziel einer Leidenschaft, wird in seiner Eigenheit verfehlt und zum Werkzeug instrumentalisiert, wenn der eigene Körper vor Sehnsucht nach transzendentaler Erweiterung aus den Nähten platzt. Das Leben unter Charakteren, denen Bernhardts Vorliebe gilt, kennt seinesgleichen schlecht und sieht das Leben, das sich in den Filmen in schönster Schwarzpalette abstuft, als Krankheit zum Tode.

Der Blick von Marlene Dietrich (in DIE FRAU, NACH DER MAN SICH SEHNT, 1929), den die Regie durch ein Fensterrollo wie durch eine Vertikalblende freigibt, stößt zwar auf einen sogleich faszinierten Mann, bleibt aber an ihm nur geborgt hängen. Die Blicke der Bernhardt-Frauen (wie die Stimme seiner Freundin Trude von Molo, die in DER MANN, DER DEN MORD BEGING, 1931, vor allem als traumverlorene Stimme auftritt) kennen keine Gegenwart. Selten sind sie auf ein Ziel gerichtet, nie objektiv über Vergangenes gebeugt. Sie flackern, ganz Erwartung, einer Zukunft entgegen, an die die Blicke ihren Glanz verschwenden, um sich aus öder Gegenwart zu retten. Das Frackrevers des bulligen, eisigen Liebhabers (Fritz Kortner in DIE FRAU, NACH DER MAN SICH SEHNT) ist eine Landebahn fürs Licht, das sodann auf die Pailletten im Kostüm der Dietrich gleitet. Es sind die Kleider der Frauen, die das Licht einfangen, aus denen sie ihre fatale Hoffnung weben.

Wo stand Bernhardt, dieses Wunderkind des deutschen Films, der seine erste Regie im Alter von 27 Jahren absolvierte, der Stoffe aufgriff, die Fritz Lang fallen ließ, der Produktionsgelder von den Kommunisten wie von der Katholischen Kirche annahm, der 1933 nach Paris emigriert und sehr französische Filme inszenierte, der ab 1939 in Hollywood sehr amerikanische Filme drehte?

Er stand, wie alle besessenen Regisseure, auf der Schattenlinie. Er sonnte sich nicht wie Billy Wilder im internationalen Erfolg, der oft nur ein Echo auf den Dialogwitz der Drehbücher ist. Bernhardt war ein Meister zwischen den Fächern und ist, auch deshalb, noch nicht ganz wiederentdeckt. Er beherrschte nicht nur das Klavier des kriegerischen Fatalismus zum Ende der Weimarer Republik. Er lernte, in Kalifornien, blitzschnell, wie

man Frank Capras Komödien zu Präsident Roosevelts Reformpolitik um-
baut zum Mobilisierungslustspiel, das die Amerikaner auf den Krieg gegen Europa einstimmt (A MILLION DOLLAR BABY, 1941). Bernhardt riß die
Schwarze Serie, den film noir aus dem existentiellen Abgrund, in dem
andere Exilregisseure ihn ansiedelten, in das Diagnosezimmer. Er machte
das Doppelbödige bodenständig. Das sieht in seinen Filmen oft wie eine
stabilisierende Vereinfachung aus.

Darwins Baby

Charles Chaplin

Seine einzige Rolle war, in über 80 Filmen, daß er immer daneben lag:
zwischen Angst und Freundlichkeit, Anarchie und Ordnungsliebe, Gefängnis und Villa, zwischen Bett und Boden, Kind und Kegel, zwischen
Marx und Darwin. Er war der Grenzgänger, der zwischen Furche und
Scholle aus dem Bild ans Ende der Welt lief. Er hatte keinen Ort, er ließ
sich nirgends nieder. Gesinnungen konnte er nicht wechseln wie ein
Hemd, weil er selten eines besaß und das noch in der Regel durch aufge-
steckte Manschetten vortäuschte. Er wohnte nicht, er hielt sich auf, vorzugsweise an den Durchgangsstationen des öffentlichen Lebens. Straßen,
Bahnhöfe, Imbißstuben, Wärmehallen, Nachtasyle, Gefängnisse dienten
ihm als Schulhaus, das ihn überleben lehrte. Auf keiner Stätte zu ruhen
war sein Schicksal, das diesen Mann mit leeren Taschen beutelte, wie
einen Bettler scheuchte und atemlos in Bewegung hielt.
Seinem Regisseur Mack Sennett, der ihn zu seinen ersten Filmerfolgen
führte, erklärte er seine Rollen so: »Wissen Sie, dieser Bursche ist sehr
vielseitig; er ist ein Tramp, ein Gentleman, ein Dichter, ein Träumer und
ein einsamer Bursche. Immer hofft er, es möge ihm etwas Romantisches
und Abenteuerliches begegnen. Er möchte die Menschen glauben machen, er sei ein Wissenschaftler, ein Musiker, ein Herzog oder ein Polospie-
ler. Und dabei ist er durchaus imstande, fortgeworfene Zigarettenstummel
aufzuheben oder einem Säugling einen Lutscher wegzunehmen.« So umriß
Chaplin in seiner Autobiographie sein Kunstprogramm, mit dem er die
Welt erobern wollte.
Dabei war diesem Vagabunden nichts heilig außer seinem banalen Traum
vom stillen Winkel. Nur blieb nie Zeit genug, sich darin einzurichten.
Unermüdlich mußte sich dieser Streber im Gewand des Anarchisten mit
dem so herzlosen wie hündischen Gemüt die Gesten der Anpassung nach
oben abgucken. Charlie, der Handlanger der Herrschenden, der ihr Mit-

leid als Almosen annahm, wurde zum Musterschüler der Zivilisation, der auf jeder Stufe, die er nahm, unverletzt auf die Schnauze fiel. Darin bestand seine List, die keinen Schimmer von Vernunft hatte. Der Schwache besiegt bei ihm die Gewalt durch Ducken. David verbeugte sich vor Goliath und schlug ihn – dieses Theater christlicher Ergebenheit übt Charlie als falscher Priester in THE PILGRIM (DER PILGER) ein, indem er es seiner Gemeinde als Pantomime und Revue vorturnt. Das Entsetzen der Puritaner wird sein Lustgewinn. Umstandslos wird die Theorie zur Praxis befördert; der Begriffsstutzige geht so robust mit der Wirklichkeit um, daß er mit dem Körper denkt und was er wörtlich nimmt, mit den Beinen nachbuchstabiert.

Das ist Chaplins exzentrisches Verhalten. Die Dinge aus dem Gleichgewicht zu bringen, hält ihn in Balance. Seine Komik war im Grunde das Schauspiel, dem eigenen Ich-Zerfall noch zuzusehen und dem Schatten, den er warf, nachzulaufen. Ein Komiker wird der, der sich entfremdet ganz von außen sieht und das Rollenspiel nutzt, sich mit dem Körper eine Identität zu bilden, die doch ein Rätsel bleibt. »Chaplin. Das Wort faszinierte mich und sah, wie ich fand, ganz aus wie ich«, heißt es in der Autobiographie.

Charlies Rolle führte kein Leben. Eher war es von der Existenz eines parasitären Wesens. An sich war dieses Wesen nichts. Es nahm jedwede Form an, dehnte und reduzierte sich beliebig. Gesellschaftliche Identität erfuhr es nur geborgt, durch Angleichung an ein definiertes Wesen, sei dies ein Zirkuskünstler, ein Goldgräber, ein Bettler, Pilger oder Hilfsarbeiter. Identität wird ihm befristet verliehen und nach Normverletzung eingezogen wie ein Paß. Charlie ist ein Staatenloser, der um jeden Preis der Selbsterniedrigung, die für den Ich-Losen leicht zu haben ist, eingebürgert werden will. Immer geht es wie in A DOG'S LIFE (EIN HUNDELEBEN) um die Wurst. Andererseits: um das Geld. Das macht einen Komiker aus, die Tauschwerte aus purer Not aus den Angeln zu heben und mit List und Tücke zu bezahlen. Und wenn auch der Delikatessenhändler ein Auge zudrückt, so wirft gleich der Polizist ein Auge auf Charlie. Der Rechtlose wird schnell ertappt und kann sich nur retten, indem er die Linien strafender Blicke kriechend unterläuft. Kaum hat Charlie eine Wurst geschnappt, droht sie ihm, geschnappt zu werden. Die Delikatesse in seiner Hand wird zum Delikt. Hastig muß er die Wurst und sich verdrücken. Er reibt den Zuschauern damit ein, daß wahrer Genuß darin besteht, sich einen Rahmen und Zeit zum Genießen zu schaffen.

»Picasso hatte eine blaue Periode, wir hatten eine graue«, so beschreibt der 1889 in London geborene Charles Spencer Chaplin, der als fünfjähriger Knirps seinen ersten Bühnenauftritt absolvierte, seine Kinder- und Jugendjahre: in tristen Farben und mit sarkastischem Witz, den er zum Überleben im Armenhaus bitter nötig hatte. Dieses Schaustellerkind wurde ins Bühnengewerbe zum Broterwerb getrieben. Sein Vater soff sich früh zu Tode, seine Mutter kam in die Heilanstalt, als der Knabe Chaplin sieben war. Er schloß sich Wandertruppen an, die auf Jahrmärkten und in Music-Halls auftraten. 1913 war er schon zum zweitenmal auf Tournee in den USA und wurde von der Keystone Company zur ersten Filmarbeit in Hollywood verpflichtet.

1914 hat sein erster Film Premiere, MAKING A LIVING (MAN SCHLÄGT SICH DURCH). Allein in diesem Jahr entstehen 35, freilich kurze Filme. Rasch wechselt Chaplin die Produktionsfirmen wie die Stile, treibt seine Gagen in die Höhe, um dann, unabhängig durch Ruhm und Erfolg geworden, zusammen mit Mary Pickford und Douglas Fairbanks eine eigene Produktionsfirma, die United Artists zu gründen. Seine Filme werden länger, allerdings auch zahmer. Die soziale Brutalität der frühen Kurzfilme wird manches Mal einfühlsam psychologisiert, so daß ihre Härte mit Seide gefüttert scheint. THE KID (DAS KIND), A WOMAN OF PARIS (EINE FRAU AUS PARIS), THE GOLD RUSH (GOLDRAUSCH) und CITY LIGHTS (LICHTER DER GROSSSTADT) sind Zeugnisse, die das belegen.

Chaplin führte in Hollywood ein rastloses Leben, das gesellschaftlich zu nennen eine Verengung auf die *upper class* bedeutete. Zahlreiche Liebschaften, Affären mit auffällig jungen Frauen, mehrere Hochzeiten, viele Kinder und hysterische Ansprüche an Chaplins Vaterschaft, Scheidungen, Prozesse und Skandale – darauf beschränkte sich in den Filmgazetten, was für Chaplin doch ein öffentliches Leben war. Nicht nur jeder Film war seine formgewordene Kritik des Alltagslebens, MODERN TIMES (MODERNE ZEITEN) und vor allem THE GREAT DICTATOR (DER GROSSE DIKTATOR) erwiesen sein Engagement, das ihm das rechtschaffene Amerika übelnahm. Nach dem Zweiten Weltkrieg war er plötzlich wieder der verdächtige Ausländer, der sich den Hetzkampagnen der McCarthy-Ära stellen mußte und mehrfach vor den »Ausschuß für unamerikanische Aktivitäten« – wegen Verdachts kommunistischer Tendenzen – geladen wurde. Schließlich hatte Chaplin nicht allein den unverdächtigen Hans Moser in Wien getroffen, sondern in Berlin auch Hanns Eisler und Bert Brecht, die mit ihm zusammen unamerikanischer Tätigkeiten bezichtigt wurden.

Nach der Eheschließung mit Oona O'Neill, der Tochter des Dramatikers Eugene O'Neill, und der Produktion des Films LIMELIGHT (RAMPENLICHT) verließ Chaplin die USA, um sich 1953 am Genfer See niederzulassen und in Muße eine Schar Kinder und seine Autobiographie zu produzieren. Anfang der 70er Jahre gab er seine alten Filme zur Wiederaufführung frei. Die politischen Gespräche mit Tschu En-Lai und Chruschtschow hatten ihn in den Augen der amerikanischen Öffentlichkeit, als er noch den Friedenspreis des Weltfriedensrates entgegennahm, endgültig zum Kommunisten gebrandmarkt. Sorgfältig vorbereitet unternahm Chaplin eine Versöhnungsreise nach Hollywood, das ihn mit einem zweiten Oscar belohnte. 1977 starb Chaplin, betrauert als Genie und lieb Kind bei allen Klassen. Sein Ruhm ist unverwüstlich. Eine Filmzeitschrift in Stockholm trägt den Namen »Chaplin«, eine Buchhandlung in San Francisco nennt sich nach dem Film CITY LIGHTS, und die deutsche Industrie wirbt 1981 mit seinem Kopf aus MODERN TIMES und dem Slogan: »Chemie ist, wenn die Bilder laufen.« Als Werbefilm für die Chemiekonzerne zu laufen, dazu war MODERN TIMES nicht gemacht.

In A DOG'S LIFE (1918) lebt Charlie in Begleitung eines Hundes auf dem Boden nicht wie ein Hund, sondern als ein Hund, der sich so klein machen muß, wie es die Perspektive eines Herrn befiehlt. Der Hund wird zum Kind und Kleiner-Bruder-Ersatz, und als Charlie mit seiner Angebeteten am Schluß in die Wiege schaut, liegt dort nicht ihr Baby, sondern ein Hushpuppy (Hundebaby). Das Problem des alltäglichen Klassenkampfes löst Charlie – kampflos, indem er den sozialen Kuchen gerissen teilt und eine Scheibe Gerechtigkeit für sich: gegen alle ergattert. Die Triebfeder, aus der er Bewegungsspielraum gewinnt, ist die massive Rührung, die er dabei erzeugt und doch schamlos das erheischte Mitgefühl beschämt. Sich tarnt er mit List, um die Gegner mit Tücke zu enttarnen. In THE IDLE CLASS (FEINE LEUTE, 1922) vermeint man, den reichen Mann schluchzen zu sehen. Kaum sieht man ihn frontal, erweist sich, daß die emotionale Bewegung eine zweckdienliche war, er schüttelt bloß seinen Drink im Mixer. Gefühlsbewegungen übersetzt Chaplin als krude Mechanik der Interessen. In HUNDELEBEN schlägt er einen Gangster, der ihn bestahl, am Skattisch k. o., schiebt seine Arme durch dessen Jackett, um in der fremden Form seine Interessen der Rückeroberung des verlorenen Gewinns um so flüssiger durchzusetzen, ohne daß der Spielpartner den Betrug durchschaut, durch den Charlie Gerechtigkeit wiederherstellt.

Was in der mittleren Phase des Filmschaffens als Sympathie für Marx gilt, entpuppt sich im Frühwerk als rabaukiges Manchestertum und purer Darwinismus. Chaplins Proletarier rasseln nicht mit den Ketten, die sie zu verlieren haben, sie klauen gewitzt den Schließgewaltigen die Schlüssel und erleichtern sie um Geld und guten Glauben. Dabei geht Charlie unschuldig und amoralisch zu Werk. Er sucht unbewußt sein Glück im Unglück und rettet bewußt kaum mehr als die eigene Haut. Die ganz besonders tüchtige Leistung, die sein Überleben erfordert, ist die Erfindung des Sozialchamäleons, das inmitten des Blattwerks der Großstadt jedwede Farbe annimmt. Auch hierin liegt ein Motiv seiner weltweiten Beliebtheit bei allen Massen.

Gegenüber der Macht verhält sich Charlie wie ein Opfer, das sich dem Aggressor lustvoll unterwirft. In GOLD RUSH (1925) paßt er sich mimetisch unbeschadet mit seinen typischen Gesten an, die sich in die Gunst des Stärkeren einbetteln. Mit dem drohenden Finsterling und konkurrierenden Goldgräber, der ihm in der verschneiten, abgeschnittenen Kate gegenübersitzt, kokettiert Charlie. Er schlägt die Beine übereinander, wippt lockend mit seinem Körper auf der Bettkante. Er signalisiert Entwaffnung, in Wirklichkeit macht er sich gestisch unter Männern zur Frau, der gegenüber man auf Gewalt verzichten muß. Die eigenen Wünsche nach einer Frau hingegen erfüllt er sich in seiner Einsamkeit durch imaginierte Zeichen, den berühmten Brötchentanz. Durch Phantasie herbeigerufen, erscheinen die Beine einer Ballerina. Die realen Wünsche werden nur als Trugbild lebendig, als Zeichen kostbarer Zerbrechlichkeit wird eine Frau vorgezaubert, deren erwartete Funktionen wie Versorgung, Friedfertigkeit und Familiarität Chaplin unter lauter Männern am eigenen Leibe produziert.

So wird er, im gestischen Gewand einer Frau, ein Sisyphus der Freundlichkeit, der auf die Sehnsucht nur von außen schauen darf: Am Neujahrsabend ist ein Tanzvergnügen unter den Goldgräbern, und Charlie drückt sich als Zaungast der Geselligkeit die Nase am Fenster platt. Das einzige Bewußtsein, das dieser traurigen Figur eingeschrieben ist, heißt Deklassierung. Selbst noch als Reicher schwankt ihm der Boden, stürzt er Treppen abwärts, rutscht er auf dem Parkett aus – so wird die mangelhafte Verfestigung zwischen seiner Innen- und Außenwelt diesem Körper, der nur an kalten Objekten sich reiben darf, eingetrieben. Dem Unglücklichen schlägt jede Stunde; selbst wer immer strebend sich bemüht, ist nicht zu erlösen: In diesem Fatum, das über Charlie waltet, drückt sich auch der tief verwurzelte Calvinismus der amerikanischen Kultur aus. Mit diesem Mittel wurden die mediterranen Einwanderer, die mit positiven Glücksvorstellungen New York bevölkerten, gleich mit der Vorherrschaft der angelsächsischen Ideologie vertraut gemacht. Chaplin half, sie einzuüben.

Es ist in der Literatur oft davon die Rede, daß in seinem mittleren Werk ab 1930 die rührseligen Einlagen, das verzuckerte Sentiment überhandnehme. Dabei übersieht man leicht, daß Chaplins Komik oft eine Form der Selbstkritik an Charlies sentimentalem Fehlverhalten ist, indem sie dessen Traumrollen vom Liebhaber, vom Sieger und Artisten in jeder Lebenslage ständig durchkreuzt, ja in brutaler Weise desavouiert. THE CIRCUS (1928) macht Charlie wider Willen zur Sensation der Show. Jetzt fordert er angemessenen Lohn und die Hand der Tochter des Direktors. Aber das Selbstverständliche ist ihm nie angemessen.

Er baut sich vor dem Impresario des Zirkus auf, droht mit der Heugabel und lehnt großspurig an einem Heuhaufen. Da bricht er samt seinen Forderungen zusammen. Die Objekte sind es, die dem Haltlosen Halt verweigern, als seien sie mit der Ordnungsmacht – und nicht gegen sie wie bei Buster Keaton – verbündet. Charlie rappelt sich auf und greift spielerisch nach einem Strohhalm. Darin liegt die Struktur seiner Gags beschlossen:

die Not mit Koketterie zu kaschieren, sein Gegenüber den Übergang von einer Lage in eine andere – meist unhaltbare – nicht merken zu lassen und die Brüche in der Bewegung elegant aufzufangen. Wo eine Bestürzung aufzubrechen schien, federt nur noch Mitleid nach. Wo sich Trauer auftat, wird ein Almosen in den Hut geworfen, das ist Charlies Preis. Alles Starke verherrlichen und sich selbst, narzißtisch leidend, klein zu halten: feiert in dieser Rolle die ausgestellte Ich-Schwäche nicht ihren bittersten Triumph?

THE CIRCUS ist eine Verfolgungsjagd am laufenden Band, die vom Schauplatz des Vergnügens schon auf die Mechanisierung von Arbeit und Vergnügen in den Fabriken weist. Das Spiegelkabinett, in das Charlie den Polizisten lockt, ist ein Raum ohne Richtungen, in dem der Verfolgte seinem Verfolger demonstriert, was es heißt, in der Irre einen Vorsprung zu haben, an die Desorientierung gewöhnt zu sein: nämlich das Ballett der Kopflosigkeit in die Beine zu verlagern, die spielend einen Ausweg finden. Je ungenauer Charlies Rolle in diesen Verwirrspielen definiert ist, desto enger muß der Raum um ihn sein, der ihn definiert. Nicht zufällig wird er häufig in Gefängniszellen geworfen, aufs Tanzseil geschickt, in Löwenkäfige gesperrt. Um das Freie zu suchen, muß Charlie erst ins Freie finden, seine Fesseln in heftigen Bewegungen lösen und die Gitterstäbe, die ihn umstellen, auseinanderbiegen. Dieser Kraftaufwand wirkt übertrieben exzentrisch. Der Körper zappelt, das ist komisch; er zuckt in Konvulsionen, das ist traurig. Die Selbstbefreiung des Komikers, das lehrt Chaplin, ist ein verzweifelter Versuch, aus der Haut zu fahren, die seinen Körper panzert.

Die höchste Selbstironie, die Chaplin diesen Mühen zukommen läßt, ist konsequenterweise, Charlie noch im Freien einzukreisen. Der Zirkus zieht weiter, der Trupp sitzt allein in der Arena. Kaum verläßt er watschelnd diesen Kreis, schließt sich ein nächster um ihn: die Irisblende, die diese Figur im konzentrisch stärker werdenden Schwarz verschluckt und ihren Gang in die Unendlichkeit zum Medaillon faßt. So ist Charlie, dem ein Ausbruchsversuch nach dem anderen mißlingt, Gefangener der Szene wie der Inszenierung. Wieder einmal liegt er mit seiner Rolle daneben.

In CITY LIGHTS (1931) dient seine Garderobe nicht mehr zum Verwirrspiel für die Verfolger, sondern als Signal seiner Anpassung nach oben. Jetzt dient ihm als Überlebensstrategie seine Hilfe für einen lebensmüden Millionär, den er aus dem Wasser zieht; für ein blindes Blumenmädchen, dem er durch Glück zum Sehen verhilft. Die Unempfindlichkeit für das eigene Leiden treibt Charlie in die Arme des fremden Schmerzes, dem er sich, wo Not an Trost ist, hingibt. Wieder führt er eine geborgte Existenz als Freund und Wohltäter. Der arme Schlucker darf vergessen, was er ist, und zum hilflosen Helfer werden, der für jede Not dienend gern eine Fahne wird, die sich dem Wind anheimgibt.

Charlie ist nicht Charlie, er ist bloß ein Ersatz. Darin liegt seine für andere unentbehrliche Funktion, denn an diesem Ersatz kristallisieren sich Energien an, die sonst ungebunden blieben. Dem Millionär, der ihn im Suff herzt und, kaum ernüchtert, anherrscht, dient er als Ersatz für die entlaufene Frau, in deren Bett sich Charlie auch noch legt. Dem Blumenmädchen dient er als romantischer Ritter und Vaterersatz. Den streunenden Hunden, die ihm, der das Pfeifchen verschluckte, zulaufen, als Herr-Ersatz. Charlie nimmt zum einen das Martyrium des Lückenbüßers willig auf sich, unterläuft es andererseits, indem er einen Fuß in jede Tür stellt. So pendelt er unbeschadet zwischen Passionsspiel und Harlekinade.

Verläßt ein Mann die Norm der Männlichkeit, so wirkt er komisch. Charlie tat das stets, nicht nur im Kostüm früher Verkleidungspossen, sondern durchgehend in der Grammatik seiner Körpersprache. Als er in CITY LIGHTS gegen den bärenstarken Preisboxer antreten soll, signalisiert er im Umkleideraum weibliche Wehrlosigkeit. Er klimpert wie ein abgetakelter Transvestit mit den Augen und umschlingt, backfischhaft, ein angezogenes Knie mit beiden Armen. Der angeblitzte Boxer ist von diesen Zeichen, die er als homosexuellen Antrag deutet, in seiner Männlichkeit derart beschämt, daß er die Hosen hinter dem Vorhang wechselt. »Alles, was irgend etwas zerschlägt, alles, was mit der etablierten Ordnung bricht, hat etwas mit der Homosexualität zu tun oder mit einem Tier-Werden, einem Frau-Werden. Jede Semiotisierung im Umbruch impliziert eine Sexualisierung im Umbruch«, sagt Félix Guattari in seiner ›Mikro-Politik des Wunsches‹.

Nun zur berühmten Szene, die besagt, daß es Chaplin mehr mit Darwin als mit Marx hielt. Von seinem Saufkumpan, dem Millionär, pumpt sich Charlie den Rolls Royce zur Spazierfahrt aus, hält abrupt, als er eine Zigarettenkippe am Straßenrand sieht, springt aus dem Wagen, stößt mit einem Bettler zusammen, der sich gleichfalls nach der Kippe bückt. Charlie schnappt sie ihm vor der Nase weg. Chaplin ist nicht an der psychologischen Reaktion interessiert. Der Bettler reckt keine Faust. Chaplin läßt ihn entgeistert stehen. Charlie gewissermaßen auch, denn er führt den Sozialdarwinismus – der Stärkere siegt zu Recht – auch im Herrschaftskostüm nur als Reflex der angestammten Tramp- und Bettlerrolle vor. Das Luxusauto, die feine Kleidung sind keine Charlie schützenden Insignien der Macht, sondern nur vorübergehend angelegte Accessoires, die ihm kein Bewußtsein vom Anspruch auf Besitz vermitteln. Das Leben ist, aus dieser Sicht, eine Kette von Reiz-Reflex-Situationen, die man ungerührt zu meistern hat, ohne sich an den äußerlichen Schein zu verlieren.

Darauf legte Charlie wenig Wert. Sein Kostüm zeigt ja den Deklassierten an, der nicht wahrhaben will, daß sein proletarischer Status ihm keine Dandy-Allüren zubilligt, daß seine Manieren von einst zu rüden Gebärden verkommen sind. Der Hut zu eng, die Hosen zu weit, die Schuhe zu groß gewählt, das deutet auf den Geschmack eines Mannes, dem keine Wahl mehr bleibt, dem nichts mehr paßt, dem kein Stück angemessen wirkt, weil er sich seine Siebensachen aus dem Fundus der Pfandhäuser zusammensuchen muß. Bewußt an diesem Aufzug ist nur die Täuschung, die Sehenden merkten den sozialen Abstieg nicht. Das Bambusstöckchen handhabt Charlie ja so hochfahrend, als habe er geradewegs mit dem Gouverneur einer britischen Kronkolonie Tee getrunken. Auch das gehört zum Doppelspiel seiner Rolle, sich nicht so sehr als Proletarier den Herrschenden anzupassen, sondern mit gleicher unverschämter Selbstverständlichkeit und verborgenem Herrschaftswissen als abgefallener Décadent unter dem Proletariat zu irrlichtern. Erst das erklärt seine unerhörte Flüssigkeit im Rollenwechsel, denn die Anpassung nach oben ist ein Dornenweg, den man weniger leichtfüßig als er absolviert.

Charlies Drang, ungerührt dem eigenen Leiden zuzusehen, erfährt durch die masochistischen Gags in MODERN TIMES (1936) einen neuen Höhepunkt. Pausenlos spannt das Lachen über sein Mißgeschick den Zuschauer auf die Folter und Charlie als stellvertretendes Opfer in eine Katastrophe. Arbeit, Vergnügen und Reproduktion werden durch das Tempo des Fließbands bestimmt. So ist Charlie in jedem Sinne eingespannt, als Maschinist in einer Fabrik, die ihre Arbeiter auf Bildschirmen bei der Arbeit überwacht und in den Pausen mit Frühstücksmaschinen abfüttert. Die Technik wird aber nicht mit Vernunft beherrscht, sie wird hier dämonisiert.

Der Moloch Maschine verschlingt den Maschinisten. Fast werden Charlie und ein Mechaniker im Getriebe der Maschine zermalmt. Die Kritik an der allgemeinen Entfremdung wird durch Mitleid mit dem individuellen Elend bemäntelt, von dem Charlie doch nur ein Häufchen ist. Was seine Figur an psychologischer Tiefe gewinnt, verliert sie an sozialer Kontur. Die Ambivalenz der privaten wie der öffentlichen Wünsche wird hier umstandslos über einen Kamm geschoren. Der heißt bei Chaplin: Analogiezwang von Innen- und Außenwelt. Freiheit bezeichnet in MODERN TIMES nur soviel wie den kürzesten Weg zwischen Fließband und Zelle, als seien das zwangsläufig die Pole moderner Existenz.

Freiheit könnte für den Anarchisten Charlie auch die Freiheit vom Zwang zur Herrschaft bedeuten. Statt dessen hängt sich dieser Musterpatriot in der Gefängniszelle ein Porträt des Präsidenten Lincoln auf. Noch seine Liebeswünsche ordnet er der Mechanisierung seiner Fabrikarbeit unter. Die Szene, in der Charlie mit Schraubenschlüsseln einer Frau auf der Straße nachläuft, die schraubenähnliche Knöpfe an sexuell betonten Stellen ihres Kleides trägt, weist einmal mehr auf den Analogiezwang hin, der im Reich der Komik gilt: Was drinnen gilt, darf draußen nicht außer Kraft gesetzt sein. Charlie wird, in dieser von Chaplin gesetzten Konstruktion seines Rollenträgers, zum Opfer seiner mangelhaften Verfestigung zur Außenwelt.

Daß Charlie in MODERN TIMES die Fahne des Klassenkampfes aufgreift, ist eine Legende. Eisenstein hat in diesem schwarz-weißen Film sogar eine rote Fahne sehen wollen – Wunschdenken. Kaum knastentlassen, irrt Charlie durch die Straßen. Einem Lastwagen, der lange Bretter lud, entfällt der warnende Stofflappen. Charlie greift ihn hilfreich und beflissen wie immer auf, um ihn dem Fahrer nachzutragen. Plötzlich biegt ein politischer Demonstrationszug um die Ecke, der ihm prompt folgt. Erst durch den Zusammenstoß der unverbundenen Zeichen: Warnlappen und Demonstration entsteht das Zeichen »Fahne«. Flugs wird Charlie als »Kommunistenführer« verhaftet, betritt er sein Heim, die Zelle. Es stimmt schon traurig, daß ein Teil der Filmkritik die Demonstration zu einer Entsprechung von Delacroix' Gemälde ›Die Freiheit führt das Volk‹ umgebogen hat. Dabei zersetzt Chaplins Sarkasmus doch jedes revolutionäre Pathos. Und hält er die Massen nicht für ziemlich blöd, daß sie jedem Fahnenschwenker wie eine Schafherde folgen? Ist das die Ohrfeige für Farbblindheit?

Die Fahne, die erst durch den Zusammenprall der Zeichen zu einer solchen gemacht wurde, war schwarz, nicht rot. Nicht von ungefähr, denn liest man die hier erkennbaren Zeichen des Films genauer als die bloß vermuteten, so sieht man, daß die Demonstrierenden nicht blind einer Fahne nachtrotten. Sie führen Losungen mit sich wie ›Liberty or Death/ Libertad o Muerte! (Tod oder Freiheit!)‹. Die Metropole aus MODERN TIMES scheint New York zu sein, die Zweisprachigkeit der Schilder auf den bedeutenden hispanischen Anteil der immigrierten Arbeiter zu deuten. Die ausgegebene Parole selbst ist die des Anarchismus, was man bislang, verlegen, verschwieg. Der sättigte die Szene mit einem Realismus, der weder von rechts noch von links zu beschlagnahmen ist. Charlie lag, unbequem, dazwischen. 1931 besuchte Chaplin Berlin. Ein Organ der KPD, die ›Rote Fahne‹, interviewte ihn. Chaplin sagte: »Ja, wenn man eine Revolution macht, dann muß man sie ganz machen.« Noch bevor sie gedruckt vorlag, widerrief Chaplin seine Stellungnahme zur in Deutschland verlorenen Revolution und ließ den Widerruf im bürgerlichen Blatt ›Tempo‹ drucken. Er umarmte die Massen nur, um sie spielend durch seine Finger gleiten zu lassen.

Schon vor Entfesselung des Zweiten Weltkriegs schlug ein Produzent Chaplin einen Hitler-Film vor. Chaplin studierte den Politiker und befand, dessen Gesicht sei auf obszöne Weise komisch, mit dem absurden Schnurrbart eine schlechte Imitation von ihm. 1940, noch vor dem Kriegseintritt der USA, hatte THE GREAT DICTATOR Premiere.

Jedermann konnte erkennen, mit welch makabrer Einfühlung Chaplin sich in die Doppelrolle des Diktators und des jüdischen Friseurs, des Henkers und des Opfers hineinversetzt hatte. Oft war die Rede von diesem Film als antifaschistischer Satire, aber wer den historischen Hintergrund erforscht, erkennt, wie die Satire auf Hitler und Mussolini, auf den Größenwahn des europäischen Faschismus getränkt von Realismus war. Chaplin studierte, wie sein Sohn berichtete, unermüdlich deutsches Wochenschaumaterial, aus dem der Gigantismus der Gesten wie der Bauten ins Auge sprang. Vielleicht sah Chaplin auch die gegen den Strich geschnittene Version von Leni Riefenstahls TRIUMPH DES WILLENS, die der aus Francos Spanien ins New Yorker Exil vertriebene Luis Buñuel im Museum of Modern Art amerikanischen Politikern vorführte, die – vor Pearl Harbor – zögerten, den antifaschistischen Kampf in Europa aktiv zu unterstützen.

In Verkörperung beider Hauptrollen muß Charlie seine alten Triebkomponenten aufspalten: seine narzißtischen Energien dem Diktator leihen, seine sentimental-hündischen dem Friseur. Chaplin polarisiert zudem die Schauplätze und zeigt die Politik – Faschismus – als Operette, was seit Jacques Offenbach und seinen Spottwerken auf den Talmiglanz des Zweiten Kaiserreichs eine ernstzunehmende künstlerische Herausforderung darstellt. Der Schauplatz des Judentums, das Ghetto, hingegen gerinnt zur Idylle des Winkelglücks, in der man die eindringenden SA-Horden noch in Slapstick-Manier mit Bratpfannen zu Boden schlägt. Die Verzahnung der privaten mit der öffentlichen Sphäre gelingt hier nicht. Chaplin bedient sich herkömmlicher Dramaturgie der Parallelaktion, in denen die Bösen als dumm, eitel und gefährlich gelten und die Guten als edel, schön und hilfreich. In welchem Maß gerade mit dem subjektiven Faktor Politik gemacht wird und eine antifaschistische Satire zu machen ist, die mit wirklich allen Wassern gewaschen ist, hat erst der Meister Ernst Lubitsch mit links in seinem Film TO BE OR NOT TO BE (SEIN ODER NICHTSEIN, 1942) vorgemacht.

Der Diktator, der versucht, dem Vortrag seines Propagandaministers nicht zuzuhören, öffnet beiläufig einen Aktenschrank. Hinter dessen Türen werden keine Dokumente, sondern Spiegel sichtbar. In denen darf sich der Diktator wie ein Dokument der von ihm initiierten Vorgänge bestaunen und betasten. So tierisch sein Verhalten zu Untergebenen wie zu Frauen ist, einmal löst sich des Diktators Krampf: im Tanz mit der gasgefüllten Weltkugel. Dieses selbstverliebte Ballett endet erst jäh, als der Diktator die Welt an sein Herz drückt und sie, wo sein Wille zur Macht zu laut pocht, zerspringt.

Untermalt wird dieses intime Gipfeltreffen von Lust und Macht durch Wagners Lohengrin-Vorspiel. Als es dem jüdischen Friseur gelingt, in der Maske des Doppelgängers den Diktator zu spielen und einen aufrüttelnden Freiheitsappell an die unterdrückten Massen über das Radio zu schmuggeln, rauscht die gleiche Musik von Wagner auf. Soll sie hier, wie in den frühen Chaplin-Filmen, durch Analogiezwang Identitäten bilden? Soll der massenmobilisierende Aufruf am Ende neutralisiert werden? Chaplin, der nur einmal in THE KID das Tabu der Paradiesschilderung – und zwar ironisch: mit flatternden Engeln – verletzte, verletzt dieses Tabu hier durch ein ernst gesetztes Pathos.

Die Freundin des Friseurs, gespielt von Paulette Goddard, Chaplins damaliger Frau, lauscht verzückt der Stimme der Freiheit. Dieser Schluß im Kornfeld, Hannahs Hand auf der Scholle, das hoffende Auge gen Himmel gerichtet, ist von Adorno umstandslos der alten Ufa-Ästhetik zugeschlagen worden, als sei Chaplin selbst Opfer seiner Einfühlung in faschistische Bildgewalt geworden. Tatsächlich aber sind dem Schlußtableau Fragmente vom Paradies als unirdischem Ort eingeschrieben, die das jüdische Abbildungsverbot vom Ort der Hoffnung Lügen strafen.

Es bleibt aber die Ambivalenz der Wagnerschen Musik, die den Aufruf zur Selbstbefreiung der Völker mit der Erinnerung an das narzißtisch-destruktive Spiel des Diktators mit der Welt belastet. Chaplin zeigt sich nicht als Bekehrter, sondern am Ende als unsicherer Kantonist, der den Massen, denen er schmeichelt, den Rücken kehrt. In ihm hatten sie einen, auf den konnten sie nicht bauen. Er bewegte sich, wo es ging, im Widerspruch. Das hatte den Vorteil, sich allen Beteiligten, ob Filmfiguren, Produzenten oder Zuschauern, sichtbar mitzuteilen.

Nach einer Drehbuchidee von Orson Welles, was das Monströse des Grundeinfalls erklärt, drehte Chaplin 1947 MONSIEUR VERDOUX, eine Comedy of Murder. Der einst brutale Tramp tarnt sich, hier in die Jahre gekommen, als verschrobener Gentleman und treusorgender Familienvater. Wieder lockt Chaplin die Zuschauer in eine falsche Idylle, die er behaglich wie Hitchcock einrichtet. Herr Verdoux ist ein kleiner Privatkapitalist, der sich in Gesellschaft des Großkapitals nach der Weltwirtschaftskrise im Geschäft behaupten möchte. Dies gelingt ihm nur als Ladykiller, durch Mord als Fortsetzung des Geschäfts mit anderen Mitteln. Überraschend ist, wie Chaplin seine gedämpfte Anarchie vollkommen im Rahmen des kleinbürgerlichen Glücks hält. Verdoux lebt ausschweifend polygam: um die Zukunft seiner Familie zu sichern; er klagt das Kapital an: als Kleinkapitalist, der mit gleicher Windigkeit Geld aus Geld heckt und für seinen Platznachteil im Gewerbe noch Mitleid heischt. Verdoux ist weder psychologisch noch politisch ein stimmiger Charakter. Sein sprechender Name hieße übersetzt: sanfte Raupe. So arbeitet er sich wie einst, nur mit enorm verfeinerten Methoden der Skrupellosigkeit durch das soziale Blattwerk. Der Dschungel der 20er Jahre ist einem gepflegten Park gewichen, in dem die leise Gewalt das Recht auf ihrer Seite weiß.

Brecht, im Hollywood-Exil, las das Drehbuch und gab es Chaplin mit der dunklen Antwort zurück: »Oh, Sie schreiben ein Drehbuch auf chinesische Art.« Kannte Chaplin die Schwierigkeiten beim Schreiben der Wahrheit? Traf er in Brecht einen Meister der Sklavensprache, der schon seine Verschlüsselung der Kritik am öffentlichen Leben in chinesischen Wendungen einübte? Das wäre Spekulation, so, wie man MONSIEUR VERDOUX in der Filmkritik oft voreilig privatisierte und den Film als gehässige Rache Chaplins an seinen entlaufenen geschiedenen Frauen abtat.

Der dann folgende Film LIMELIGHT (1952) ist Chaplins sentimentaler, nichtendenwollender Abschied vom Clown. Der Clown predigt und wird peinlich. Wie viele Chaplinaden beginnt der Film mit einer Normverletzung und endet mit einer Zwangsversöhnung, als Pflaster auf die Wunden der Normalität. Eine junge Tänzerin verliebt sich in den absteigenden, gealterten Musikclown Calvero. Das ist sozial gesehen als Mesalliance verpönt, aber dadurch korrigierbar, daß die Tänzerin diese Liebe auf einen jungen Mann überträgt, den die Dramaturgie bereitstellt. Wenigstens konnte Chaplin in diesem Film sechs seiner eigenen Kinder als Darsteller verpflichten und sich so einen familiären Lebensabend mit Goldrand leisten.

Nicht nur, daß Calvero mit seinem Namen, der an »calvaire« (Kalvarienberg) anklingt, bei jedem abendlichen Auftritt die Passion des Spotts und Hohns auf sich nehmen muß, es bleibt neben ihm kein Gegenpart für einen Harlekin. Außer in dem nostalgisch gelungenen Auftritt des alten Buster Keaton, der im Verein mit Chaplin als Musikclown-Duo eine Materialzerstörung von Geige und Klavier hinlegt, die nicht von schlechten Eltern ist. Keatons Technik als Komiker, das erwies noch die eiserne Disziplin im Alter, beruhte auf einer errechneten Physik der Gefühle, Chaplins Technik hingegen auf ihrer Metaphysik. In diesem kurzen Coup schlagen die beiden grand old men der Komik geniale Funken aus der Anarchie, die in der universalen Sinnphilosophie der Nachkriegszeit längst zerstoben schien. Und was hier aufblitzt, wird in der ausgewalzten Besinnung auf die kleinen humanen Werte, die der Regisseur in LIMELIGHT übt, gelöscht.

Reflexe der Kommunistenhatz, die der McCarthyismus auf Chaplin veranstaltete, gingen unverschlüsselt in A KING IN NEW YORK ein. Szenen schneidender Schärfe wechseln mit schlampig gehandhabten Fertigteilen der Geschichte. Heute berührt das Publikum die brennende Aktualität der Nebenhandlung mehr als die anachronistische, grob gestrickte Haupthandlung. Unvergeßlich ist das Schicksal des politisch frühreifen Jungen, der die Welt mit Marx aus den Angeln heben will, den seine Erzieher dann, in Sippenhaft für seine aktiven Eltern, seelisch zerbrechen. Der einen Partei bedeutet dies Chaplins ungebrochenen Mut zur Anklage, der anderen Partei: Gehirnwäsche zur Resignation. Beides ist nicht falsch, nur: die Empörung über massiv erlittenes Unrecht prägt sich dem Publikum tiefer ein. Am Ende seiner Filme angelangt, ging es Chaplin nicht unbedingt um die Moral der Hauptfigur, um die Altersgrimassen eines exilierten Königs, der des Landes verwiesen wird. Diese Auftritte wirken eher wie eine Notlösung, diktiert vom Wiederholungszwang, den Mythos Chaplin, geliftet, am Leben zu erhalten. Seinen Protest delegierte Chaplin an den Jungen, das ist die Politik der Nebenhandlung.

Vielleicht wirft am Ende dieser Junge, ein reflektierter Bruder des gewitzten »Kid«, keine Scheiben mehr ein, die Charlie dann neu verglast. Vielleicht baut er mit Hilfe der Theorie Fenster in die Welt. Und wenn Nachkommende diese Fenster wieder vergittern und zumauern, ist der König Chaplin, der seine lange Karriere als Laufbursche mit scharfen Augen begann, längst abgetreten.

Drei Kommentare zu Ernst Lubitsch *

»Schuhpalast Pinkus« (1916)

»Lubitsch war Berliner und blieb Berliner bis an sein Lebensende. Schon als Lehrling im Konfektionsgeschäft seines Vaters wußte er genau, was er wollte. Ernst wollte Komiker werden«, schrieb Kurt Pinthus in seinem Nachruf. Die besten Komödienregisseure waren selber Komiker.

Ein sagenhafter Aufstieg vom Lehrling zum Inhaber eines Schuhsalons. Salomon, genannt Sally Pinkus (Ernst Lubitsch), verbummelt lieber sein Leben, als sich dem Drill kaiserlich-deutscher Erziehung zu Ordnung und Pünktlichkeit zu unterwerfen. Aus der Schule geflogen, findet er unverhofft eine Lehrstelle im Schuhgeschäft, wo er mit der Tochter des Chefs flirtet und überhaupt, wo immer er unter Frauen auftaucht, Hahn im Korb wird. Auch wo ihn die Umstände gerupft entlassen, steigt er die Leiter des Erfolges hoch. Einer eleganten Kundin macht er den Hof, schwatzt ihr eine falsche Schuhgröße auf, vermasselt seinem Chef die Tour und bringt die Kundin schließlich dahin, ihm einen Kredit einzuräumen, mit dem er seine eigene Firma gründen kann. Anstatt den Kredit zu tilgen, heiratet er die kreditgewährende Partei. So tilgt er den Vorschuß mit erotischen Versprechen. »Dann bleibt's in der Familie«, das Geld.

Die Sensation des Augenblicks lenkt Sallys Leben. Die Anforderungen der allgemeinen Ordnung, die einen Blick auf lange Sicht propagieren, unterläuft er. Er ist ihnen nicht gewachsen, das heißt nicht groß genug, weder körperlich noch seelisch, um seinen Bedürfnissen einen Aufschub

* Abdruck mit freundlicher Genehmigung des Verlags C. J. Bucher. Aus: Hans Helmut Prinzler, Enno Patalos (Hg.): ›Lubitsch.‹ © 1984 by Verlag C. J. Bucher GmbH, München und Luzern.

zu gewähren. Er taxiert die Gegenwart, er tastet sich in keine Zukunft. Er hat keine, deshalb kann er sich im Augenblick so voll entfalten. Der Schüler Sally zettelt viel Bewegung in wenig Raum an, das ist seine erste Eroberung: Räume nicht zu beherrschen, sondern ihrer Enge zu entgehen. Die Überstürzung macht ihm Beine. Er flieht das Elternhaus, die Schule und bringt, hält er sich zeitweilig dort auf, Unordnung in die Ordnung. Bettenschlacht zu Hause, Gerangel in der Schule.

Sally geht lieber in die Höhe als geradeaus. Beim Bockspringen versagt er, beim Klettern ist er schnell oben auf der Stange. Von dort fällt sein Blick über die Mauer zu den Mädchen, die ihm lachend Äpfel zuwerfen. Der Lehrer wittert Gefahr und will die erotischen Freiheiten, die sich der Schüler herausnimmt, unterbinden. Eine komische Gegenbewegung: Sally ist längst auf dem Boden, als der Lehrer oben keuchend seinem unverschämten Blick nachsieht.

Am Eisstand ist Sally umringt von Mädchen. Sie füttern ihn. Er läßt es sich gefallen: verbotene Früchte, die eben noch nicht greifbar waren. Er sondiert seine Welt mit der Zunge. Dieser Komiker hat ein paradiesisches Potential, Schule und Arbeit zu transzendieren durch die lockende Unmittelbarkeit, der seine Begierden sich allerorten anheften.

Sein Körper schlägt unentwegt Rad. So demonstrativ sind die Signale des Wohlbefindens, der Überlegenheit, der Grandiosität. Freude über eine wahrgenommene Sinnlichkeit wird durch die herausgestreckte Zunge angezeigt, was im nächsten Augenblick auch »diebische« Freude bezeichnen kann. Die Daumen, die Hände fahren ungeniert in den Mund (»Nachdenken«), kratzen am Hinterkopf (»Verlegenheit«), kitzeln die Kundin an der Fußsohle (»Vorlust«).

Die Glieder dieses Komikers führen ein Eigenleben. Sie können aus der Haut nicht fahren, wohl aber aus der Fasson fallen, und das tun sie bei Lubitsch auf das heftigste. Jede seiner Gesten geht einher mit zwingender Eindeutigkeit, so daß sein Interesse sich durchsetzt, noch ehe es verbal artikuliert differenzierter ausfiele. Die Gesten gelten den sogenannten Grundbedürfnissen nach Schlafen, Essen, Lieben. Als komisch gilt, wenn diese unverblümt sich ausdrücken. Dabei wird im Lachen über die Krudheit des zwingenden Ausdrucks leicht übersehen, daß jede dieser Gesten vom Reich der Notwendigkeit – eben Arbeit und Reproduktionssphäre der Menschen – entschieden ablenkt, um ins Reich der Freiheit zu locken.

Wenn das auch schon verbaut ist, darf man wenigstens, ist die Lektion, einen Blick ins verbotene Paradies riskieren – um den Preis der Bestrafung, der Vertreibung und sozialen Ächtung. Sally Pinkus liebt das Risiko.

Er flirtet mit der Tochter des Schusters und glaubt sich dabei hinter einer Wand von Schuhkartons geborgen. Er ist aber bloß vorübergehend frem-

den Blicken entzogen. Denn sein Übereifer läßt ihn die lose Wand einreißen, weil es ihn hinriß. In Verfolgung seiner Glücksinteressen hat er Pech.
Bleibt er darin unbeirrbar, gibt es wohl Rückschläge, aber kein ernst-
haftes Hindernis. Also bleiben nur komische Hindernisse wie Autoritäten oder Konventionen. Sally spielt alle Väter an die Wand. Das verschafft ihm Autorität bei den Frauen.

Hier herrschen zwei Arten der Choreographie. Sally erzählt den ihn um-
ringenden Verkäuferinnen im Schuhsalon einen vermutlich schlüpfrigen
Witz, um dann, als der Substitut die Frauen zur Ordnung ruft, selber
flüssig unter denen wegzutauchen. Die Frauen sind für sein Interesse bloß
ein körperliches Element, in dem er störungsfrei erscheinen und verschwinden kann, weil er sich selbst zum Teil jener Masse macht. Sally
Pinkus ist ein Künstler der Amalgamation. Die disparatesten Räume verschmelzen in der Bewegung seiner Glieder.

Im moralischen Urteil wäre Sally Pinkus ein wendiger Opportunist. Aber
Lubitsch fällt keine moralischen Urteile, die Menschen einteilen in gut
und schlecht. Sie sind einfach gut und schlecht; mit dieser Diagnose
machte Lubitsch Aufsehen. In Wahrheit handelt Sally als aufgeklärter
Gefangener seiner Sinnlichkeit, ist also auch ein Zerrissener, den die an-
stürmenden Begierden beuteln.

Zu dieser Szene schafft Lubitsch eine Gegenszene, die einer anderen
Choreographie folgt. Sally ist jetzt Chef des Schuhpalastes, aber noch ein
Chef auf Pump, deshalb »ganz« Chef. Von der Freitreppe im Laden hat er
einen langen Gang in den Vordergrund. Seine Angestellten schrecken bei
diesem Defilee aus ihrer Privatheit in sein Profitinteresse hoch. Er maßre-
gelt nun die Unordnung, die er früher selber überall anzettelte. Die Angestellten verschwinden, einer nach dem anderen, von der Bildfläche.
Der Chef steht allein da. Die Arbeit wird nicht sichtbar um ihn. So muß er
einen Ausweg suchen.

Er verfällt auf eine Reklame, durch persönlichen Einsatz: Er verschafft
sich einen husarenhaften Auftritt in einer Theaterloge und stellt die Darbietung auf der Bühne damit in den Schatten. Immer muß er mehr scheinen als sein, um mehr zu werden. Aus einem Schuhsalon macht er einen
Schuhpalast. Aus einem Schuhverkauf macht er eine Stiefelschau. Er fetischisiert seinen eigenen Ort des Begehrens. Sally Pinkus ist Reklame und
Ware zugleich, ein fleischgewordenes Versprechen.

Ernst Lubitsch verkörperte den sinnlichen Mehrwert, den das Kino immer verspricht und selten einlöst.

»Forbidden Paradise« (1924; Das verbotene Paradies)

Als James Agee 1943 den Lubitsch-Film HEAVEN CAN WAIT sah, erinnerte
er sich plötzlich an FORBIDDEN PARADISE, dessen »trockenen Glanz, fre-

ches Gebaren und fein abgestimmtes Timing. Die Bauten, die Kostüme und Requisiten werden der Geschichte standhalten«, schrieb Amerikas bester Film-Schriftsteller. Von den Schauspielern schrieb er nichts. Als sei es bei Lubitsch schon genug, an die Organisation des Raums zu erinnern, um den Raum mit Erinnerung zu füllen.

In einem imaginären Rußland bricht Ende des 19. Jahrhunderts gegen die Zarin (Pola Negri) ein Aufstand der Offiziere los, die sich nicht länger von einer Frau regieren lassen wollen. Ein Leutnant (Rod La Rocque) – mit der Kammerjungfrau der Zarin verlobt – reitet zum Hof, um die Zarin zu warnen. Der Kämmerer (Adolphe Menjou) versucht vergeblich, den Leutnant abzudrängen. Der Warner, in dem die Zarin nicht nur den Abwender ihres Unglücks, sondern einen möglichen Boten ihres Glücks sieht, wird zum Hauptmann der Leibwache ernannt und mit einem Orden ausgezeichnet, den vor ihm schon viele Mitglieder der Leibwache erhalten hatten. Der Aufstand wird vom Kämmerer mit dem Scheckbuch niedergeschlagen. Der Hauptmann, den die erotischen Avancen der Zarin kaltließen, wird degradiert. Dafür wird der spanische Botschafter, der mit Komplimenten nicht spart, unverzüglich mit dem Orden ausgezeichnet, was selbst den erfahrenen Kämmerer überrascht.

Wer hat noch nicht, wer will noch mal? Dieser Ruf des Lotterieverkäufers könnte für das Begehren der Zarin gelten, die mit dem Orden nichts anderes als das Draufgängertum – wahre Vasallentreue – ihrer Leibwache auszeichnet. »Wer hat noch keinen Stern?« ist die erste Frage, die der Kämmerer stellt; seine Gratulation an den ausgezeichneten Diplomaten ist das Schlußwort. Wogegen rebellieren die Offiziere? Gegen die Herrschaft der Frau, die sie zu erotischen Objekten degradiert. Sie hätten die Welt lieber normalisiert, das heißt, die Frau zum erotischen Objekt ihrer Begierde gemacht. Die Wahl durch die Frau ist der Skandal. Was ist denn das verbotene Paradies? Die Nymphomanie der Zarin oder der Aufstand der Männer, die sich selber, im Befehlsnotstand schwach geworden, nun aus dem Paradies vertrieben haben? Das verbotene Paradies ist, in Lubitschs Lektion, das Reich der direkten Wünsche, die Triebkraft des zweiten Blicks auf übersehene Details. Daher die vielen Großaufnahmen, die dem erstaunten Zuschauer nahelegen, daß die fünf Sinne, die nie zu legitimen Herrschern werden, der wahre Souverän der Menschen sind.

Menjou späht durch das Schlüsselloch, um zu erfahren, was die Zarin mit dem verlegenen Leutnant anstellt. Negri weiß das und schließt mit einem Vorhang, ohne den Leutnant aus dem Auge zu verlieren, den ungebetenen Zeugen aus. Es handelt sich um ein Spiel, aber unter Geübten in Lust und Versagung, die wissen, was sie von ihrem Partner erwarten dürfen. Das macht Menjou verschwiegen und vielsagend diskret und Negri ungeniert. Der Leutnant, dem sie die offenstehende Uniformjacke schließt, atmet so erregt, daß ihm der soeben geschlossene Knopf nun abspringt.

Oder: Das Bankett, das die Zarin ihm zu Ehren gibt, wird eingeleitet mit dem Blick auf eine Schale, in die Champagnerkorken fliegen.

Lubitschs Großaufnahmen sammeln Abgesprengtes ein, das in seiner Konzentration sich zu neuer Sprengkraft ballt. Was so naheliegt, wird von der Geschichte übersehen. Wie viele Liebhaber in der Leibwache die Zarin schützen, kann man sich an den Fingern abzählen. Eine Großaufnahme läßt sich das nicht entgehen. Ein Offizier zählt die Opfer königlicher Gunst (die Ausgezeichneten), bei denen die Kamera kurz innehält, mit seinen Fingern mit. Es geht nicht um die Qualität, sondern die Quantität eines Gefühls, das durch Lubitschs zweiten Blick dekuvriert wird.

»Jede Entlarvungskritik weiß sich in einem Intimverhältnis zu dem, was im Unsichtbaren ›wirklich der Fall ist‹. Rundum wird das menschliche Bewußtsein eingeladen, sich zu täuschen und mit dem bloßen Schein sich zufriedenzugeben. Für die Aufklärung ist es darum immer der zweite Blick, der entscheidet, indem er den ersten Eindruck überwindet«, schreibt Peter Sloterdijk in seiner »Kritik der zynischen Vernunft«. Er läßt an Lubitsch denken, den Regisseur des zweiten Blicks.

Auch die als legitim, weil standesgemäß geltende Liebe des Offiziers zur königlichen Kammerjungfrau wird getrübt. Im durchaus bildlichen Sinn, der eingreift in die ungetrübte Harmonie des Paares. In die Spiegelung der einander zugeneigten Köpfe im Wasserbassin des Schloßparks schnellt ein Goldfisch hinein, der die Kreise des Glücks nachhaltig stört. Lubitschs Eingriffe wirken komisch in dem Maße, wie sie eine Korrektur zur Konformität vornehmen.

Agee sprach von den Kostümen, den Dekorationen, den gigantischen Räumen. Auch die sind komisch, weil sie die von Natur kleine Zarin in der zweiten Natur ihrer Inszenierung noch kleiner machen. Die Herrscherin irrt durch den Palast ihrer Prätention, wirft sich dem Leutnant flehend zu Füßen und wird erst durch die Kollaboration des Kämmerers errettet. Schlagartig hat sie alle Macht zurückgewonnen und belehnt flugs den nächsten Besten, der sich bietet, mit neuer Gunst.

Die fünf Sinne, lehrt Lubitsch, sind Opportunisten, die mit jedem Wunsch paktieren, um darin zu Göttern der Gelegenheit zu werden. Vielleicht sind diese Sinne hier geschichtlich bloß drapiert, um die jede Zensur bestürzende Einsicht zu verbergen, daß alle Herrscher ihre Souveränität angesichts der Wünsche jene an diese verlieren.

»The Shop Around the Corner«
(1940; Rendezvous nach Ladenschluß)

Was ist der Lubitsch-Touch? »Das dauernde kritische Hindeuten, daß der Mensch nicht so gut ist, aber auch nicht so schlecht, wie er sonst im Film hingestellt wird«, wie Kurt Pinthus treffend zum Immoralismus sagte.

Kritisches Hindeuten, das gelang anderen auch. Wer aber hatte den Nerv, was er sah, auch zu berühren und vom Boden aufzuheben? Lubitsch. Das war sein Touch. Andere hatten Stil, also weniger.

Der Laden um die Ecke, das ist ein Gemischtwarenladen für die gehobene Mittelklasse in Budapest unter dem Patronat des Firmenchefs Matuschek (Frank Morgan), dessen Mißtrauen gegen seinen ersten Verkäufer (James Stewart) zur Kränkung und schließlich zur Krankheit führt, die Eifersucht und Machtgier heißt. Aber die Geldzuwendungen, mit denen der alternde Chef die Liebe seiner Frau zurückkaufen will, werden von der mit einem anderen Verkäufer durchgebracht. Stewart, nach Genesung seines Chefs, feuert den mit Geld und Gunst überhäuften Stutzer aus dem Laden und sorgt für die seelische Gesundung von Matuschek durch einen exorbitanten Weihnachtsumsatz. Nun erst darf sich seine Liebesgeschichte, in der ihn Felix Bressart als alter Vertrauter immer beraten hat, mit der unbekannten Brieffreundin erfüllen: Klara Novak (Margaret Sullavan), Verkäuferin im selben Laden.

»Ungar zu sein, ist nicht genug«, pflegte der MGM-Chef Louis B. Mayer zu sagen, wenn wieder ein Mitteleuropäer bei ihm um Filmarbeit nachsuchte. Dabei war ganz Hollywood eine Synthese, die sich den amerikanischen Traum in mitteleuropäischen Phantasien leistete. Das bedeutete, die Entfremdung, die das Geld unter die Leute brachte, wieder zu verflüssigen, durch die Gefühle, die das Geldhaben nach sich zog. Dabei wurden die Ideen oft ans Interesse verraten. Nie bei Lubitsch, der entgegen weitläufiger Ansicht weniger zynisch war, als ihm unterstellt wurde.

Lubitsch versöhnte die Ideen mit den Interessen in dem Maße, wie er das Interesse, das die Leute zum Laufen brachte, zu seiner Idee erhob. Das machte ihn zum genuinen Komiker, der Gesetze der Bewegungen von unten studierte. Sein Feld war die Plattform, wo es ebenso glatt wie nebelfrei zugeht.

Nicht die Herzensverwicklungen an sich interessierten Lubitsch, sondern das, was die Herzen wirklich höher schlagen ließ als die Liebe. Und das war das Geld. »The Shop« ist im Filmtitel verankert, so wie in den früheren Komödien »Die Firma« oder »Der Schuhpalast« sich als wahre Protagonisten der Handlung erwiesen. Eine Firma ist eine Interessengemeinschaft zur Vermehrung des gemeinschaftlich in sie eingelegten Geldes. Also wird die Ladenkasse zum Mittelpunkt der Firma.

Hier versammeln sich die Angestellten, als Matuschek den Weihnachtsbonus austeilt; hier ist auch der Ort, wo das Telefon steht, von dem aus der Lehrling seine frechen Gespräche mit der Frau des Chefs führt. Er betrügt dabei die Frau mit verstellter Stimme, so wie auch die Frau, die nie sichtbar wird im Film, ihren Mann *und* die Firma betrügt, indem sie das Geld durchbringt, das demonstrativ der Ladenkasse entnommen wird. Ladenkasse und Telefon bilden einen Ort der Komplizenschaft. Als

Matuschek, vom Nervenzusammenbruch erholt, sich seinem Laden nähert, fällt sein erster Blick (Großaufnahme) auf die lebhaft bewegten Umsatzzahlen, die ihm entgegenspringen, so wie er ihnen freudig entgegeneilt. Ihm lacht das Herz im Leibe, das wieder von Glücksgefühlen des Profits durchblutet wird.

So wie Matuschek Gewinn verheißen wird, so droht seinen Angestellten ständig Verlust. Sie sind Opfer ihrer Furcht vor Arbeitslosigkeit. Diese Furcht nährt der Chef gewinnbringend, indem er jedem, der sich gegen seine Despotie wehrt, mit Entlassung droht. Eine Großaufnahme verdeutlicht, was die Verbrämung dieses Interesses mit authentischen Gefühlen wert ist. Wieder einmal will der Chef Verbraucherforschung am Geschmack seiner Angestellten treiben, die ihrerseits nicht mit Geschmack, sondern Taktik reagieren.

»I want your *honest* opinion«, beteuert Matuschek. Das ist ein oft geübtes Ritual. Lubitsch interessiert sich für jene, die es nicht mitmachen. Kaum »hören« dieses Stichwort, das der Chef ausgibt, die Beine von Felix Bressart, machen sie auf dem Absatz kehrt. Eben wollten sie vom Magazin her den Laden über die Wendeltreppe betreten, dann erkennen sie: der Boden ist zu heiß. Die Kommunikation im »Kleinen Laden um die Ecke« ist eine der konditionierten Reflexe, die so aufgelöst werden, daß die Konditionen der Reflexe zum Vorschein kommen.

Je verdinglichter die Beziehungen der Angestellten im geschäftlichen Bereich, desto stärker wird ihre Sehnsucht, die erlittene Verdinglichung durch Romantik – das heißt eine besonders intensive Anstrengung der Gefühle – zu überwinden. James Stewart und Margaret Sullavan korrespondieren, ohne es voneinander zu wissen, über ihre Ansichten zur Schönen Literatur. Je poetischer sie sich in ihren Briefen ausdrücken, als desto menschlicher werden diese wechselseitig empfunden. Auch die Romantik ist nur eine Strategie. Ob nun der Umsatz oder Victor Hugo, beide Seiten binden Gefühle ein und lösen sich erst in dem Augenblick, in dem an die Stelle der Korrespondenz die Kommunikation, an die Stelle der enthobenen Gefühle der prüfende, gar nicht entrückte Blick getreten ist.

Vor dem Happy-End steht die Blickprobe; vor dem Versöhnungskuß und Stewarts systematisch betriebener Desillusionierung der Romantik steht die sinnliche Neugier von Sullavan auf Stewarts Beine. Im Melodram können Blicke töten; in der Komödie beleben sie, was durch die Konvention, den Takt und guten Ton erstarrte. Nämlich das Interesse der fünf Sinne, oder anders gesagt, die Neugier des Menschen für den Menschen, die mit einer sanktionsfreien Schamverletzung beginnen muß, ehe der Zustand der Liebe erkannt werden darf. Deshalb tötet Lächerlichkeit bei Lubitsch niemanden. Alle werden noch gebraucht. Jeder Körper muß zeigen, wie schwer es ist, mit einer Blickverletzung weiterzuleben.

Dies ist eine Komödie um Aufsteiger und um den Irrweg zum Aufstieg. Aus der Verblendung wollen sie sich zu ihren wahren Interessen erheben und stolpern doch weiter dahin, was sie das Glück nennen. Stewart legt den extravaganten Art-Déco-Schlips ab, an dem sich Sullavan reibt, und legt eine dezent gestreifte Wall-Street-Krawatte an. Er wird Geschäftsführer werden. Der Laufbursche, mit allen Wassern der Verstellung gewaschen, wirft sich in Pose, um in die Position zu gelangen, die ihm nach eigenem Anspruch längst zukommt. Er wird Verkäufer werden und sofort den neuen Laufburschen kujonieren: ein bedingter Reflex. Der neue Laufbursche wird vom versöhnten Chef zum üppigen Weihnachtsmahl eingeladen. Was er dankbar als Auszeichnung und seelische Beförderung empfindet, ist für den Chef bloß Trostpflaster seiner Einsamkeit. Jetzt, wo seine Frau des Betrugs überführt ist, kann Matuschek erleichtert seine Gefühle ganz aufs Geschäft ausrichten. Auch das ist ein Aufstieg, der letztmögliche: vom Chef zum Liebenden des eigenen Ladens.

Erwünschtes Unglück

Hitchcock kehrt zurück ins Kino

> »Um sich schauen, das heißt frei leben.
> Das Kino, das das Leben wiedergibt, muß
> also Menschen filmen, die um sich
> schauen.«   *Godard über Hitchcock*

Die Familie Thomas Manns hat kürzlich fünf verschollen geglaubte Novellen des Meisters freigegeben, die, während der Exilzeit entstanden, nur in kleiner Auflage im Stockholmer Verlag Bermann Fischer erschienen und nur wenigen Literaten der älteren Generation noch im Gedächtnis sind.
Das wäre aber eine Sensation! Im Falle Hitchcocks ist es ein Gag, sein letzter, aber nicht sein schlechtester.
Fünf seiner Filme waren kurz nach ihrer ersten Auswertung in den sechziger Jahren gesperrt. Eine Legende entstand, unüberprüfbar. Kenner, die Leute kannten, die jene Filme kannten, überlieferten Erinnerungen, die sie mit niemandem teilen mußten: Phantasmagorien. Künstlerische Vorbehalte hatte Hitchcock selber nicht. Er traf nur Vorsorge, sein Haus zu bestellen. Als er nach DIAL M FOR MURDER (BEI ANRUF MORD) Warner Bros. verließ, um für die Paramount zu produzieren, schloß er besonders günstig ab. Seine künftigen Filme sollten nach Ablauf von acht Jahren, so

schreibt der Hitch-Biograph John Russell Taylor, »uneingeschränkt in seinen Besitz« übergehen.

Das bedeutete nicht nur ein fabelhaftes finanzielles Polster, das war auch das Hollywood so gut wie nie abgepreßte Eingeständnis, einem Regisseur wie einem Autor das Copyright über seine Produkte einzuräumen. Die Industrie hatte einen Autor anerkannt.

Jetzt kann man dessen Werke nicht nur neu lesen (sehen & hören), sondern wie neue Werke lesen. Bisher gab es sie nur auf dem geduldigen Papier, das Filmographien verzeichnet. Jetzt sind die Filme da, Lubitsch würde sagen: »In the flesh.« ROPE (COCKTAIL FÜR EINE LEICHE, 1948), REAR WINDOW (DAS FENSTER ZUM HOF, 1954), THE TROUBLE WITH HARRY (IMMER ÄRGER MIT HARRY, 1956), THE MAN WHO KNEW TOO MUCH (DER MANN, DER ZUVIEL WUSSTE, 1956) und VERTIGO (AUS DEM REICH DER TOTEN, 1958).

In dieser Periode erreichten Hitchcocks Filme noch nicht den Abstraktionsgrad der Gefühle, der PSYCHO oder THE BIRDS auszeichnete. Angst ist hier noch ein konkretes Gefühl, dessen Träger noch ihren Lebensplan in Geschichten verfolgen, ohne ihre Angst zu verabsolutieren. Diese Filme sind alle in Technicolor gedreht. In vieren tritt James Stewart auf, drei hat John Michael Hayes geschrieben, dessen Dialoge das Autorenteam Eric Rohmer und Claude Chabrol als »schneidend, zynisch, ja: gemein« einstufte.

Hitchcock ist ein Klassiker von anhaltender, ja anwachsender Wirkung, insofern die Ausnahme, die keine Retrospektive braucht, weil sein Werk stets gegenwärtig ist, bewundert viel und nie gescholten. Er war Handwerker und Magier, der mit seinen puren Filmen populär war. Er bettete seine unerschöpfliche Erfindungskraft an Formen ein in Stoffe des anerkannten Anstands.

Deshalb wirkten seine Filme oft sehr britisch oder später sehr amerikanisch. Helden der reinsten Arglosigkeit wurden in den schlimmsten Verdacht gestürzt, wobei die Fallhöhe des Extremen interessierte. Das breiteste Cliché war gut genug, um als Rutschbahn in die Avantgarde zu dienen, die der Regisseur in Stil, Schnitt und Montage durchsetzte. Das gelang um die Illusion, Familienkino zu machen, was eine doppelte Gaukelei war, für die Industrie und das Publikum. Damals war die Phantasmagorie auf der Kinokarte gratis eingedruckt.

Sie ritzte die Gefühle der Zuschauer an, ohne sie zu verletzen. Die Schroffheit lag auf anderem, ästhetischem Terrain, das mit jeder Form Schwindelgefühle hervorrief. In diesen Sog gerieten Hitchcock-Menschen wie Herr Jedermann und Fräulein Sowieso, um die man bangte, ob sie gut davonkämen. Bevor sie aber davonkamen, waren sie dran, und Hitchcock ließ sie ungern los.

Er war ein Architekt der Angst. Jeder Gang über einen Korridor war ein

Spießrutenlauf unter tausend Augen, die in den Wänden staken. Mit jeder Ecke wurde der Raum enger. Am Ende winkten Sackgassen, aus denen die braven Hitchcock-Bürger nur schwer beschädigt herausfanden.

In ROPE spielt der erste Teil noch im Inneren der ganzen Wohnung, der zweite nur noch im Wohnzimmer und Flur und der letzte in einer Wohnzimmerecke. Die Schuldigen sind eingekesselt. Man atmet erst auf, als ein Fenster geöffnet wird und die Sirenen der Außenwelt in den Kessel der Schuld eindringen.

In THE MAN WHO KNEW TOO MUCH verfolgt Stewart eine Spur in London, die zur Befreiung seines gekidnappten Sohnes führen soll. Er ist auf falscher Fährte, wie seine Frau instinktiv, aber am anderen Schauplatz vermutet. Stewart, der zielstrebig, strategisch plant, geht irre. Die Straße um ihn entvölkert sich. Plötzlich ist er am hellichten Mittag allein. Hitchcock fegt die Straße leer, damit der Raum sich mit der Emotion anfüllen kann, der Einzelkämpfer auf verlorenem Posten, nur unterstützt vom Zuschauersessel aus.

Stewart muß einen langen Gang in einen Hof gehen. Die Mauern links und rechts dieser nichtendenwollenden Strecke scheinen zusammenzuwachsen wie in einem Kafka-Labyrinth. Ein Trick der Optik drückt alle Dimension aus dem Außenraum. Stewart scheint nun an der Mauer zu kleben, Gefangener der toten Zeit zu werden. Er landet wörtlich wie visuell in den »Klauen des Löwen« bei einem Tierausstopfer, dessen Unschuld ihn in den Augen von Stewart um so verdächtiger macht. Befangen in seiner Panik wird Stewart wie typische Hitchcock-Helden feindselig. Er wünscht sich ins Unglück und zettelt einen Kampf an, den er verlieren muß.

Held des Common Sense

James Stewart ist, hoch aufgeschossen, von schleppender Bewegung, die unkoordinierte Erscheinung mit Bedächtigkeit disziplinierend, ein schüchterner Pionier. Auf den ersten Blick scheint er zurückgeblieben, aber den Eindruck wird er aufholen und am Ende überwinden. Wenn er Bedenken äußert, dann mit mahlendem Kinn, der Mund eine Kesselschmiede für gezogene Vokale, Wörter, die unversehens, linkisch fallen und erst spät an ihren Platz gelangen. James Stewart ist immer ein bißchen am falschen Ort wie einer, der sich schwertut, gleich den strategisch besten Platz zu besetzen. Einer, der aus dem Zweiten Weltkrieg heimkehrt und noch unsicher ist, wie sein Haus zu bestellen sei. Die Wertmaßstäbe haben sich verschoben und er muß stellvertretend dieser Verschiebung nachhinken.

Bei Frank Capra hatte Stewart in den vierziger Jahren noch den provinziellen Patrioten gespielt. Bei Hitchcock wird sein Weltbild asynchron. Dieser Held greift immer ein im Namen des gesunden Menschenverstandes, der sich heftig gegen die Verfeinerung, Verstädterung des Denkens, die Umwertung der guten alten Pioniertage in Urbanität stemmt. Stewart muß eine Anpassungsarbeit leisten als Retter des konservativen Middle America. Das hat seinen Preis.

In REAR WINDOW ist er ein verunglückter Voyeur im Gipsbett. Alles muß sich um ihn drehen, weil er nicht laufen kann. Seine Freundschaft zum Kriminalbeamten ist eine Kameradschaft aus dem Krieg: zwei alte Kämpfer sind in Wahrheit (in ihrer Wahrheit) nie aus dem Cockpit ausgestiegen und betreiben im Frieden der Fünfziger Feindaufklärungsflüge. In ROPE muß Stewart leicht hinken, um eine Kriegsverletzung anzudeuten. Der Schuldaufklärer hier ist ein Veteran, der versucht, sich im Dandyismus seiner Schüler zurechtzufinden. Als Mann, der zuviel wußte, hatte Stewart Schwierigkeiten, seine langen Beine im Orient frei auszustrecken. In VERTIGO wurde er Opfer seiner Höhenangst und mußte vom erlittenen Sturz her ein Hüftkorsett tragen. Stewart, der verspätete Aufklärer des Mittelmaßes, ist verdächtig oft mit einem Handikap geschlagen, so, als wolle Hitchcock im Gebrechen selbst die Asynchronität der sozialen Werte höhnisch vorzeigen.

Am Ende aber müssen die Frauen klein beigeben, von Stewarts Pfadfinderverstand herabgezogen, für den Durchschnitt sozialisiert. In REAR WINDOW führen Stewart und Grace Kelly als die Frau der besseren Kreise, die das Rauhbein liebt, einen Diskurs über die Anpassung nach unten. Das Fenster öffnet sich ja nicht zur Welt, sondern: zum Hof. Daß dieser Hof dann eine »Welt« wird, Welt-Theater, wie Truffaut in einer Kritik erkannte, steht auf einem anderen Blatt.

In THE MAN WHO KNEW TOO MUCH ist Stewart als Landarzt aus Indianapolis mit Doris Day verheiratet, die eine Karriere als Broadway-Sängerin abbrach, seinetwegen. Aber ihre Kunst des vornehmlich lauten Gesangs ist doch gut genug, den gekidnappten Sohn zu befreien. Die so wenig geschätzte Kunstausübung der Hausfrau wird hier erst als Kunst anerkannt im Maße, wie sie sich entsublimiert und als mütterlicher Instinktschrei aufgewertet wird.

Hitchcock, der es liebte, sich in seine Filme als auffällig unauffälliger Passant einzuschmuggeln, ist in diesen als Künstler und Handwerker präsent. In VERTIGO trägt er ein kleines Horn im Futteral durchs Bild, in REAR WINDOW richtet er im Apartment des Komponisten die Kaminuhr. In ROPE ist er unsichtbar und wird im Partygeplauder evoziert. Man spricht über Filme, schwärmt für Cary Grant und Ingrid Bergman, diesem Sowiesofilm von dem Dingsbumsregisseur, na, Sie wissen schon. Der Platz bleibt leer, damit der Zuschauer sich setzen darf. Die Anspielung galt dem Hitchcock-Film NOTORIOUS, der zwei Jahre zuvor entstand. Was notorisch ist, muß verschwiegen werden. So senkt es sich tiefer ein in die Imagination.

Kamera und Schnitt

Die Kamera in ROPE ist in ständig fließender Bewegung. Dazu paßt Farley Grangers pianistische Bemühung um Poulenc, dessen ›Mouvement Perpetuel‹(!) er intoniert. Der fast schnittlose Film soll Realzeit vortäuschen ohne filmische Ellipsen. Dafür wird der Raum in diesem Film fingiert. Einige Gänge inszeniert die Kamera nur für den Zuschauer. Was denn James Stewart gemacht hätte mit der Leiche? Er erzählt es, aber der Bericht bleibt Hypothese wie die Raumerfindung. Hitchcock schickt die Kamera alleine los und setzt alles daran, uns einen Platz in seinem Kino vorzuwärmen.

In REAR WINDOW tritt Grace Kelly das erste Mal wie eine überirdische Erscheinung auf, so schön ist sie, wenn sie mehrfach ansetzt, Stewart zu begrüßen. Aber zwischen ihrem Gesicht, das uns ansieht, und Stewarts Gesicht, das seitlich wartet, passiert ein Achsensprung. Kellys Liebkosung begeht einen vorsätzlichen Seitensprung, sie flirtet mit uns, ehe sie sich auf Stewart einläßt. Das ist die Technik der Komplizenschaft, wie Hitch sie übt.

Unter dem Blick des Zuschauers verwandeln die Dinge ihre Form und Funktion. Der Strick in ROPE ist das Mordwerkzeug. So wird er eingeführt. Er ist aber auch ein gewöhnlicher Haushaltsartikel, den ein Täter in der Küchenschublade verschwinden läßt. Das sieht man in dem scheinbar schnittlosen Film durch zwei innere Schnitte, die sich innerhalb der Einstellung durch die Schwingtür zur Küche ereignen. Ein Objekt des realen Raums wird so zum Schnittkalkül. Der Strick dient dann, zweckentfremdet, dazu, antiquarische Bücher zusammenzubinden, die ein Mörder dem Vater des Ermordeten verkaufen will.

In REAR WINDOW dient der Musterkoffer des mutmaßlichen Mörders einerseits dazu, das zerstückelte Opfer aus der Wohnung zu schaffen, und andererseits, Stewarts Augen den glitzernden Modeschmuck zu präsentieren. Das Blitzgerät des Fotografen wird zur Waffe, die den Mörder, der den hilflosen Fotografen bedroht, blendet.

Am radikalsten ist die Metamorphose der Objekte in VERTIGO vorangetrieben. Aus der Iris eines Auges im Vorspann entwickelt sich eine Spirale, die in der Haartolle von Kim Novak nachgebildet wird, diese selber muß in einer Doppelrolle sich rückverwandeln in die alte Form; Treppenhäuser, auf die irrealisierende Zooms der Kamera fallen, so daß man zusehends mit in den Abgrund fällt; todschöne Farben des Verfalls, eine Lichtdramaturgie des Moribunden; – alle Zeichen dieses Films locken in eine Form der Formen zurück, aus der sich das Werk entfaltete, so daß noch die Inhalte, Handlungen dem Sog, der sie in seine Form reißt, anheimfallen.

Auch die Schuld kennt ihre Formen, ehe der Dialog moralische Urteile trifft. Die Mörder in ROPE stehen zueinander in einem erotischen Abhängigkeitsverhältnis und zudem in einem intellektuellen zu ihrem früheren Philosophieprofessor, der unterdessen Verleger wurde. James Stewart ist der Aufklärer vom Dienst, für den eigentlich das Verbrechen inszeniert wurde. »Was spielen wir hier, Schuld und Sühne?«, fragt ein Täter, anspielend auf die der Tat zugrunde liegende Philosophie des *acte gratuit*, wie ihn Raskolnikov bei Dostojevski beging. Noch bevor sich Stewart von seinen Schülern, dem Tat gewordenen Gedanken lossprechen kann, spricht Hitchcock ihn mitschuldig. Die Kamera zeigt den Denker in einer Achse mit beiden Mördern, die hinter seinem Rücken verschwinden, als kehrten sie unter seine Fittiche zurück. Die Abhängigkeit von Schuld und Sühne wird nicht verbalisiert, aber visualisiert in *einer* Figur.

Nicht jeder, der in teuren Wohnungen Erstausgaben sammelt, mit einem Mann zusammenlebt, der Produkt der Eliteerziehung von Harvard ist, abstrakte Bilder und avantgardistische Musik liebt, muß notwendig zum Mörder werden. Aber die Zeichen in ROPE verdichten sich so, daß diesen homosexuellen Helden Widerstandsschwäche im Geiste vorgehalten wird, die sich virtuell dem Faschismus ergäbe. Man erinnere sich, wie Humphrey Bogart in BIG SLEEP Geigers Antiquariat betritt und nach der Erstausgabe von BEN HUR forscht, dazu die Hutkrempe herunterbiegt und mit verstellter Stimme flötet! Die Signale, die Hollywood zur moralischen Verirrung gab, waren kodifiziert. Hitchcock perpetuierte sie, indem er den Kriegsveteranen Stewart auftreten läßt, der den Mördern moralisch den Marsch bläst.

Das Schauvergnügen wird Komplize der Tat. Wie Sex und Kino zusammenhängen, führen Stewart und Kelly in REAR WINDOW vor. Ihre Recherche ist Aufschub einer erotischen Unternehmung. Das Fenster zum Hof führt ihnen handlungsanweisend ein Schauspiel vor, das sie selber noch nicht nachspielen können, denn der Fotograf liegt in Gips, das ist sein Handikap. Jedes Fenster vor seinen Augen ist ein anderes Signal, erotisch aktiv zu werden, aber er muß mit der Schaulust vorlieb nehmen. Noch Kellys anzügliches Versprechen, als sie ihren Nachtkoffer auspackt, bietet nur Vorlust: »Vorschau auf kommende Attraktionen«, wie sie sagt. Mit diesem Ausspruch wirbt das Kino für sich selbst: Das Paar wird Gefangener des Kinos, ungestraft kommt es nicht davon.

Die Strafe des Voyeurs ist die: der Angeblickte blickt zurück, nämlich in dem Augenblick, als Kelly in der Wohnung des mutmaßlichen Mörders Stewart gegenüber signalisiert, sie habe den Ehering, das Indiz, gefunden. Ihre Geste veröffentlicht ihr Interesse, jetzt muß das Genre sich selbst erfüllen. Stewart nimmt, wie die Autoren Chabrol & Rohmer sagten, ein »gewolltes Verbrechen« wahr, das zwangsläufig vollstreckt, was Stewarts Projektionsbereitschaft in die Tat legte.

Unschuldig: die Leinwand

»Wir sind ein Volk von Spannern geworden«, bemerkt die resolute Krankenschwester, die Stewart pflegt. Aber welches Kino, welches Genre in welchem Fenster der behinderte Fotograf verfolgte, das weiß sie nicht. Die Bilder sind indifferent. Sie werden erst durch die Zwischenschnitte des spannenden, zweifelnden, peinlich berührten Gesichtes von Stewart mit Sinn aufgeladen. Nicht die Wahrnehmung verschwimmt, aber der Sinn. Polyvalenz herrscht vor und Hitch spielt sie meisterhaft durch. Der Zuschauer reimt sich eigene Eindrücke zusammen, weil die Bilder nicht auf Endreime gebaut sind, sondern eine semantisch schweifende Form haben.

Kelly möchte einen Liebesdialog führen. Stewart möchte ihren Verdacht auf die Außenwelt lenken. Die Wörter schwanken in verschiedene Richtungen, das macht ihre Komik aus, denn die divergierenden Interessen werden als Interesse an ihrer Unvereinbarkeit sichtbar. Schließlich gelingt es dem Mann, die Frau auf das schwarze Loch, das Fenster gegenüber, zu weisen. Nur ein roter Punkt glüht darin auf und verlischt. Der Platz, den Hitch hier freiräumt, ist immens. Das Experiment noch größer: denn der Zuschauer muß das Loch mit Imagination aufladen, dessen, was im dunklen Vis-à-Vis sich abspielt. Nur konsequent ist, daß die Wohnung, in der ein Mord sich ereignet haben soll, am Ende geweißt wird. Die Leinwand ist unschuldig. Schon wartet der nächste Film auf sie. Das Fenster zum Hof eröffnete nur ein fragmentiertes Sittenbild quer durch soziale Stände, das selbst nicht moralisierend ausgemalt, aber von Fatalismus zutiefst durchdrungen war.

Der Vorhang hebt sich und ein Spektakel hebt an. Es ist ein Artefakt, keine Scheibe vom Leben selber. Was sich zeigt, ist inszeniert. Hitchcock setzt noch in die Einstellung Blenden ein, die aus verschieden unterteilten Jalousien bestehen. »Jalousie« ist auch ein Wort für »Eifersucht«, die von Ambivalenzen zehrt wie Projektionen. Beide sind nur halb zu schließen, das heißt auch, prinzipiell nicht abzuschließen.

Hitchcocks Kunstgriff besteht in der Einladung an den Zuschauer, seine Filme als Komplize zu betreten, um sie als Eifersüchtiger zu verlassen. Der Kontakt, der geschlossen wird, ist Koketterie mit der Wirklichkeit und ein Flirt mit dem Kunstwerk. Der Zuschauer bleibt, sich drinnen wähnend, draußen. Oder, wie der Phänomenologe Merleau-Ponty es sah: »Durch seinen Körper, der selbst sichtbar ist, in das Sichtbare eingetaucht, eignet sich der Sehende das, was er sieht, nicht an: er nähert sich ihm lediglich durch den Blick.«

III. Der schäbige Traum, das bessere Leben

Der schäbige Traum, das bessere Leben

»La macchina cinema«

Früh schon erfaßte die Theorie, daß beim Film Phantasie und Industrie zusammengehören. Nicht von ungefähr bot sich den Zuschauern ein Erfahrungszusammenhang von Arbeitszeit und Freizeit, den das Kino notwendig reproduzierte. Die Besucherschichten der Frühzeit rekrutierten sich aus dem großstädtischen Proletariat, das an die Fabriken ebenso wie an die Mietskasernen gekettet war. Da Film das erste Massenmedium war, das den industriellen Ursprung seines Kunstcharakters nicht verleugnen mußte, liegt es auf der Hand, daß die Theorie zu jener Zeit den Studio- und Kinobetrieb als *Bilderfabrik* (Riciotto Canudo, 1927) oder als *Phantasie-Maschine* (René Fülöp-Miller, 1931) erfaßt. Durch die reißerische Reportage Ilja Ehrenburgs über die standardisierte Produktionsform im Hollywood-Imperium wurde die Formel *Traumfabrik* (1931) beflügelt. Die Kritik von rechts (Fülöp-Miller) wie die von links (Ehrenburg) hatte sich eingeschossen auf das Ziel, die Produktionsstätten als Verschwörungszentren gegen die Massen zu denunzieren, ohne danach zu fragen, welche Elemente den Traum nach vorne rissen, welche den menschlichen Verhältnissen angemessen oder menschlichen Wünschen legitim seien. Mit dem industriellen Charakter sollte auf den gleichen Schlag der Traumcharakter getroffen werden und ein Wahrscheinlichkeitsrealismus statt dessen die Produktion bestimmen. Einzig Viktor Schklowskij hat seinerzeit diese Scheinalternative aufgelöst, als er den Film als »eine Fabrik der Beziehungen zu den Dingen« (1931) definierte und damit falsche Hierarchien im Begriff von Realismus (Drama, Story, Außen- und Innenwelt) abbaute.

Die rechte Filmkunst hypostasierte Geschichten auf Kosten der Geschichte und die linke Filmkunst die Geschichte auf Kosten der Geschichten. Ernst nahm die Träume keine Seite; nur die Industrialisierung – als technischer Fortschritt verklärt – feierten die Parteien im beidseitig einvernehmlichen Maschinenkult. Entzaubert wurde der Begriff der Traumfabrik erst durch die soziologische Verhaltensstudie, die Hortense Powdermaker ›The Dream Factory‹ (1951), über die Filmkolonie Hollywoods vorlegte. Die Psychoanalyse schließlich, die das Filmmedium schon früh als therapeutische Möglichkeit entdeckte (die Freud-Schüler Sachs und Abraham schrieben das Drehbuch zu GEHEIMNISSE EINER SEELE, 1926), nimmt das Kino heute als ›Die Couch des Armen‹ und als »gigantische Libido-Maschine« (Felix Guattari, 1975) wahr. Es kann nicht länger um die Bestimmung gehen, wie falsch oder richtig die Träume der Massen für ihr Bewußtsein sind, sondern wie sie lebensgeschichtlich in ihre Köpfe kamen. Diesem Ziel ist LA MACCHINA CINEMA näher als jede andere Dokumentation, und zwar als radikalster Dokumentarfilm der letzten Jahre.

Das italienische Filmkollektiv Agosti, Bellocchio, Petraglia und Rulli erklärte in einem Interview: »Das Kino ist eine Maschine, die Waren produziert. Bei diesem Prozeß stößt sie eine große Menge Schlacke aus, in diesem Fall sind es Männer und Frauen aus Fleisch und Blut. (...) Wir haben beschlossen, uns denen zuzuwenden, die aus der Maschine ausgeschlossen worden sind oder es abgelehnt haben, deren Logik und Erpressungen zu akzeptieren.« (›Forum des jungen Films‹, Blatt 17, Berlin 1979). Das Dilemma, wie vom Abstraktum Maschine zu reden sei, wird dadurch gelöst, daß die Maschine zwar nicht zum Reden, aber zur Sprache kommt, indem die Maschinisten von ihr reden. Hinter der Mechanik: Fleisch und Blut; in der Geschichte: die Story von Männern und Frauen; neben der Maschine: die Schlacken; hinter den Bildern: der Ausschuß. Die Blickrichtung des Teams wird mit diesen Worten klar umrissen. Statt der triumphalen Selbstdarstellung aus dem Herzen der Industrie: Rechenschaftsberichte der Arbeitslosen, Verschlissenen, die vom Rand her ins Zentrum blicken. Mit Bitterkeit, mit Liebe, mit Kränkung und Zuneigung, die noch gebrochen gilt. Das Kollektiv präsentiert seine Erfahrungen mit der Libidomaschine Kino: »Der Kino-Mythos drückt in verzerrter Form ein wirkliches Bedürfnis nach menschlichen Erfahrungen aus, einen Wunsch nach konkreter Einheit von Kreativität und Arbeit und negativ, die Unmöglichkeit, eine angemessene und wirkliche freie Entsprechung dieses Wunsches zu finden.«
Die Arbeit des Kollektivs an dieser Fernsehserie in fünf Teilen galt daher der Spurensicherung jener verzerrten Träume derer, die an/in der Traumfabrik arbeiten. Je weniger schön sie scheinen, desto verquerer; aber dem Verquerten, dem Beschädigten ist hier Form und Ausdruck gegeben und damit: angemessene Würde.

Diese Spuren werden auf Umwegen aufgenommen. Die Annäherung erfolgt vom entfernten Standpunkt und geht mal im Zickzack, mal spiralenförmig auf die Maschine Kino zu. Der Titel »Periferie« (Randzonen) des zweiten Teils könnte das methodische Terrain der Serie bezeichnen. Sie eröffnet mit Szenen aus einem Dorf im Mezzogiorno. Ein Superachtfilmfestival, eine Preisverleihung, Vorführung eines prämierten Partisanenfilms, in dem der Jury-Vorsitzende den Produzenten, Regisseur und Darsteller von vier Hauptrollen abgibt. Der antifaschistische Kampf als Räuberhistorie, familiäre Spielfreude an nachgestellten Tragödien. Das Mitmachen garantiert einen größeren Spaß als das sich Wiedererkennen. Ein Dorf spielt Lokalgeschichte, aber was die Produkte an Amateurfilmideologie verraten, ist die Kolonisierung der Köpfe durch die Historiendramen aus Cinecittà: Partisanen-Mythen, Mafia-Epen, mit scheinbar unzulänglichen Mitteln, die aber ausreichen, um die Struktur der Wünsche an das Kino erkennen zu lassen. Ein Nacheifern, kein Nachahmen der industriellen Vorbilder; was diese Filme dennoch entschieden anders macht, ist ihre unvereinbare Produktionsform. Eine Maschine, die im Mezzogiorno keine Waren, sondern nur Wünsche produziert. Denn diese Ware ist unverkäuflich, findet keinen Markt. Wohl aber zirkuliert sie in Form der kollektiven Herstellung sowie der kollektiven Aneignung. Diese Filme vorführen heißt, zu zeigen, daß die Darsteller keine Rollen verkörpern, sondern sich selbst (»Ecco io!«), keine dramaturgische Darbietung, sondern ihre Situation in das Produkt einbringen. Das wirkt so unverhältnismäßig zur gängigen Marktform der Filmindustrie, daß ein nördliches Publikum die Diskrepanz nur als komisch erleben kann. Das Team aber macht sich nie lustig über diese Filmamateure. Es nähert sich dieser Dorfgemeinschaft mit Gelassenheit, Geduld und einer Tendresse, die nur der gemeinsamen Liebe zur Filmarbeit entwachsen kann.

Die Schwenks der Kameras sind allesamt mit Neugier und Bedacht gezogen; auch wenn sie im rechten Winkel zur Amateurkamera stehen, vollziehen sie deren Bewegung einsichtig nach. Sie halten auch nicht inne, wenn die Szene abgebrochen oder durchkreuzt wird. Im Gegenteil, die Kamera läuft weiter, wenn sich nach dem Showdown vor der Kirche Kühe durch das Bildfeld schieben. Eine rigorose mise-en-scène, die die Kontingenz des Alltags aussperrt, erschiene hier als Willkür und Berührungsanst mit der einschließenden Wirklichkeit, die sich ins Bildfeld drängt. Die Schönheit im Dokumentarischen beweist sich in der Regel an dem, was sie außerhalb der ästhetischen Sphäre in den Film eindringen läßt. Dieses Prinzip, Wirklichkeit nicht als Konstruktion am Schneidetisch herzustellen, sondern als permanente Durchdringung zu retten, leitet den Film.

Auch der zweite Teil verweilt in der Provinz. Ein Dorflehrer erinnert sich an sein vielversprechendes Regiedebüt: eine rasant geschnittene Montage aus dem Fußballstadion. Ein anderer Filmausschnitt dokumentiert die sexuelle Unterdrückung der Jugend in den fünfziger Jahren, ein Dorftanz am Sonntagabend auf betoniertem Boden. Dann erbte der Jungregisseur ein schönes Haus und blieb. Immer noch träumt er von einem Spielfilm über sein Sexualleben. Provinz, das ist für ihn die grandiose

Phantasie von Möglichkeiten, der nie entfaltete Traum, den er kurz halten muß, will er dort bleiben. Dieser Teil, der einmontiert die Schnitt-Technik des experimentalfreudigen, begabten Debütanten ausschnittweise vorführt, macht zudem deutlich, inwieweit im Schnitt Erzählweisen aufeinanderstoßen. Die Selbstdarstellung des Lehrers erfaßt das Team zumeist in ruhig durchgedrehten Plansequenzen um Haus und Fluß, während der Filmer sich selbst im Staccato der inszenierten Gesten bewegt, die seine Filme bestimmen.

Die Randzone ist kein Verbannungsort. Sie wird hier bewußt als Überlebenschance gegen die Metropole gewählt. Ein Schauspieler, der der instrumentalisierten Fremdbestimmung entgehen wollte, betreibt einen Stand auf dem dörflichen Markt, verdient gerade genug, um ein verfallenes Kino wieder herzurichten. Die Alternativarbeit, die aus dem Regelkreis des Kommerzfilms ausbricht, beginnt, einen zweiten Verteilerkreis an der Basis aufzubauen. Hier ist das »cinéma parallèle«, wie es die Generalstände des französischen Kinos 1968 forderten; hier arbeitet ein Pionier, den keiner kennt.

Hat man bei uns schon die Provinzverleiher gesehen, die so radikal über die Krise des Kinos nachdenken, ohne der Regierung oder dem Publikum die Schuld zuzuschreiben? Hier feiern sie gemeinsam ein Fest und flechten in ihre wilden Reflexionen über den Niedergang der Industrie Sketches, Gesänge und Rezitationen ein. Ein Revue exzentrischer Gesellen, hinreißende Komiker durch die Bank und allesamt gezeichnet von ununterdrückbarer Ausdruckslust. Wiederum kein Diskurs über Fakten und Zahlen. Kein Kommentar, der Statistiken vom traurigen Rückgang der Besucherzahlen ableitet. Aber Situationen und Bilder, die einen Keil in die Krise klemmen, den keine Rhetorik und Schönfärberei heraustreiben kann.

Von der Peripherie ins Zentrum Cinecittà. Aber ist es, nachdem schon so vitale dezentralisierte Produktionsstätten aufgestöbert wurden, noch das Zentrum? Vielleicht eher eine Tempelstätte, ein Ruinenhof, wo Statisten als Friedensengel keine Botschaften mehr tragen, wie in Niklaus Schillings sarkastischer Elegie über das Filmmachen DIE VERTREIBUNG AUS DEM PARADIES. Hier, anläßlich eines demi-mondänen Festes bietet sich dem Team genügend satirisches Futter, um die Arroganz, den Größenwahn, die Weltfremdheit und Infantilität der römischen Filmkolonie zu geißeln. Da gabelt die Kamera Starlets im Vestibül auf, hört einer abgetakelten Diva zu: »Fellini bat mich, die Mutter Casanovas zu spielen. Ich habe zwei Jahre gewartet.« Vergeblich die Liebesmüh, zu hoch bezahlt die Prostitution, das Zuhältergeschäft, wie J. M. Straub einmal diese Ausbeutung der Hoffnung nannte. Verdiente Filmschaffende sollen prämiert werden und die Kamera schwenkt auf Diener, die Statuetten kistenweise heranschleppen. Jeder erhält hier seinen Oscar, jeder darf sich geliebt fühlen.

Dann die Männer aus der Trickabteilung, die Facharbeiter, die Außenseiter, der Regisseur Marco Ferreri bei Dreharbeiten zu CIAÒ MASCHIO!. Während hektisch eine Szene eingerichtet wird, führt er, die Hände auf dem Rücken, sein Bäuchlein durch die Dekoration spazieren. Er bewegt sich im Studiogelände wie ein mißmutiger General, der beim Manöver kontrolliert, wie blank die Uniformknöpfe seiner Soldaten sind, um dann seinen Ekel über die Maschinerie zu äußern. Cinecittà, ein absurdes Welttheater, ein Riesenspielzeug aus Pappmaché, in dem die gewollte Seriosität der eingefangenen Selbstdarstellung im Grand Guignol verpufft. »Ab und zu bringe ich eine kleine ethische Note hinein!« rechtfertigt ein Action-Regisseur seinen totalen Mangel an Moralität. Das ist für das Team kein Grund, sich der kollektiven Dummheit zu schämen und übermütig zu werden. Wie man bei der Aufnahme im Spiegel sieht, legt noch der Beleuchter, beim Halten der Lampen, den Filmarbeitern seine Fragen vor.

Im vierten Teil ergreifen diejenigen das Wort, für die das Kino »Anstrengung, Kampf, proletarische Wut und manchmal Sieg über den Ausschluß vom Recht auf Kreativität ist«. (›Forumsblatt‹) Das Team trifft eine junge Frau, die sich selbstbewußt auf einer Strandpromenade den Fragen stellt. Es ist aber die Arbeitspause eines Zimmermädchens, das sich nicht länger den Demütigungen der Komparsen aussetzen wollte. Wir sehen einen Filmausschnitt, in dem sie das durch faschistische Ärzte gefolterte Opfer spielt. Spielt? Die Szene ist ein Schock, nicht weil der Film geschmacklos oder im historischen Sinne indiskutabel wäre, sondern weil er den virtuellen Sadismus der Regieanforderungen an Schauspieler auf den Punkt bringt. Die Rolle als Selbstentäußerung, als Prokustesbett, in das ein Mensch gezwungen wird, in dem er zur Hure der Fremdphantasie degradiert wird. Wie tief diese Arbeit Physiognomien auslaugt, bis jeder individuelle Zug unter der Maske des Stars vertuscht ist, zeigen die grausamen Bilder aus Kenneth Angers Buch ›Hollywood-Babylon‹.

Die Filmkolonie als Strafkolonie. Ein junger Schlachter aus dem Süden, der es schon zum Kleindarsteller brachte, definiert Filmarbeit als Zwangsarbeit, das Studio als Gefängnis. Als Arbeitsemigrant kam er hinein, als politischer Hungerkünstler brach er wieder aus. Wir sehen im Filmausschnitt, wie er seine Rolle, sein Schicksal im Film PADRE PADRONE protestierend reflektiert. Dann Umschnitt auf die Hauptfigur Gavino, der zum Abschied aus der sardischen Heimat vom LKW herab auf den Weg pißt. Anschluß: ein behutsamer Schwenk auf ein trübes Rinnsal in der norditalienischen Industrielandschaft, eine Randzone zwischen Stadt und Dorf, wo der Kleindarsteller mit seinen gleichfalls emigrierten Brüdern diskutiert. Wir verfolgen seine politischen Auseinandersetzungen mit seinem Bruder, einem Privatpolizisten, dem er beim Karatetraining zusieht. Am Schluß verliert ihn die Kamera in Bologna auf einer Massendemonstration aus den Augen. Die Titelmelodie der Serie, ein einfaches Akkordeonmotiv, füllt den Bildraum.

Was hat das noch mit Kino zu tun? Relativ: wenig; absolut: viel. Denn diese Filmarbeiter tragen, noch als Aussteiger, im Protest ein Korrektiv zum kollektiven Traum bei. Sie thematisieren ihre Angst vor der Maschine Kino, die sie gewöhnlich an der Pforte von Cinecittà abzugeben hätten. Ihre Radikalität ist nur die Kehrseite der zielgehemmten Liebe zum Kino. »Freedom is just another word for nothing left to lose«, wie Janis Joplin sang.

Im Schlußteil bilanziert das Team »ein Leben für das Kino«, so wie es Daniela Rocca, einst Star in Pietro Germis DIVORZIO ALL'ITALIANA lebte und lebt. Nur verändert: denn kaum war ihre blendende Schönheit ausgebeutet, ihr Förderer verstorben, ließ man sie fallen. Sie trank, wurde von der Filmwelt geschnitten und isoliert. Schließlich schrieb sie Romane, die keiner drucken wollte. Ihre Wiederbegegnung mit einem Filmteam ist keine, an die sie hysterische Hoffnungen knüpft wie die Diva in SUNSET BOULEVARD. Das Team und die Rocca sitzen im Café, und sie als Befragte fragt zurück, stichelt und fordert die Männer heraus. Ein familiärer Diskurs wird etabliert: einst war ich das verwöhnte Kind, jetzt bin ich häßlich und verjagt; nicht ihr seid schuld, aber die bösen Eltern, usw.

Was Hortense Powdermaker in ihrer Gruppenanalyse in der Filmkolonie von Hollywood herausarbeitete, lief auf ein ähnliches Muster hinaus: den Familienmythos, den Filmschaffende als ihre Form der Solidarität gestiftet haben. Der extrem ausgebildete Narzißmus, der sich in der Disponibilität Bahn bricht, wird unter Kollegen wieder eingebunden. Die affektierte Herzlichkeit, die großen Rührungsgesten, die man an den Tag legt, sind nichts als gezügelte Rituale, die Familienbande nach Waffen und Gebrechen abzutasten. Die Gebrechen der Daniela Rocca werden hier ohne Schadenfreude aufgedeckt. Man bemitleidet ihr Schicksal nicht, aber man nimmt Anteil. Man begleitet sie, und so sehen wir sie ein Filmfest der verräterischen Freunde besuchen. Der Jahrmarkt der Eitelkeiten, mit ihren Augen gesehen, wird eine Revue narzißtischer Neurosen.

LA MACCHINA CINEMA endet mit einer Fahrt zur Stätte, an der die Schnittreste zum Recycling in den Reißwolf kommen. Mit dem Tempo und der Blickhöhe eines Arbeiters, der den Karren mit den Filmresten anschiebt, fährt der Dolly durch die Fabrik, bis das Zelluloid, in den Kübel gekippt, sich zu einem Brei auflöst, der wie Scheiße aussieht. Zum Zoom wird extreme Unschärfe hinzugezogen, so daß man im doppelten Sinn von Auflösung sprechen kann. Erstens die dramaturgische Auflösung der Sequenz – die Vision der Krise findet ihre Erfüllung in der Vernichtung und Wiederaufbereitung; und zweitens die materiale Auflösung des Stoffes, aus dem die Träume fabriziert werden, in Nichts. Was hier zerfällt, ist auch der Blick auf den Zerfall, die Wahrnehmung selbst wird zerlegt. Die Maschine Kino ist eingekreist, ihr Räderwerk aufgedeckt. Aber dieser Prozeß vollzog sich nicht im Diskurs der ideologischen Entlarvung, sondern mit den Mitteln der immanenten Durchdringung, deren Theorie die Bilder zur sinnlichen Erkenntnis bringt.

Ein Fall, viele Türen

Bressons »Das Geld«

Eine kleine metallische Tür schnappt automatisch ein. Das Bild ist wieder vollständig schwarz, bis auf die Titel des Vorspanns, der nun abläuft. Straßengeräusche verraten, der Kamerablick ist im Freien, das sich ihm nicht eröffnet, sondern verschließt. Der Ton lenkt die Wahrnehmung auf einen Ort, den wir erst später lokalisieren können. Die erste Einstellung von Bressons neuem Film schlägt das Thema an, dem das Augenmerk gilt: das Öffnen und Schließen von großen und kleinen Räumen, in denen etwas zirkuliert, das Gefühle bindet wie sie löscht: das Geld. Hinter der kleinen metallischen Tür liegt ein Geldautomat, der Kundenschalter einer Bank.

Die gewöhnliche Zirkulation des Geldes zu zeigen, wie es durch verschiedene Hände und soziale Schichten wandert, hatten besonders Experimentalfilmer der 30er Jahre im Sinn. In Karl Freunds Querschnittsfilm ABENTEUER EINES ZEHNMARKSCHEINS (1926) wurde das inflationäre Berlin gestreift, in L'ARGENT (DAS GELD) von Marcel L'Herbier (1928) das Treiben an der Pariser Börse. Beide Filme hielten den rasanten Ortswechsel im Schnitt schon für analog der Bewegung des Geldes selber. Das war ihr gleichsam neusachliches Interesse.

Für Bresson hängt am Geld, wer immer es berührt, Schuld und Schamlosigkeit. Die Geschichte, die er hier erzählt, ist eine jenseits psychologischer Wahrscheinlichkeit. Es ist ein radikaler Versuch, klassenspezifisch die Zirkulation des Geldes festzumachen, die nicht neutralisiert, sondern polarisiert. Um es vorwegzunehmen: die Schamlosigkeit der Bürger büßt der zunächst schuldlose Arbeiter mit Schuld. Die moralische Bewegung, die Bresson dem Film einspeist, mündet in tiefster Fatalität. Auch für die Jungen gibt es keinen Freispruch.

Das Geld, abstrakt genommen, ist keine Geschichte wert. Die Prüfung moralischer Wasserzeichen ist das Ziel dieser lakonischen, schmucklosen und doch sehr spannenden Untersuchung. »Abenteuer eines falschen Fünfhundert-Franc-Scheins« könnte dieser Film nicht heißen. Er gibt nur vor, dessen Irrwege konsequent zu verfolgen. Er verfehlt sie selber.

Ein Gymnasiast aus gutbürgerlichem Haus betritt das Büro seines Vaters. Es sei der Monatserste. Der Vater gibt seinem Sohn Taschengeld. Nicht genug, dessen Schulden zu bezahlen. So hilft ein Schulfreund aus mit Falschgeld, das die Schüler in einem Fotoladen weitergeben, dessen Inhaber es einem jungen Fahrer einer Ölfirma andreht, der es im Café nicht einlösen kann. Polizei, Gericht, Entlassung. Jetzt steht der Fahrer, Yvon Targe ist sein Name, mit seiner kleinen Familie da, arbeitslos. Die Komplicentour bei einem Bankraub wird ihm vermasselt. Er wandert hinter Schloß und Riegel.

Bresson hat in allen seinen Filmen das Gefängnis als zentrale Metapher der schuldlosen Verstrickung in Schuld gewählt. Denn das Gefängnis ist der Ort, wo Menschen aus dem sozialen Verkehr gezogen sind. Dort kommen Bressons Figuren zu sich selbst. Der Name des Protagonisten in diesem Film bedeutet soviel wie »Riegel«. Er, sagt die ihm verliehene Metapher, schließt die Türen, die sich ihm öffnen, mit selbstbestimmter Fatalität.

Der Unschuldige wird unausweichlich zum Täter. Er beichtet gleichermaßen erst mit seiner Tat. Danach gilt er als Krimineller, vorher aber galt er gar nichts mehr. Targe, von aller Welt verlassen, findet eine soziale Rolle wieder, die ihm abhanden kam. Er gesteht alle von ihm begangenen Morde. So kann er von der Welt wieder angenommen werden. Arbeitslos wird er nicht mehr sein.

Bresson gibt ihm eine Parallelfigur bei, den jungen Angestellten des Fotoladens, wo die gutbürgerliche Schuld von schmuckbehängten Händen zierlich mit Schmiergeld bereinigt wird. Lucien, der Angestellte, der Farge ins Unglück durch Berechnung riß, beginnt seine moralische Laufbahn mit einem kriminellen Akt. Danach erst will er sühnen, indem er die aus Geldautomaten geraubten Mittel an Mittellose verteilt. Das sind zwei Wege der Revolte: der eine Mann lehnt sich auf gegen die Schuld, der andere unterwirft sich ihr, grundlos.

Die Bilder und Töne dieses Films moralisieren nicht. Sie erzählen ihre Geschichte in klassischer Exposition, Engführung und Ende auf sehr kühle und schnelle Weise. Es gibt in den Sequenzen keine Entwicklung, kein Mittelstück, keine Rückblenden, nur ein Vorwärtsdrängen. Bresson schafft eine atemberaubende Zeitraffung, indem er bloß den Angelpunkt einer Episode zeigt, an dem sie der nächsten angeschlossen wird. Targe wird zu drei Jahren Freiheitsentzug verurteilt. An der Tür des Gerichtssaals warten stumm seine Frau, seine kleine Tochter. Die Türen sind nicht verschlossen, aber der Kamerawinkel ist so steil gewählt, daß Türen sich perspektivisch schließen. Eine halb geöffnete Tür in diesem Film wirkt schon fast wie ein innerer Schnitt im Bild.

Vom Gerichtssaal schneidet Bresson zur Tür eines Gefangenentransporters im Innenhof des Gefängnisses. Targe betritt das Reich der ständig verschlossenen Türen, die nur durch Lichtstreifen an der Schwelle und Schritte im Hof den Raum »abbilden«, der dahinterliegt. Das Dazwischen fehlt, der Umweg, das Planlose. Bressons Figuren stolpern von einer Bestimmung in die andere. »Die Welt wird enger mit jedem Tag«, sagte bei Kafka eine Maus zur Katze. »Du mußt nur die Laufrichtung ändern«, antwortete die Katze und fraß sie.

Diesen Spielraum gibt es bei Bresson nicht mehr. Mit jedem Film macht er die Welt, wie er sie sieht, enger. Auch Innenräume werden nicht mehr ganz gezeigt, Figuren an der Schulter, an den Knien abgeschnitten. Der Blick der Kamera ruht auf den Türklinken und auf den Händen derer, die sie niederdrücken. Das zeigt nicht nur die Handelnden als Gefangene, das sperrt außerdem noch den Blick des Betrachters ein. Oft wird ihm nur ein Spaltbreit auf das Geschehen gegönnt, als sitze er im Panzer, als müsse er auf dem Schauplatz der Leinwand tastend manövrieren.

Die Keuschheit der sparsamen Gesten, die Zartheit der Zuwendung von Targe zu einer älteren Frau, der er Haselnüsse pflückt, und die hier allen Gesichtern eingeschriebene Scham, sich durch einen individuellen Ausdruck preiszugeben, verstärken nur die Wucht der Vorherbestimmung, die über dem Film lastet.

Die einzige Rettung, die auch nur für Augenblicke gilt, um dann im nächsten Bild als fromme Illusion entlarvt zu werden, bilden die intensivierten Wahrnehmungen auf das Detail. Bresson fragmentiert in seinem Blick die Dinge. Das Ganze auf der Leinwand sei das Unwahre. Um so verhängnisvoller »schön« erscheinen dann Details, die immer wieder im Bild den Zusammenhang des Ganzen repräsentieren. Die Gewalt, die davon ausgeht, ist eine ästhetische. Wenn Targe die Schöpfkelle, die er gegen einen Gefängniswärter erhob, fallen läßt und die Kamera den Weg des klirrenden Objekts verfolgt, dann blitzt die Schöpfkelle wie eine Himmelswaffe auf.

Die Moral des Films ist es, zeigt Bresson, eine Moral der Bilder und Töne zu haben. Hier sind sie so klar zu sehen und so hell zu hören, daß sie dem Zuschauer/-Hörer eine Ahnung von lauterer Wahrnehmung vermitteln. Geld stinkt nicht, gut; aber der Blick aufs Wasserzeichen schärft die Augen.

Dekonstruktion

»Moses und Aron« von Straub / Huillet

Weil ein Schönberg-Jahr zu feiern ist, braucht das Fernsehen einen Schönberg-Film. Weil der Film von Straub ist, wandert er ins Dritte Programm. Weil ein Bibel-Stoff behandelt ist, wird die Sendung auf Ostern terminiert. Alles paßt. Nun zerreißt eine Widmung dies sorgsam geknüpfte Legitimationsnetz. Da taucht im Vorspann handschriftlich der Titel auf: »Für Holger Meins. J. M. S. und D. H.« Unverkennbar ist die persönliche Reverenz der Filmautoren an den toten Freund und Kollegen. Meins war Kameramann, ehe er sich der RAF anschloß. Straubs Filme in der Untersuchungshaft zu sehen, war ihm verwehrt. Gesehen hat diese Widmung nur das Publikum der Uraufführung in Rotterdam und, mehr vom Hörensagen als vom Augenschein, die Programmdirektoren der ARD. Einstimmig befanden sie, den Namen des Toten zu tilgen. Die Widmung, sagen sie, könne als politische Demonstration mißverstanden werden.

Immerhin ist das Verständnis für eine Demonstration so weit entwickelt, daß man den Demonstranten vorm Mißverständnis schützen will. Und zwar durch die taktvolle Maßnahme, ihn gleich durch Demonstrationsverbot mundtot zu machen. In wessen Namen darf der Name eines Toten, der juristisch ohne Urteil gestorben ist, eigentlich nicht mehr genannt sein? Die Programmdirektoren untersagen die Nennung und demonstrieren damit selbst unmißverständlich ihr Interesse, die herrschende Tendenzwende nur zu verschärfen. Was die Spruchkammer versäumte, holt eine öffentlich-rechtliche Anstalt willfährig nach. Der Häftling Meins wird posthum verurteilt und zudem in die Anonymität exiliert. Straub erklärte auf der Pressekonferenz zu diesem beispiellosen Eingriff: »Wenn es nicht möglich ist, einem Freund, der tot ist und der ein Mensch war und nicht das Monstrum, das man einzig in ihm sehen soll, einen Film zu widmen, dann bestehen wir darauf, daß auch unsere Namen als Autoren des Films aus dem Vorspann entfernt werden.« Das Fernsehen hat diesem Verlangen, befremdet zwar, doch einsichtig, entsprochen. Der Kader, der den für Produktionsleitung, Schnitt und Regie Verantwortlichen gilt, ist geschnitten. Der Film kennt keinen Macher, nur noch seinen Sender. Um einen Vorschlag Brechts zu variieren: Wäre es da nicht besser, der Sender löste sich auf und suchte ein anderes Publikum?

Ist die Sprengkraft dieses Zweisekunden-Kaders damit entschärft? Wird das Vergnügen einer Opern-Verfilmung der klassischen Moderne an Ostern ungetrübt sein? Ich glaube nicht. Die Radikalität steckt nicht in einem Transparent, das man zerreißen kann. Sie ist längst Teil von Straubs ästhetischer Materie. Wollte man diesen Film vorm intendierten

Mißverständnis bewahren, müßte der Sender radikal genug sein, bei Schönbergs Musik den Ton abzudrehen und die Bilder von Straubs Film zu löschen. So bleibt die Sendung des Films, beschnitten, doch nicht entstellt, ein kulturelles Alibi. Es besteht allerdings ein Zusammenhang zwischen Widmung und Werk, der nicht von außen aufgeklebt ist. Er besteht zum einen in Straubs konsequenter Handhabung filmischer Mittel, also auf der Ebene der Werkentfaltung seit der CHRONIK DER ANNA MAGDALENA BACH, seit OTHON und GESCHICHTSUNTERRICHT. Zum anderen wird der Zusammenhang im Werk MOSES UND ARON selbst auf drei Ebenen verklammert: 1. des biblischen Stoffes, 2. der Entstehungszeit von Schönbergs Oper und 3. der Produktion des Films.

Auf stofflicher Ebene geht es im biblischen Bericht um nichts anderes, als an Moses und Aron den Streit zweier politisch divergenter Ansichten einer Verfassung zu demonstrieren. Wer soll das Volk führen? Führt der Weg ins Land, »worinnen Milch und Honig fleußt«, oder in die Wüste Sinai? Welchem Prinzip folgt das Volk, den Gesetzestafeln oder dem Goldenen Kalb? Zur Entstehungszeit der Oper, 1932, griff Schönberg diesen Stoff musikalisch auf, um an ihm exemplarisch eine Handlungsanleitung zu demonstrieren. Denn die Zeit der falschen Verheißungen zog auf. Der Faschismus kündigte sich als pervertierte Utopie der Versöhnung an. 1974 erkannte Straub die Aktualität des Stoffes, d. h., er ließ zu diesem Zeitpunkt in der Realisierung erkennen, was im Stoff angelegt war. Sein Film stellt sich der akuten Lage. In dieser Lage beschwören Unions-Politiker die Katastrophen um das Goldene Kalb, konkurrieren um die bessere Verfassungstreue, um ihre Gesetzestafeln durchzusetzen. Auch die FSK will MOSES UND ARON erst nach Tilgung von Meins' Namen freigeben. Mit der Begründung, daß in ihm ein offensichtlicher Gegner der freiheitlich-demokratischen Grundordnung verherrlicht werde. Es wäre an der Zeit, daß sich die FSK näher mit Aron befaßt. Wie stand es denn um dessen Unbedenklichkeit?

Resultat der Untersuchung ist, daß der Konflikt um die politische Führung, das Urteil über gangbare Wege, sie durchzusetzen, aus dem Film nicht herauszulösen ist. Denn die Handhabung der ästhetischen Mittel dient eben dazu, den Konflikt des Stoffs der Materie unauslöschlich einzutreiben. So wie der Inhalt Kritik der herrschenden Zustände ist, ist seine Artikulationsform Kritik des herrschenden Ausdrucks jener Zustände. Und die besteht bei Straub in der »systematischen *Dekonstruktion* gängiger Formen des filmischen Ausdrucks«. (Martin Walsh).

In diesem Begriff der Dekonstruktion eingeschliffener Wahrnehmungsformen, in deren Zerfall schon die Anleitung zur neuen Konstruktion liegt, liegt die Radikalität der ästhetischen Technik beschlossen. Dieses Verfahren bleibt nicht folgenlos. Es entstammt nämlich einer armen, minimalen Ästhetik, die in jeder Form bedenkt, wieviel Phantasie – den

Wahrnehmungsverhältnissen der Zuschauer entsprechend – sie einsetzen kann. Die Konsequenz heißt: Beschränkung der ästhetischen Ressourcen. »Meine Filme werden immer unfilmischer werden«, erklärte Straub, »weil die Filme, die man zu sehen bekommt, immer filmischer werden.« Dem Oppositionsprinzip in der Organisation seiner Filme entspricht eine Dialektik der Struktur, die sich erst durch Reduktion der Mittel materiell entfalten kann. Dieses Verfahren der Dekonstruktion versuche ich anhand einiger Einstellungen aus MOSES UND ARON zu beschreiben.

Der Film eröffnet mit einer Einstellung auf Moses. Die Kamera, in erhöhter Perspektive, hält ihn in der Rückansicht fest, nimmt über seiner Schulter die Blickrichtung zum Volk auf, ohne sie zu verfolgen. Solange Moses zu singen hat, steht die Kamera und richtet sich, von allem, was im Bild zu sehen ist, auf die Worte, die zu hören sind. So tritt nach gewisser Zeit der Ton ins Bild. Noch eine geflüsterte Antwort des Chors ist von strahlender Klarheit. Der in den Studios der ORF vorproduzierte Orchesterteppich ist glänzend mit dem Originalton des Schauplatzes gemischt. Während in üblichen Filmen die Musik, unterlegt, auf die Dramaturgie des Bildes einstimmt, besteht die Dekonstruktion in dieser Einstellung darin, die Wahrnehmung vom Bild auf den Ton zu lenken, und zwar noch ohne unser Auge in einem Kamerawirbel mitzureißen. Nach einem Schnitt hebt die Kamera vom Amphitheater in Alba Fucense ab. Sehr gemessen vollführt sie einen Rundschwenk, der den Blick spiralenförmig aus der Arena in die Landschaft, die Abruzzeser Berge, in den Himmel schraubt. In der Dauer, die dem neuen Schauplatz zugemessen wird, malt die Kamera kein Stimmungsbild, sondern erfaßt die Landschaft, die sich in Gürtel aus Licht und Farben zerteilt, analytisch. Ähnlich der Einstellung auf die Baumwipfel in OTHON herrscht die Natur für einen Augenblick, in dem als Gegenbild aber noch die Auseinandersetzung zwischen Moses und dem Volk haftet. Der Kader ist zwar menschenleer, vibriert aber noch von Spuren des vorigen Bilds. Als Moses und Aron zusammen, aber nicht vereint, vor das Volk treten, zeigt dies die Kamera in leichter Aufsicht, die Figuren angeschnitten. Die Bildführung rückt langsam zu den Stationen des Schauplatzes vor. Die Sprünge zwischen den Stationen entstehen dabei nicht aus der Erwägung, das Erzählte zu raffen. Die Dekonstruktion verweigert sich dem Kunstgriff der Ellipse und setzt an ihre Leerstelle einen Ort der Reflexion. Und das heißt, daß in dieser Situation die Kamera nicht über Moses und Aron herfällt und sie in entfesselter Bewegung einkreist. Das wäre das filmische Mittel gängigster Art, das durch die Gegend wirbelt, um möglichst viele Schauplätze raffgierig aufzulesen. Hier zeigt die Kamera, was zu zeigen ist, dann, wenn die Notwendigkeit es gebietet. Ein Schwenk von 180°, das ist eine Bewegung von 180° Moral, sagt Rossellini. Straub ist, neben Dreyer, der einzige Filmmacher, der diesen moralischen Rigorismus teilt. Zwei Fahrten werden, um 180°, jetzt um Moses und Aron vollzogen, sehr langsam hin und zurück zum Ausgangspunkt. Beide Sänger bleiben stets im Bild. Sie werden weder im Schuß-Gegenschuß erledigt, noch drängt das Volk in Zwischenschnitten ein. Denn das Volk ist präsent in der kollektiven Ansicht, die abwägt, wer im Streit der Argumente überzeugt: Moses oder Aron? Also nimmt die Kamera die Wahrnehmung des Volkes auf, das vor den beiden steht und keinen aus dem Auge verliert, selbst wenn sich der Winkel ändert.

Die drei Verwandlungen, Moses' Beweis der göttlichen Zeichen, werden bei Straub nicht durch Überblendungen oder gar Tricks vollzogen, sondern als vollzogen ins Bild gesetzt: Der Stab ist die Schlange, das Wasser ist das Blut, das Blut ist der Fluß. Die filmische Konvention stellte dies als synthetisch her, was Straub erst in der Materialität entfaltet. Der Vorgang des Zeigens wird zerlegt in sein Zeichen, in sein Bedeutetes, ohne jetzt filmische, pseudomagische Wirkung zu tun. Die Schnitte zwischen den Einstellungen sind derart auf die Dramaturgie der Musik hin rhythmisiert, daß die Schönbergs Musik innewohnende Bewegung sichtbar aus ihr heraustritt. Das ist deutlich, wenn synchron zum musikalischen Crescendo ein visuelles Crescendo aufgebaut wird wie in der 30. Einstellung, in der bei Assuan und Luxor die Steigerung des Wasserlaufs zum Nilstrom erfolgt.

Wie eingangs die Dekonstruktion des gewohnten Sinns die Sinne vom Bild auf den Ton hinlenkte, und zwar durch die minutenlang gehaltene Einstellung, erfährt dies Mittel jetzt eine Radikalisierung im Material selbst. Der Chor singt: »Wo ist er?«, und im Bild ist Schwarzfilm eingeschnitten. Die Dekonstruktion des Filmischen scheint vollkommen. Aus ihr jedoch ersteht eine neue Konstruktion. Konventionellerweise stünde nun das Volk/der Chor im Off. Da aber das Bild selbst gelöscht im Off ist, muß folgerichtig der Ton im On erklingen. Ähnlich bei der Stelle, als Aron das Volk auffordert: »Bringt das Gold herbei!« und Straub Weißfilm einlegt. An den Perepetien des illusionistischen Kinos setzt gewöhnlich die Musik aus, daß wir den Atem anhalten. Straub dekonstruiert dies Prinzip, indem er das Bild ausschaltet, um die Musik zu zeigen. Nie läuft Schönbergs Komposition neben dem Bild. Sie füllt in Wahrheit das Bild, die Menschen zeigt Straub neben ihr. Entsprechend hält die Kamera auf Distanz, tabuisiert die Großaufnahme des Gesichts und macht den Blick nur nah an Händen, die mit Objekten hantieren, fest.

Wo im herkömmlichen Kino ein gerissener Schwenk uns gierig macht auf das, was da Neues im Bildfeld nachrückt, vermißt man bei Straubs Filmen traurig das, was durch einen reflektiert gezogenen Schwenk aus dem Kader schwindet. Die Gegenläufigkeit, wie man die Dekonstruktion als dynamischen Begriff auch fassen könnte, bietet der blinden Bewegung Einhalt, um die Augen für den Rahmen der Bewegung zu öffnen. Die Befremdung, die uns im scheinbar Vertrauten trifft, hat Hartmut Bitomsky anhand des OTHON so erklärt: »So viel Respekt sind wir nicht gewohnt, so wenig Willkür wird fast schon als unerträglich empfunden. Wir beginnen, in dem befremdlichen Zusammenhang der Dinge unsere eigene Ungeduld zu sehen.«

Erste Person Singular die Kamera

»Die Hunde vom Sinai« von Straub/Huillet

Die Filmemacher Straub/Huillet betrachten diesen Film, nach der EINLEITUNG ZU ARNOLD SCHÖNBERGS BEGLEITMUSIK ZU EINER LICHTSPIELSCENE und MOSES UND ARON als den dritten Teil ihrer anhaltenden »Reflektion über die hebräische Frage«. Wurde die Trilogie eröffnet mit einem kritischen Diskurs über eine Kultfigur moderner Kunst, getragen vom breiten Mittelstück über den Widerspruch von Bild und Wort – dem Diskurs über das jüdische Abbildungsverbot –, findet sie jetzt ihren Abschluß im Diskurs über unsere Stellungnahme zum modernen Judentum. Die Hauptfigur in HUNDE VON SINAI ist Franco Fortini, ein italienischer Professor, der über die politischen Reaktionen der westlichen Welt auf den Ausgang des Sechs-Tage-Krieges von 1967 nachdenkt. In einem Brief an Straub beschrieb Fortini seine Rolle wie folgt: »Sie ist (oder wird sein) ein fast sechzigjähriger Intellektueller, mit allen Klassenmerkmalen und allen historischen Narben, die ein europäischer und italienischer und halbjüdischer Intellektueller hat, der zwischen 1930 und 1970 gelebt hat; mit seinem Marxismus und auch mit seinem Nicht-Kommunismus, bzw. mit seinem › Von-Vorher‹-Sein: dem Zeitalter Brechts näher, von demjenigen Schönbergs weiter entfernt, aber jedenfalls nicht sehr von heute, jedoch mit einiger Hoffnung, posthum von morgen zu sein.«
Zweierlei wird aus dieser Darstellung deutlich: erstens die undogmatische Selbstkritik, zweitens der Verzicht auf Repräsentanz. Der Analytiker stellt seinen Gedanken vor, um neben ihm zurückzutreten. Dieser Intellektuelle spricht nicht nur von Klassenmerkmalen, sondern auch von seinen Narben, verläßt sich nicht auf den Marxismus, sondern stellt seinen Nicht-Kommunismus in Rechnung. Er ist ein Mensch, der den Zweifel an sich selbst produktiv macht, indem er zu keinem Augenblick die Gleichzeitigkeit der fortschrittlichen Impulse gegen rückschrittliche Energie in seinem Kopf verdrängt. Es ist für mich kein Zufall, daß dieser Geist sich einem Phänotyp annähert, der »Bloch auf italienisch« heißen

könnte. Politischer Scharfsinn, Poetik des Gedankens, Rigorosität einer verantwortlichen Moral sind die Qualitäten, die in seinem Lager, einsam, beieinander stehen.

Im Titel seines Buches von Straubs Film hat Fortini eine Redensart fingiert, um das überwältigende Einverständnis mit dem israelischen Sieg von 1967 zu geißeln: »Die Hunde des Sinai sind die Italiener, die dorthin gerannt sind, um die Sieger zu bejubeln, während jetzt der Film eine weitergefaßte Bedeutung hat von denen, die Diener des Imperialismus sind, oder Diener der Sieger.« Kernthese von Fortini ist, daß die weltweit publizierte Solidarität mit Israel nichts anderes ist als der Philosemitismus der Antisemiten, oder anders gesagt: die ersehnte Taufe der Rassisten. Den historischen Antisemitismus sieht Fortini in einer Phase der Verkümmerung, während der akute Antisemitismus auftaucht in der Form des »Hasses auf das Anderssein«. 1967 war der Jude »nicht wiederverwendbar«, während die Energie des Vorurteils sich auf den armen, analphabetischen, kurz »unterentwickelten« Araber entladen konnte.

Diese Haltung wäre gewiß nicht nur an der italienischen Bourgeoisie zu geißeln, trifft sie doch auf die Bundesrepublik weitaus stärker zu. Jedem wird noch der Siegestaumel der Springerpresse im Ohr sein, die Zementierung einer Einhelligkeit, die nur bei Strafe der Isolation von Öffentlichkeit, also stumm zu durchbrechen war. Spätestens seit dem Massaker von München herrscht eine Art undurchschaubares Denkverbot, das Palästinenserproblem als Folge eines Eroberungskrieges zu diskutieren. Dies ist nicht Fortinis zentrales Problem. Er schaut als Marxist, Halbjude und Italiener auf die Araber: »Israels Krieg entfesselte in den neuen italienischen Kleinbürgern den Willen, auf der guten Seite zu sein, sich zu befreien von der faschistischen Schuld, auf den Araber zu entladen den Haß, aufgestaut gegen die Generation der Väter.« Das Trauma der Kinder der Faschisten, von der Geschichte verdammt, auf der falschen Seite zu stehen, wird scheinbar überwunden durch die zielverschobene Identifikation mit dem Sieger. Daß diese Schuldverschreibung genau den Scheck der Väter kassiert: – nur der Sieger hat sich vor der Geschichte ausgewiesen –, ist eine schmerzliche Erkenntnis, die Fortini am eigenen Schicksal, seinem Antifaschismus, seinem Kampf mit dem Vater vorführt. Fortinis Diskurs ist ein gewaltiger, nie gewaltsamer Kampf gegen das kurze Gedächtnis, ist eine Erkundung in seine Familiengeschichte, ist ein schonungsloses Vermessen aller jener Kreise, zwischen denen er lebte: den Juden, den Akademikern, den Waldensern, den Faschisten in Florenz, den Emigranten in der Schweiz. Was kann Straubs Film davon abbilden?

Vom stärksten Eindruck: Fortini als Analytiker, der vom Repräsentanten zum Zeugen wird, war eingangs schon die Rede. Er tritt aus seinem Buch hervor, liest seinen eigenen Text, den die Straubs ausgewählt, verdichtet haben. Nicht mehr der Text wird das Medium, sondern er selbst, indem er physisch für ihn eintritt. Der Film macht aus Fortini kein Opfer, sondern einen Betroffenen, der die Mühen der Recherche vorträgt. Er spricht sachlich, von sich absehend, fast wie ein Lehrer, der seiner Klasse Geschichtsunterricht erteilt. Er zerlegt den Text nicht in fremdartige Sinnblöcke, gegen den Strich gelesen, wie Günter Peter Straschek im Film EINLEITUNG mit Schönbergs Brief verfuhr. Bei Fortini gewinnt das Vorlesen eine öffentliche Funktion zurück, und zwar die des Erzählers, die dem Film vom Epos, von der Architektur her: nämlich Publikum um sich zu sammeln, historisch zugewachsen war. Um seine Stimme können sich wißbegierige Zuschauer versammeln. Im Maße, wie Fortini von sich als Person absieht, nähert die Kamera sich ihm. Nicht, um an den Ort der Neugier nachzurücken, sondern um die Balance zu erhalten, die erforderlich ist, wenn eine Person von sich in dritter Person berichtet. 1. Person Singular wird an diesem Punkt Straubs Kamera, die abbildet, was Fortini nicht mehr sagen kann.

So rückt die Kamera allmählich von der Fixierung auf das Buch ab, erfaßt Fortinis Hände, gleitet auf Steine am Wegrand, kehrt zum Lesenden zurück und verharrt auf ihm, bis die Sonne sich in seinem Rücken wendet. Erkenntlich wird die Zeitspanne, in der Fortinis Stimme als zentrales Medium fungiert, am Schatten, der vom Profil des Gesichtes, seitenverkehrt, sich auf seinem Hemd abbildet. Oder: eine alte Jüdin gibt Brocken der Erinnerung an den Terror frei, und lange nach ihrem Verstummen verharrt die Kamera auf der Zeugin, bis schmerzhaft laute Glockenschläge ihrem Verstummen Sprache geben. Bei der Erinnerung an das Massaker, das deutsche Truppen unter Partisanen im Marzobotto anrichteten, kommt auch Fortini ins Stocken. Die Kamera entdeckt die Gedächtnistafel inmitten des Ortes, vollführt zerdehnte Panoramaschwenks über dem Dorfplatz, über den umgebenden Bergen. Nichts weiter als der O-Ton bricht in den leeren Ort ein. Uns wird die Stimme Fortinis, dem wir doch wie einem Reiseleiter vertrauten, entzogen. Ein Sog geht aus von dieser Bewegung, als kreiste die Landschaft die Kamera ein, als hätte das Dorf den Zuschauer zur Zeugenschaft bestellt.

Spricht Fortini von seinen familiären, quälenden Erfahrungen mit Faschisten, Juden, Akademikern, bleibt die Kamera fixiert auf das Stadtbild von Florenz: sei es die Panorama-Sicht von der Piazzale Michelangelo oder das Gewimmel auf der Via dei Servi am Dom. Fortinis Geschichte ist ein Stück Florentiner Geschichte, das Bild saugt seine Determination aus seinem Wort. Das gelingt nur vermittels der durchgehaltenen Anstrengung, die Ökonomie von Bild- und Tonparameter zu bedenken, in der unsere Aufmerksamkeit sinnvoll geweckt und nicht sinnlos zerrieben wird. Gegen Ende gibt es eine Einstellung, die Fortini im Profil auf dem Balkon vor Bergen der Insel Elba zeigt. Erst hier gehen Stimme und Bild eine täuschende Bindung ein, der Lesende scheint draußen zu sein, die Berge scheinen vermeintlich vor ihm zu liegen. Endlich reiben wir uns nicht mehr am Entzug der Bilder auf Kosten des Textes, werden wir nicht länger überrannt vom Text auf Kosten der Bilder.

Dieser Film ist in seiner Rigorosität ein Schritt hinter die sinnliche Opulenz von MOSES UND ARON, in Richtung auf das alte Problem aus OTHON: Was können wir verstehen, wenn wir nur Bruchstücke verstehen? Straubs Bilder werden immer karger, weil es ihn und Danièle Huillet stärker als zuvor zu Texten treibt, die nach diesem Film nur jenseits der Abbildbarkeit liegen können. Ihnen droht die gleiche Gefahr wie dem legendären chinesischen Maler, der die Materialität seines Bildes so konkret erfahren wollte, daß er hineinspazierte und in ihm verschwand.

Tafelbild für die Commune

»Jede Revolution ist ein Würfelwurf« von Straub/Huillet

Dieser Film hat keine Handlung. Er fabriziert seine Handlung aus Bildern, einem tönenden Text und Untertiteln. Wer sie liest, tauscht ihren Sinn in Klang, wer ihn hört, tauscht seinen Klang gegen Bilder. Dieser Film erzählt ein Gedicht und kein Drama. Er zitiert ein fremdes Gedicht, ohne es zu illustrieren. Dieser Film will, im Gegensatz zu so vielen Filmen, nicht mit seinem Drehbuch, seiner Vorlage identisch werden. Er will bloß ein Film sein. Das macht ihn so unverschämt. Er ist kurz, er ist arm, aber er bettelt nicht. Er behauptet nicht wie jene Kunst, die man armselig nennen könnte, einen Glanz von innen. »Was wir versuchen, sind Filme«, sagten Straub und Huillet, »wo man verstehen kann, was passiert, auch wenn man diesen Code nicht kennt.«

Was dieser Film sei, ist am ehesten in den Fragen aufzulösen: Was passiert, was kann man verstehen, worin besteht der Code?

Der Titel des Films erscheint als Insert. Er ist ein Zitat und nennt seinen Urheber. Ihm folgt eine handgeschriebene Widmung der Filmemacher an verschiedene Leute. Die Namen tun, jedenfalls vorläufig, zur Sache der Bilder nichts.

Baumwipfel gegen den Himmel, die Kamera in extremer Untersicht. Eine Totale und ein Bildausschnitt zugleich auf eine Kastanie, durch deren Blätter der Wind fährt. Sattsehen kann man sich daran nicht, denn nach dieser fest kadrierten Einstellung erfolgt ein Panoramaschwenk nach rechts, der die Wipfel zunächst entschwinden läßt. Dann tritt der blanke Himmel ins Bild. Das ist ein Punkt, der die Sinne täuscht. Ein Baumbild wie von Magritte gemalt, mit einer Tür in der Rinde, die den Betrachter in den Tagtraum einläßt. Himmel einerseits, andererseits ein Weißfeld, wie es die Straubs in ihren Filmen als Zäsur einblenden an jenen Stellen, wo eine Überfülle der Objekte die Einstellung zu beherrschen scheint. Material und Natur, Belichtetes und Unbelichtetes verschmelzen hier und lösen sich in dem behutsam gleitenden Schwenk wieder auf, der sodann wieder auf einem Kastanienwipfel hält. Noch immer im Zuge der ununterbrochenen Plansequenz taucht die Kamera nun in einem Vertikalschwenk an diesem Baum ab. Warum?

Im Hintergrund zeichnet sich der Hof eines Mietshauses ab. Die Kamera streift eine Mauer, von Efeu überwuchert, kaum ist die verwitterte Inschrift lesbar: »le mur des fédérés«, die Mauer der Föderierten. Sie steht da, wofür sagt nicht das Bild, sondern der deutsche Untertitel. Die Mauer der erschossenen Kommunarden. Ich ergänze: vom Mai 1871. Pariser Norden, 20. Arrondissement.

Noch immer ist die Einstellung nicht unterbrochen, schwenkt die Kamera bis zum Boden ab, wo der Stamm der Kastanie im Erdreich verschwindet. Das ist, bildhaft und nicht bildlich gesprochen, eine Bewegung bis zu den Wurzeln, die auch dort nicht innehält, nach links gleitend einen Fußweg aufnimmt, das Tempo der Bewegung jetzt mal beschleunigt, mal verzögert, dem Weg ein Stück nachgeht und schließlich wieder aufwärts schwenkt zu einem kleinen Hügel.

Neun Leute sitzen hier im Halbkreis. Sie tragen bunte Kleider und behaupten sich im satten Grün als sehr verschieden voneinander. Sie rezitieren ein Gedicht, und die Art und Weise, wie sie dies tun, ist als Methode im Schriftbild des Abspanns benannt. Sie sind (»ré-)citants«, was man übersetzen könnte mit dem Wort, sie wiederholen ein Gedicht, indem sie es wieder holen. Sie befinden sich zu dieser kollektiven Anstrengung auf einem öffentlichen Platz, dem Friedhof Père Lachaise.

Unter den Rezitierenden erkenne ich deutsche Filmkritiker und Filmemacher; die anderen sind, vermute ich, französische Kulturarbeiter. Alles Freunde und Komplizen der Straubs.

Eine Frau trägt den Löwenanteil an der Rezitation. Sie versucht, die Klangstruktur des Gedichts plastisch zu entfalten, euphonische Momente dabei nicht verschenkend. Es klingt so fremd, aber wiederum auch schön. Zwischen diese wohltemperierten und gezügelten Rezitationsblöcke, hörbar von einer Französin gesprochen, platzen zwei Männer mit einem harten Akzent. Vorzugsweise mit den Interjektionen »mais« oder »quand« oder der Wendung »si« oder »comme si«. Das fällt wie ein Hemmschuh in den Fluß der Bewegung. Diese Männer werden als einzige frontal von der Kamera erfaßt, während die Frau im Profil kadriert wird.

Später habe ich das Gedicht gelesen und am Schriftbild gesehen, daß jene Blockaden, mit denen die Männer in den Text hineinplatzen, in Versalien gesetzte Stockungen im Text des Dichters sind. Die Frau, die hier liest, ist Danièle Huillet, die Männer sind Helmut Färber und Manfred Blank.

Selten signalisiert die Körperhaltung der dort auf dem Rasen Versammelten eine Öffnung auf den Zuschauer hin. Ihre Blicke scheinen meditativ, in den Text, vielmehr: in das Klangbild des Textes versunken. Die Arme bleiben verschränkt, unter das Knie geklammert und eng den Schenkeln angepreßt. Keine Spur von Entspannung, sommerlicher Frische. Färber ist die Anstrengung ins Gesicht geschrieben. Seine Stirn wirft Falten, bevor er mit dem Anfang des Gedichts, »Un coup«, explodiert.

Jeder nimmt hier eine strenge Haltung ein, keiner nimmt sie an. Sie zeigen gemeinsam etwas vor, aber sie verschenken es nicht. Ihr Gestus scheint zu sagen: Wir zeigen euch etwas, was euer Auge wohl erfaßt, euer Ohr aber so bald nicht begreift. Ein Zeugnis der Erstarrung, der Versteinerung ist der Preis dafür, sich auf Gräbern niederzulassen. Die Toten leben noch, in unserer Nähe.

Zum Schluß des Films eine Panoramaeinstellung über die Stadt, die sehr lange stehen bleibt. Nachdem man glaubt, die Zeit stünde still, sei hier im Gedenken an die Toten zum Tafelbild erstarrt, fliegt eine Schwalbe durch das Bild. Unten am Horizont ist eine Mauer zu sehen, links alte Häuser, rechts Neubauten. Milde brodelnder Verkehrslärm, der aus der Schüssel an den Rand der Stadt gelangt. Jetzt ist das Bild kein Panorama mehr, sondern ein Tableau Parisien.

Vor dem technischen Abspann, der die Mitwirkenden nennt, eine alte sepiagetönte Fotografie. Ein Mann blickt uns, en face, ins Gesicht. Ein Plaid wärmt seine Schultern. Er sitzt an einem Tisch und schreibt. Das ist ein Bild von Stéphane Mallarmé. Er hat 1914 ein Gedicht ›Un coup de dés‹ geschrieben, das in diesem Film rezitiert wird.

Im Vorwort zu diesem Gedicht schrieb er: »Tout se passe, par raccourci, en hypothèse; on évite le récit.« Das heißt: Alles spielt sich in der Abbreviatur, als Hypothese ab. Vom Erzählen rückt man ab. Das ist sein poetisches Manifest und ein poetologisches Programm. Abbreviatur zielt auf die Verdichtung, auf den flüchtigen Verweis, die Hypothese auf die Welt als Möglichkeitsform, und der Verzicht auf das Erzählen ist die normensprengende Kraft, mit der Baudelaire die Ästhetik des 19. Jahrhunderts – die in der deutschen Filmästhetik heute noch herrscht (ich kürze hier ab: Realismus als Berliner Klappstulle) – zum Alteisen warf.

Das, was Mallarmé in seinem Vorwort sagt, darf auch als Programm und Manifest der Straubs gelten. Daher sei hier an die zweite Frage aus dem Eingang der Kritik erinnert: Was kann man verstehen? Und schließlich, was hat dieser Film mit dem Code der Straubs zu tun? Bei dem Baumbild habe ich mich an den Kurzfilm DER BRÄUTIGAM, DIE KOMÖDIANTIN UND

DER ZUHÄLTER (1968) erinnert, der damit schließt, daß die Komödiantin gegen das Rauschen des Regens und gegen die Bewegung des Baums im Wind ein Liebesgedicht spricht. Als hier die Kamera den Baum bis auf die Wurzeln abschwenkt, habe ich mich an den Film OTHON (1969) erinnert, in dem die Kamera auf dem römischen Hügel mit einem langsamen Zoom auf eine Höhle im Baum zielt, die einst den Antifaschisten als Waffenversteck diente.

Als ich dem stockenden Sprechen der Rezitierenden mit fremden, gemischten Akzenten lauschte, habe ich mich an den Straub-Film EINLEITUNG ZU ARNOLD SCHOENBERGS BEGLEITMUSIK ZU EINER LICHTSPIELSCENE (1972) erinnert, in dem G. P. Straschek, stoßend skandiert, einen Brief von Schoenberg liest. Aber als ich die verstockte Haltung der Lesenden auf dem Friedhof Père Lachaise sah, die in der Nähe der Toten selber zu Statuen erstarren, habe ich lieber an den Film GESCHICHTSUNTERRICHT (1972) gedacht. Dort herrschte das Statuarische als ironischer Gestus, der immer wieder von Ambivalenz durchtrieben wurde. Die scheint in diesem Film TOUTE REVOLUTION EST UN COUP DE DÉS verflogen. Der Titel selber ist Zitat, das sich an ein anderes knüpft. Es geht auf Jules Michelet zurück, den liberalen Historiker und Verfasser einer Geschichte der Französischen Revolution, der drei Jahre nach Niederschlagung der Commune verstarb.

»Die Tage der Commune, das war die größte Niederlage seit den Bauernkriegen und die größte Niederlage vor der Abschlachtung der Spartakisten. Wir haben schon längst an einen Film über die Pariser Commune gedacht«, sagte Straub in einem Interview. In seinem Film EINLEITUNG . . . war ein Stehkader von Fotos erschossener Kommunarden, in Särgen aufgebahrt, zu sehen. »Und wenn auch alle gemordet, / Die kühn für die Freiheit gekämpft – / Man hat doch die Sehnsucht nach Freiheit / Im Herzen des Volks nicht gedämpft«, besang Max Kegel in einem wenig bekannten deutschen Zeugnis 1872 das Martyrium der Kommunarden und damit: die Idee, die sie wachhält.

Der Titel des Films verknüpft eine Aussage eines politisch tätigen Historikers mit einem ästhetischen Manifest. Drei historische Wendepunkte: 1789, 1871 und 1914 sind ihm eingeschrieben. Aber, von welchem Standpunkt aus? Drückt dieser Titel, über die Äquivokation von politischer und ästhetischer Revolution, nicht Fatalismus aus? Besagt er nicht eine Absage an die selbst geschichtsmächtig gewordene Überzeugung, die Geschichte entfalte sich gemäß einem dem Fortschritt sich annähernden Weltplan?

Darauf keine eindeutige Antwort zu wissen, ist einem Film, der diese Fragen aufwirft, vor denen so viele Filme Augen und Nasen verschließen, nicht anzulasten. Unzweideutig daran ist, daß er Mallarmé näher steht als Marx, eine Radikalisierung der kinematographischen Mittel für zwingender hält als jene, die sich mit Inhalten und Handlung bescheidet. Um die tiefgreifende Wahlverwandtschaft zu Mallarmé nicht als bloßes Manifest zu behaupten, möchte ich hier einen Hinweis von Hugo Friedrich zum Spätstil Mallarmés zitieren: »Der charakteristische Spätstil Mallarmés [vermag] mit seinem Sprechen in fluktuierenden Konnotationen, mit seinen vielfach elliptischen Sätzen, seiner verwinkelten Syntax, mit seinen ironisch schillernden Preziositäten eine suggestive Wirkung auszuüben. Ein solcher Stil will Schutz gegen den Ursprünglichkeitsschwund der Sprache sein.«

Übersetzt auf das Filmwerk der Straubs hieße das: einen Schutz gegen den vernutzten Kinocode zu schaffen, die Waffen der Kritik zu schärfen, wo die Anstrengung, Kunst zu produzieren, mühsamer wird. Kein Rückzug ins bloß Suggestive, sondern Selbstbeschränkung auf die Freunde, die ein gleiches Ziel vor Augen haben. Der Film ist Frans van Staak, Jean Narboni, Jacques Rivette gewidmet. Und einigen anderen. Das nächste Filmprojekt der Straubs gilt einem Brief, von Engels an Marx.

IV. Deutsche Schatten

Inflationsmuseum

Ingmar Bergmans »Das Schlangenei«

Je stärker ein Künstler in anderen Köpfen denkt und aus der Fremderfahrung schöpft, desto realistischer wird sein Werk. Jean Renoir ist ein Beispiel. Je stärker einer hingegen aus der eigenen Erfahrung schöpft, bis sie zur Neige geht, desto unrealistischer muß sein Werk werden. Für diesen Prozeß der Auszehrung, die im Verschwinden der Substanz Kontinuität vortäuscht, gibt Ingmar Bergman ein Beispiel. Sein Werkstoff ist die Angst, die er von Anbeginn entfaltet. Das waren Kunstwelten, synthetische Zwischenzonen, die Einkapselung in Innenräume. Der Fatalismus, der noch DAS SCHLANGENEI beherrscht, war immer Bergmans Schauplatz, dessen Bilder unter einem Sinnzwang des Symbolismus stehen. Darin drückt sich auch Angst vor Körperlichkeit, vor Konkretion des Bildes aus, das, als banal verworfen, nur ontologisch, im Dienste »eigentlicher« Sinngebung zu retten ist. Verborgenes Motiv dieser Haltung ist Bergmans protestantische Selbstzerknirschung, die unseren Handlungsradius klein hält, um die Kräfte der Fremdbestimmung zu ermächtigen. Dies ist die Nahtstelle, an der das Kapital sein Stoffinteresse an Bergmans Phantasie bekundet. DAS SCHLANGENEI schreibt sich thematisch in das Genre ein, das die herrschende Sehnsucht nach Angst und Gewalt bedient.

Die Produzenten haben nicht nur in einen Namen der Regie und Stars investiert, sie griffen hier ein Thema auf: Inflation, Arbeitslosigkeit, aufkommenden Faschismus, Berlin und seine wilden Jahre, dessen Faszinationskraft seit CABARET ungebrochen anhält. Von Bergman wurde erwartet, was kein deutscher Regisseur und Autor leistete, den epischen Großfilm zur deutschen Geschichte zu drehen. Filme zur Weimarer Republik gab es nur wenige in den fünfziger Jahren, die im Heldenbild, ob Thälmann oder Stresemann, kulminierten. Mit dem SCHLANGENEI sollte endlich die deutsche Saga entstehen, die es in der Mythenbildung aufnimmt mit VOM WINDE VERWEHT. Das Produktionsbudget von rund 9 Millionen DM, bislang nur von Hartwigs STEINER-Produktion übertroffen, wurde zu rund 4 Millionen DM von Dino de Laurentiis, zu rund 3 Millionen DM von Horst Wendlandt (Rialto Film/Tobis) aufgebracht. Über das Rahmenabkommen stieg das ZDF mit der exorbitanten Summe von 1 Million DM ein. Die FFA bewilligte immerhin 700000 DM, soviel wie einem deutschen Regisseur nie zufloß. Ende Oktober startete der Film mit vierzig Kopien. Hat sich der Aufwand für den Film gelohnt? Oder dient der hohe Subventionsetat vielleicht als Kronzeuge für die insgeheime Kongruenz des Gremienkinos mit der Filmwirtschaft? Es ist der Verdacht nicht abzuweisen, daß man kulturpolitisch die Einvernahme Bergmans feiern wollte, ohne das Eigenrisiko der privatwirtschaftlichen Produzenten zu entmutigen. Was Bergman bei seinem Einzug in die Bavaria-Studios erhielt, war kaum noch Förderung. Das war Kotau.

Berlin, 3.–11. November 1923: Das Reich wird von einer schweren Existenzkrise geschüttelt. Die Inflation markiert den Verfall der Währung, den Zerfall der Werte. Am Rhein: Separatismus, französische Besetzung, Ruhrkampf. In Sachsen und Thüringen: Volksfrontregierung. In Bayern: Partikularismus in Richtung monarchistischer Freistaat. Am 9. November putscht Hitler in München. Schon am 16. November scheint der Spuk vorbei. Die Rentenmark wird ausgegeben. Der Aufschwung stabilisiert sich zur Scheinblüte. Der amerikanische Artist Abel Rosenberg (David Carradine) findet seinen Bruder Max erschossen in einer Pension auf, Selbstmord. Die Trapeznummer wird abgesagt, der Zirkus zieht weiter, man bleibt als Strandgut hängen. Aus Depression ergibt sich Abel einem Dauerdelirium, in dem er durch die Straßen torkelt. In diesem Zustand ist man aber kein sehr genauer Zeuge der Zeitläufte mehr. Dennoch nutzt Bergman diesen hereingeschneiten Außenseiter als Medium, in dem sich die wirren Ereignisse einer Inflationswoche gleichsam brechen sollen.

Ereignen tut sich nicht viel. Rosenberg zieht mit seiner Schwägerin Manuela (Liv Ullmann) zusammen, die ihre kümmerliche Existenz als Diseuse in einem Tingeltangel fristet. Wie alle geht sie keinem Beruf nach; jeder schlägt sich auf krummen Touren durch, gebrochen, depressiv und schwindsüchtig. Was an Energie verbleibt, wird durch die pure Bewegung im Elend verzehrt. Kein Gedanke an Organisation, Abwehr und Widerstand, kein Schimmer von Münzenbergs I. A. H. (Internationale Arbeiterhilfe), nur dumpfe Lethargie allerorten. Da wird es jenen leicht gemacht, die sich die Schwäche der Menschen aneignen. Bergman erfindet sich dazu einen Dr. Vergerus (Heinz Bennent), einen dämonischen Arzt, der als Verhaltensforscher an Menschen experimentiert. Die Inflation verschafft ihm Kandidaten, die willenlos und hungrig sind. Auch Rosenberg und Manuela geraten in seine Verfügungsgewalt, der sie in letzter Minute, beschädigt, entkommen.

Bergman greift ein Kapitel deutscher Geschichte auf, in dem die junge Republik schon wieder durch Antisemitismus und weißen Terror einer Agonie erliegt, die erst zehn Jahre später, 1933, ihr Ende findet. Ein historisches Kapitel, in dem die Peripetien nur so purzeln, aber ins Leere auslaufen, weil die Regie keine Erzählerperspektive als die der Kontingenz einnimmt. Abel schlendert wie geistesabwesend durch die Szenerie; nichts berührt ihn wirklich, nur manchmal verdichten sich Ängste, die er tobsüchtig nach außen kehrt. Bergman entfesselt ein Pandämonium der Ängste, die von den Figuren im Film nicht begriffen und von vielen im Publikum geteilt werden. Sie sind so existentiell beschworen, daß sie ungeschichtlich übertragbar und geschichtsleer werden. Der Film verfällt jener Angst, die auch die Analyse lähmt. Anstatt eine Fallstudie zum Individual- oder Kollektivverhalten anzulegen, die zeigen könnte (wie Bertoluccis NOVECENTO, 1. Teil), welche psychischen Energien mit welchen physischen Bedingungen zusammentreffen müssen, um sich in einer faschistischen Aktion zu bündeln, dupliziert der Film die Dumpfheit des sozialen Klimas, das nirgends sich artikuliert und doch greifbar scheint.

Hier ist der Punkt, wo der Film ein Zeitgefühl historisierend aufgreift und durch eine ungeheuer aufwendige Ausstattung gleichsam auf Hochglanz bringt. Die Bauten der Berliner Straßenwelt sind bestechend echt in der Bavaria nachgefertigt, der Fuhrpark, die Pflastersteine, die verborgenen Lämpchen in den Straßenbahnen, die Kaschemmen, all das reibt uns den Schauwert von Authentizität ein, die bei Tag besehen zerfällt zu Maßarbeit. DAS SCHLANGENEI lädt ein zu einem Gang durchs Inflationsmuseum. »Eine Gesellschaft muß schon reich sein, um ein Wort über die Armut verlieren zu können.« (Hartmut Bitomsky, ›Die Röte des Rots von Technicolor‹) Bergmans Verfahren der Duplizität zielt nicht nur auf Verdoppelung, sondern auch auf Täuschung. Das Klima der kollektiven Hoffnungslosigkeit und Dekadenz, der die Faschisten im Handstreich den Garaus machten, wird hier beschworen. Bezeichnenderweise erklärte Hitler beim Novembermarsch auf die Feldherrnhalle als erste Aufgabe seiner Regierung: in das »Sündenbabel Berlin« zu ziehen, um »das deutsche Volk zu retten«. Die Nostalgieprodukte der 70er Jahre reproduzieren aber schwelgerisch genau jene Dekadenzabwehr mit dem Alibi, die Abwehrarbeit der Faschisten (hier zerschlägt ein SA-Trupp das Cabaret) zu denunzieren. Das heißt, die Bilder taugen nur dazu, bekannte Bilder zu evozieren, deren zeitgenössischem Sinn sich der Film dann anbequemt. Ob augenzwinkernd oder zynisch, gemogelt ist dieser Gestus allemal; in dem Maße, wie er Filmgeschichte plündert, erspart er sich die Arbeit, einen eigenen Standpunkt einzunehmen, der sich nicht parasitär den Vorbildern anschließt. Abel Rosenberg schaut frühmorgens aus dem Fenster: hinaus auf die Schlangen der Wartenden vorm Bäckerladen – das läßt an Pabsts FREUDLOSE GASSE denken, der aber den explosiven Konflikt dieser Szene nicht abschneidet. Liv Ullmann tritt als Diseuse im Cabaret »Der Blaue Esel«(!) auf, überdies im gleichen Kostüm wie Lola Lola, wenn die Dietrich den »Liebling der Säsong« besingt. Der Kriminalbeamte Bauer (Gert Fröbe) fragt nach dem Ermittlungsstand der sieben Mordfälle und will Kommissar Lohmann hinzuziehen – eine Figur, die Fritz Lang gleich zweimal, in M wie im TESTAMENT DES DR. MABUSE, als Hüter der republikanischen Ordnung einsetzte. Dr. Vergerus schließlich ist ein Homunculus aus der Familie des Caligari und der Mabuses. Bergman läßt Bennent diese Inkarnation des Größenwahns mit allen expressionistischen Ausdrucksmitteln chargieren, so daß man diese einzig reale Bedrohung im Film nur als Kinofigur, die sich unglaubwürdig macht, wahrnimmt. Das bleibt, wenn auch mit allen Wassern modernster Kameratechnologie gewaschen, Expressionismus, über dessen Dilettantismus der Darstellung Mokanz geboten ist – um von Edith Heerdegens angestrengtem Grusel als Frau Holle (!) nicht zu reden. Wenn Bergman also die Authentizität an historischen Reverenzen beschwört, verfällt er jener Katastrophenlust, die er zu bannen vorgibt – da verbinden ihn mit dem deutschen Werk von Lang mehr als Oberflächenindizien.

Die Kamera reibt uns mit jedem Schwenk ein, daß sie sich auf einen Kinoschauplatz richtet: ob sie diagonal durchs Cabaret fährt, mit dem Kran in einen Hinterhof eintaucht, im Zoom auf Aktenstöße und Gesichter der Verstörung zuschnellt – immer schneidet sie die Dimensionen des Raumes ab, der nie ganz sichtbar wird. Noch der Blick auf die Angst hat Scheuklappen aufgesetzt, damit nur kein eigener Standpunkt aufkommt. Bergmans Bilder haben selber vor den Massen Angst; nicht sie, sondern die Fuhrwerke bevölkern die Straßen.

Den Anfängen wehren, im SCHLANGENEI das faschistische Reptil erkennen, in den verbrecherischen Versuchen die KZ-Medizin erahnen, in der Gewaltphilosophie die instrumentelle Vernunft ausmachen. D'accord, aber dieser Film ist wie sein Titel nur eine Metapher für den hilflosen Antifaschismus, der einst die »braune Flut«, die »Barbarei« usw. beschwor. Daß der Faschismus keine Naturkatastrophe, sondern eine Gewalt bestimmter sozialer Agenturen war, um deren rücksichtsloses Überleben abzusichern, ist allerdings eine Erkenntnis derer, die der Film ausklammert, ja als Träger kollektiver Leiderfahrung abschreibt. Der Faschismus, an seinem Ursprung aufgesucht, darf seine ontologische Qualität behaupten. So ist Bergmans SCHLANGENEI nur der Vollstrecker selbst ontologischer Kritik am Faschismus. »Eine Insektenwelt steht vor der Tür und wird eines Tages über unser hochindividualisiertes Dasein hereinbrechen. Im übrigen bin ich ein ordentlicher Sozialdemokrat.« (›Bergman über Bergman‹, München 1976) Was ist der Zusammenhang von Angst und Ordnung?

Katastrophen unter der Normaluhr

Deutsche Filmkomödien 1929–1933

Das Verbrechersyndikat jagt einen Kindermörder und nutzt die Bettler als Spione. Die halten die Hand am Puls der Straße, und was sie ihr abjagen, bringen sie an ihrer Börse ein. »Butterstullen lustlos! Schwarzer Freitag für Braten!«, heißen die Parolen, über die der Zuschauer in Fritz Langs rasantem Kriminalfilm M (1931), der ihm Angst einflößte, lachen konnte. Das war der Gipfel des Zynismus und, in der schärfsten Krise der Weltwirtschaft, gelungener Galgenhumor. Die realistischen Reflexe jener Krise wurden in die ernsten Filme abgedrängt. In den Komödien durfte es um so ungenierter – als Traumkorrektur der Wirklichkeit – zugehen.

Da wurde der Abgrund, mit Silberlamé ausgeschlagen, flott übertanzt, da wurden die besorgten Gesichter der Arbeitslosigkeit mit Art Déco überschminkt, da wurden eckige Körper in glänzende Flächen gepreßt. Das Heer der Angestellten – die Arbeitermassen, deren Einzelschicksal noch das Interesse des Stummfilms galt, wurden gar nicht wahrgenommen – wie durch Schönmacherberufe gequält, ein Dienstleistungsbataillon wird da auf Trab gebracht, und wenn es eine Maniküre ist, die ihren Kellner kriegt, so scheint Frieden in die soziale Unrast einzukehren. Mit Schlagfertigkeit und Tempo müssen diese matten Kleinbürger den Katastrophenkampf in den Metropolen überleben. Nur nie zu spät zur Stelle sein, sei es am Arbeitsplatz oder zum Rendezvous, ist die Devise, die ihre Anhänger unter Zeitzwang stellt, der unerbittlich mit dem Gespenst der Austauschbarkeit droht.

Dieses Schicksal bedroht Käthe von Nagy und Willy Fritsch in Ludwig Bergers Komödie ICH BEI TAG UND DU BEI NACHT (1932) aber nicht wirklich, denn die anzügliche Pointe, nach der ein Liebespaar längst im selben Bett schläft und doch nie zusammen – der Arbeitsrhythmus funkt dazwischen –, wird schließlich als Glück legalisiert. Was sich pikant gibt, ist so adrett wie aseptisch, und Orgelpunkt dieser absehbaren Versöhnung sind die Comedian Harmonists. Kaum gibt es Sprechenderes für ihre Musik, die häufig in diesen Filmen figuriert, als diesen Namen der virtuosen Gefälligkeit, in der die Musiker ihre Stimmen wie Instrumente führten.

Hier weht der Wind schon schärfer als in den Lilian-Harvey-Vehikeln, wo das Glück mit den Wimpern herbeigeklimpert wurde. Hier sieht man hastende Passanten als Schattenrisse auf Fabrikmauern, als schnellen Glanz im Schaufenster, als mechanisierte Masken im Arbeitskampf. Der spielt hektisch in die Gefühle hinein. Daher die unglaublichen Umschwünge in der Dramaturgie, das rasante Tempo, das zwischen Kennenlernen, Zerwürfnis, Prüfung und Liebe angeschlagen wird. Schwindelerregend – wie eine Eisenbahnfahrt in die Pionierzeit der deutschen Komödie, die später und ab 1933 rapide zum Monumentalfilm kleinlich gefesselter Gefühle verfiel.

Die Frauen dieser Filme sind nicht auf den Kopf gefallen, wenn sie einen Mann begehren. Ihr Eroberungsverhalten mag durch das Kino konditioniert sein, aber sie boxen sich den eigenen Weg zum traumhaft leichten Aufstieg, der für sie Flucht aus der Arbeitswelt bedeutet. »Viele Liebhaber? Viele ist doch nicht schlimm. Schlimm ist: immer nur einer«, so äußert sich die Promiskuität – das einzige Fließband, deren Laufzeit die Angestellten selbst bestimmen können. Wenn diese Dialoge schnippisch sind, dann schnappt in ihnen die Beschädigung nach, die den Figuren durch ihre Arbeit angetan wurde.

Die Maniküre und ihr Kellner verpassen sich beständig: unter der Normaluhr. Wie viele Großaufnahmen fliegender Zeiger, wie dramatisiert die verrinnende Zeit, läßt sich an den Depressionskomödien ablesen. In Bergers Film ist zudem eine Parodie auf den Revuefilm jener Jahre eingewoben, die am Schluß sich als vorgetanzte Erfüllung des schäbigen Tagtraums erweist; also noch, was Parodie schien, einwattiert. Der Film, der die Vorstellung vom Leben der Kinogänger prägt, mündet in eben dies Leben ein, und hinter der Normaluhr leuchtet die Reklameraute des Ufa-Markenzeichens auf.

Was uns heute in diese Streifen, in denen ein gleißendes Weiß völlig über Schwarzwerte dominiert, so leicht verführt hineinspazieren läßt, ist die Flüssigkeit der Bewegungen, mit der die Kamera den Blick ins Leben wirft, mit der ein unsichtbarer Schnitt, was schroff an sozialen Räumen sich gegenübersteht, einebnet und der Ton, der allerorten erklingt, noch ehe der Zuschauer eintrifft, die Atmosphäre gleichmacht. Die Entfesselung der Kamera, die Entwicklung des frühen Tonfilms diente ja in den wenigsten Fällen zur experimentellen Aneignung an sich disparater Wirklichkeit. Die Bilder, die längst das Laufen lernten, werden hier auf den dämpfenden Teppich der Kulissen gelegt, wo auch der Darsteller, der einen Angestelltenschritt vollführen soll, behend abfedert. Friedel Behn-Grund – nach dem Krieg Staudtes Mann – führte in Bergers Film die Kamera so quick über jeden Schauplatz wie Günther Krampf (der auch in KUHLE WAMPE und in Hitchcocks Propagandafilmen die Kamera führen sollte) in Fritz Kortners Film DER BRAVE SÜNDER, 1931.

Hier spielt Max Pallenberg einen zerquälten Bürotyrannen, gegen den sich der junge Heinz Rühmann, dem man derlei anarchische Kräfte am Anfang seiner Laufbahn nie zugetraut hätte, mit trockener Kälte und schamloser List zur Wehr setzt. In welcher Form die verschiedenen Realitätsfetzen in einem Kopf Platz finden, ohne in eine Ordnung zurückzufallen, demonstriert der komische Koloß Pallenberg, dessen Sprachfigur die abgebrochene Rede ist, die visuell entsprechend seine Körpersprache nachbildet. Pallenberg schäumt vor Katastrophenlust, denn sein Bankdirektor defraudierte, und er, der Angestellte, der nicht nur Geld, sondern Moral kassiert, will retten, was zu retten ist. Mit Rühmann bricht er auf, und ihr Weg in die Lebewelt von Wien ist eine Alptraumallee moralischer Fallen. Überall, wo sich das Geld verflüssigt, klebt Sinnlichkeit an ihm, und die Komödien, um die Moral der Empörten zu prüfen, beleuchten gern den Punkt, wo ein Schein am Zeigefinger hängenbleibt. Anarchisch mit sichtlichem Reichtum, der ihnen nicht gehört, umzugehen, gehört aber zu einer Zeit, die im deutschen Film Sexualität nur zaghaft duldet, zum einzigen Vergnügen, das die Komiker sich leisten können. Darin sind die Depressionskomödien kein Ausnahmefall, eher der hellste Punkt in dem Zusammenhang, in dem das Geld mit Komik steht.

DER BRAVE SÜNDER ist ein Beispiel dafür, daß der Traum, über die Stränge zu schlagen, nicht gleich im Keim erstickt, in unerhörten Bildern entfaltet werden darf. Ob Pallenberg nun mit einer schwarzen Sängerin – *und* seiner Geldtasche –, tanzt Rühmann beglückt um den Hals fällt, in kindischer Regression versackt mit einem Schwan badet – immer greift eine Geste dieser Bewegungen so daneben, daß der Zuschauer sich angefaßt fühlt. Die Szene, in der die beiden Ehrenretter deutscher Bankmoral den Steckbrief ihres getürmten Direktors im Revier vorlesen, ist eine erstklassige Regieleistung. Wie Pallenberg und Rühmann Schrift in Bewegung auflösen und dabei das Wort als Fremdkörper des Komikers entdecken, ist ein Kabinettstück, das eine Montage einzeln bewegter Bildteile innerhalb des Kaders/Bildfeldes vornimmt, ohne die Kamera einen Zentimeter zu verrücken.

Rühmann, der seine Pfiffigkeit hier in den Dienst eigener Interessen und noch nicht willfährig in die Hände des Gemeinwohls legt, ist vielleicht deshalb so ungebrochen populär als Darsteller, weil er vierzig Jahre lang hartnäckig den Traum des Kleinbürgers vom großen Geld einerseits wach- und dann doch mit artiger Anpassung kurzhielt. In Carl Boeses Komödie MAN BRAUCHT KEIN GELD (1931) tritt er auf wie eine fertige Synthese der aufsteigenden Angestellten: so agil wie amoralisch. Denn dazu diente sein Parkettgesicht, daß Zweifler auf ihm ausgleiten, hinschlagen und seine Schadenfreude als Verschmitztheit durchkam. Hier heckt er für den insolventen Bankdirektor Kurt Gerron (das Walroß unter den verschollenen deutschen Komikern, das die Pinguine prusten ließ) den Plan aus: wie ohne Geld zu Kapital kommen? Durch den Schein von Kapitalbewegung, sagt der Film, der in der schlimmsten Flaute Vertrauen in den starken Wirtschaftsführer lenken will und auf die USA setzt. Finanzpolitisch hielt es das Drehbuch mehr mit Schacht als Hilferding.

Hans Moser ist der Onkel aus Amerika, der aber statt Geld nur Gefühle, unbezahlte Rechnungen und ein Golddollarstück in die alte Heimat mitbringt. Der dreiste Spekulant – Rühmann als Konjunkturritter; solche Risiken ging er, der sich vom großdeutschen Film zum kleinen Mann erniedrigen ließ, später nicht mehr ein – kurbelt künstlich eine Hausse in Öl-Papieren an und hält sich Hans Moser, trotz erkannter Armut, als Repräsentant des Kapitals. Der Schein ist alles, und der Augenschein gilt in diesen Filmen wenig.

Dieser Film schwelgt in einem oberflächlichen Amerikanismus, was Dekor und Hektik der fliegenden Schauplätze angeht. In der Darstellung des Kapitalkomplexes präfiguriert er hingegen eine Haltung, die in den Spiel- und Propagandafilmen der Nazis als Normkritik am Kapitalismus sich einbürgern sollte. So zeigen die vielen Überblendungen den Aufbau einer Volkswirtschaft als Auswuchs der Unmoral; Wohnhäuser, die mit Revuepalästen aus dem Boden schießen; Autoschlangen, die brave alte Pferdedroschken verdrängen. Kurz: die Dämonisierung der Fortschrittstechnologie. Zwei Jahre später und die Überblendungen werden über die Historie sich nach rückwärts beugen und aus Betonpfeilern die Eichenstämme des deutschen Waldes herausschälen.

Derlei Befunde besagen ja weniger, wie faschistisch infiziert dieser leichtfertige und charmante Blödsinn der Depressionskomödien war, als vielmehr, wie wenig Anstrengungen nach 1933 noch zu unternehmen waren, um sich dieser Muster sinnprägend zu versichern. Auf die Gefahr hin, eine Kultfigur der Münchener Cineasten zu schänden, muß ich sagen, daß auch Max Ophüls' Film LACHENDE ERBEN (Uraufführung: 6. März 1933; 1937 wieder verboten) in diesem Licht besser zu sehen ist. Der Film aast im weinseligen, komödiantisch abgegrasten Rheingau. Wieder Heinz Rühmann in der Hauptrolle: schmächtig und naßforsch, biegsam und zackig. Schon zieht er schüchtern den Hut vorm großen Konformismus. Er wird der kommende Mann der Sektfirma Bockelmann. Seine Reklametricks schlagen die Konkurrenzfirma Stumm aus dem Feld, nicht ohne daß er am Ende deren Erbin ehelicht. Am Anfang hält es der Erbe mit den Winzern, während die zänkische Familie auf die Testamentseröffnung des alten Besitzers lauert. Die miesen Neider säuseln sächsisch, die Lebenslustigen dagegen babbeln hessisch. Auf einer Vergnügungsfahrt gibt Rühmann sich als Schiffsoffizier aus, reißt das Sprachrohr an sich und läßt für die Fahrgäste, die er freihält, nur Sekt seiner Firma laden. Den Vorwurf der Parteienwirtschaft entkräftet er durch den Zynismus, mit dem er sein Monopol am Platze durchsetzt.

Den Passagieren, die schon unisono wie auf einem KdF-Dampfer schunkeln, hält er eine feucht-fröhliche Ermächtigungsansprache, um dann vor dem letzten Coup noch einmal kurz wegzutauchen. Die Beliebtheit der Komödien nach 1933, die unglückliche Konkurrenz zur glücklichen Fusion betreiben, sticht ins Auge. FRÄULEIN HOFFMANNS ERZÄHLUNGEN (1933) bis zu Detlef Siercks Debütfilm APRIL, APRIL (1936) sind nur weitere Beispiele.

Parallel zu seiner Arbeit als »Propagandachef«, wie der Film sagt, betreibt Rühmann die Eroberungsarbeit an der Erbin. Gemeinsam schlagen sie der Mißgunst zwar ein Schnippchen und behaupten sich in der Fusion der Firmen, aber der lachende Erbe wird nicht Stumm, sondern Bockelmann heißen. So sprechend die Namen sind, so klar lenken die Dialekte auf Sympathien, die hier kaum Sachsen, einem bedeutenden Zentrum der Arbeiterbewegung, gelten. Als moralischen Lebensplan vertuscht der Film die eigene Devise, Geld mache nicht glücklich, ist aber gut genug, Konkurrenzen auszuschalten. Und man lese den Bildern ab, mit welchen Mitteln die Komik dies erarbeitet. »Nur nicht gleich von Politik reden!«, beschwört ein Fahrgast Mitreisende auf dem Vergnügungsdampfer, der schon in Rühmanns Richtung abdampft.

In welchem Maß die kurzlebigen Impertinenzen der Depressionskomödien nach 1933 eingedeutscht und desexualisiert wurden, verrät das traurige Plagiat, das Hans Deppe 1936 mit seinem Film STRASSENMUSIK Lupu Picks lockerer Phantasie GASSENHAUER (von 1931, mit dem jungen Staudte, Ernst Busch und Deppe, dem Regisseur des Remake) abluchste. Wo im Film der Weltwirtschaftskrise noch fünf forsche junge Männer als Musiker über die Straße ziehen und sich alle gleichermaßen in das Mädchen Marie verlieben, dürfen es 1936, zur Zeit der Konsolidierung des NS-Regimes, nur noch ein junger und zwei alte Männer sein, die mit der Nachbarin, Grete heißt sie diesmal, liebäugeln. Die promiskuitiven Neigungen werden überschaubar zurechtgestutzt. Aus dem Eifersuchtsgeplänkel mit einer spanischen Nachtclub-Tänzerin wird der Flirt mit einer deutschen Witwe und Besitzbürgerin. Der handfeste Mordfall gerinnt zu einer scheinkriminellen Episode, und an die Stelle des amerikanischen Show-Agenten, der die Band 1931 entdecken durfte, tritt 1936 der großdeutsche Rundfunk als Mäzen, der sogar die konkurrierende Musikgruppe – Liesl Karstadt und Karl Valentin in ungewohnter Nettigkeit – der versöhnten Männergruppe integriert.

Wenngleich in den Depressionskomödien von diesen Versöhnungen nur hysterisch die Rede war, so markieren sie doch eine Etappe, die sie mit überdrehtem Frohsinn und gewaltsam auferlegten Amnesien gern gelöscht sahen. Die Armut und der Traum sind Bettgenossen, die sich in diesen Filmen schlafwandlerisch erhoben und sich auf den schmalen Grat zwischen Auflehnung und Anpassung wagten, ehe sie aufs Pflaster der Faschisten schlugen.

Ein Zappler im Zwischenraum

Hans Moser

Mosers typischer Gestus: Er schlägt sich selber mit der flachen Hand vor die Stirn und murmelt, er sei überlastet. Was man nicht im Kopf hat, muß man in den Beinen haben, sagt der Volksmund. Der Komiker hat seinen Kopf in den Beinen, deshalb ist er exzentrisch. Moser wippt auf den Hacken, fällt fast auf den Rücken, hält sich zwischen Tür und Angel rudernd gerade, knickt den Oberkörper in der Hüfte ein und macht auf dem Absatz kehrt. Wem etwas entfiel, der kehrt zu dem Punkt im Raum zurück, an dem er den Gedanken faßte, der ihn vorwärtstrieb. Moser liebte das Zurücklaufen. Ein Hund umkreist seinen Herrn und springt jedem Stöckchen, das der auswirft, nach. Er ist nicht nur kopf-, er ist auch richtungslos. Eine Beute des Augenblicks, der Willkür und herrschender Launen. Daher das nervös Überdrehte von Anbeginn, in dem sich Moser nur noch steigert. So sehr umspielt er eine kaum umrissene Figur mit Schattenlinien, daß man verwirrt fürchtet, sie zerfasere vor unseren Augen, wo er bloß einen neuen Anlauf nimmt, unvermutet aus der Ecke seine Figur hervorzerrt und sie uns artig apportiert.

Sein Körper, die Stimme, das Gesicht, alles trägt bei ihm die Züge des Ungenauen, des vorsätzlich Verwischten. Nur keinen bleibenden Eindruck machen, eine Nebenrolle muß diskrete Gegenwart herstellen. Das viel beschworene Nuscheln, war es nun Mosers Scham, in vielen »Wurzen« verschlissen zu sein und den Text höhnisch an den Vorhang, statt an die Rampe zu werfen? War es ein verschliffenes »Jüdeln«, wie man es ihm, wendig geworden in der galizischen Theaterprovinz, abverlangte? Oder bloß eine Kehlkopfdeformation, wie die Biographen behaupten? Das Nuscheln Mosers war, vor allem, eine virtuos gehandhabte Technik. Seine Weigerung, literarischen Sinn zu stanzen; der Wille, einer Stimme Ausdruck zu verleihen, die sich nicht artikuliert, aber vernehmlich ist. Moser brummelte unterhalb des öffentlichen Sinns den Nebensinn, wo andere neben ihm, wie Werner Krauss in BURGTHEATER, dem Hauptsinn Bedeutung verliehen. Mosers Stimme brauchte keinen Text, um zu klingen. Dem Körper ist das Echo der Erfahrung eingeschrieben, die Demütigung, das Geschundene. Manchmal heulte sie auf; manchmal blieb sie, tonlos, in seinem Halse stecken.

Er wurde im Film erst spät populär. Im Alter eines Großvaters, wo nur das Fach des 3.-Akt-Komikers, des grantigen Kerls, der Käuze und Geizhälse blieb. Er verklärte dieses Alter nie, spann keine Märchen im schlohweißen Haar, sondern fuhrwerkte wie einer, der keine Illusionen mehr zu verlieren hat, durch den Gesellschaftsapparat. Ein Außenseiter, hart und menschenwürdig; nie liebenswürdig im sentimentalen Sinn.

Empört er sich, schluckt er erst dreimal Luft, um sich aufzublasen. Er platzt gern. Dann blieb die Stimme weg, der Ton brach ab, ein Filmriß und er sprach stumm, aber gestisch weiter. Wenn Moser stockt, wird man der Muster gewahr, die sich durch seine Uniformen, Kellnerfracks und Dienstmützen ziehen. Dann steckt er, außer sich, in den verwirrten Dingen. Wie Groucho Marx spuckt er Katarakte aus, unbehauene Brocken, keine Monologe. Unähnlich Groucho, der am verständlichen Witz seiner sophistication klebt wie sie an ihm, glaubt Moser, in seiner Sondersprache allgemein verständlich zu sein. Er wirbt nicht um Zuneigung, für einen Witz darf ihn niemand küssen. Er stammt vom Naschmarkt, nicht von der vornehmen Ringstraße Wiens. Was er der vorwirft, fällt in seinen Sternstunden wie ein Meteorit zu Boden.

Wer Gegenwärtigkeit an allen Orten sucht, zerfasert sich. Moser reißt sich selbst in Stücke, wenn sein Monolog versucht, mit mehreren Partnern gleichzeitig in den Dialog zu treten. Die Wörter wachsen ihm über den Kopf. Erschöpft sinkt er in diesem Zeichenwald zu Boden. Sein Zappeln ist bloß der Versuch, wenn er wieder wachen Sinnes ist, springend Übersicht zu gewinnen, um die Wörter, die um ihn toben, kurz zu halten. Schafft er eine Ordnung, verliert er die andere flugs aus den Augen: Objekte drängen sich derweil so auf, daß er alle Hände voll zu tun hat – vier Koffer aufgeladen – sich ihnen zu entziehen.

Er packt seine Reisetasche. Drei Mägde im Wirtshaus helfen. Die Flasche Slibowitz, der Wecker, das Telefon, die Wäsche, der verlorene Schlüssel – alles sabotiert sein Bestreben, das Chaos zu ordnen. Schließlich ist der Schnaps in der Wäsche und das Telefon im Koffer. Nichts mehr an seinem Platz. Die Telefonschnur aber abzuschneiden wie der Vagabund Chaplin, dazu ist Moser nicht imstande. Wie überhaupt zu nichts: Er ist professionell, sozusagen dienstlich, außerstande. Das ist keiner, der auf und davongeht, kein schwebender Narziß wie Charlie; eher ein alt und mürbe Gewordener, der aus der Fremde kommend, seinen Anteil fordert, ohne Rücksicht auf Verluste.

Einer, der stolz ist, DAS EKEL (1939) zu sein, der Querulant und Nichtangepaßte. Er sträubt sich wie ein Stachelschwein, und in diesem Bild hat Schopenhauer – in seinen »Parerga und Paralipomena« – den Inbegriff des Misanthropen dargestellt. Wie einer, der auf der Suche nach Wärme zu weit geht in der Anlehnung und sich dabei selber weh tut. Was immer er gegen den Wahn der Nähe unternimmt, schneidet in sein Fleisch. Der Menschenfeind vereinsamt aus Menschenliebe.

Wer wie Moser protestiert, muß sich gegen seine Feinde, die ihn mundtot machen wollen, behaupten. Als EKEL steht er vor Gericht und macht den Vorschlag: »Ich suche mir ein anderes Gericht, und Sie suchen sich einen anderen Angeklagten.« So spricht nicht nur ein Querulant. Da plädiert einer in eigener Sache des Außenseitertums gegen die Staatswillkür, die alle Mühe hat, den Menschenfeind nicht zum Volksfeind zu stempeln und ihn zu reintegrieren. Auch wenn Moser den Schneid sich manchmal abkaufen ließ, hochgehalten hat er ihn einmal. Das ist als Geste des unscheinbaren Widerstands wert, notiert zu werden.

Andererseits war Moser keine Galionsfigur des deutschen Films, die mit Widerstand zu vergolden wäre. Aber er hat aus Leidensdruck protestiert, wuselnd für einen kurzen Glücksmoment den Wahnwitz, in dem er seine Verhältnisse erlitt, mit sich versöhnt und ist dann, maulend, abgezogen. Er machte kein Aufhebens um sich. Aber er hob einige Menschen, die ihm entgegenstolperten, auf.

Ein Traum vom Realismus

Wolfgang Staudte wird 75 Jahre

Ich stelle mir vor: Ein Münchner Verlag kündigt ein vierhundert Seiten starkes Interviewbuch an, das erlebter und erkämpfter deutscher Filmgeschichte gilt. Der Gesprächspartner ist Wolfgang Staudte, einer der letzten Zeugen und Zeitgenossen deutscher Filmproduktion aus vier verschiedenen politischen Systemen. Dieser Mann schriebe keine Erinnerungen, erzählte aber kantig von seinen Erfahrungen zur Weimarer Republik, zum Faschismus, zur DDR und zur Bundesrepublik. Eine Fundgrube wäre dieses Buch, ein spannender Werkstattbericht und keine Sammlung eitler Anekdoten, bestimmt ein Gegenentwurf zum geborgten Leben der abgetakelten Ufa-Nostalgie. Soviel ich weiß, wird dieses Buch nie erscheinen. Statt dessen kündigt der Filmbuchmarkt des Herbstes »Liebespaare der Leinwand« an.

Staudte, der ewige Querkopf und spät erst mild gewordene Melancholiker, der starrsinnig an deutschen Themen hängt und dann, allmählich, der passionierten Filme müde wurde, ist für deutsche Verlage kein Thema. Wenigstens würdigt ihn die ARD mit einer umfangreichen Werkschau, die in dieser Woche ihren Höhepunkt und Abschluß mit der Ausstrahlung des UNTERTAN findet. Immerhin gibt es ein Werkbuch der Stiftung Deutsche Kinemathek. Ansonsten: artige Geburtstagsadressen und gedämpfte Jubelreden.

Eine kritische Würdigung, die Staudtes Standort nicht gleich als einen Platz in der Filmgeschichte vermißt, ist schwer. Die Verlegenheit rührt daher, daß man einzig als Kriterium der Staudte-Filme ihr Engagement gelten ließ, entweder als Schutzschild oder als Brandmal. Das findet seine Entsprechung in dem sehr deutschen Dilemma, die Botschaft der Filme auf Kosten der Form zu überschätzen – ein linkes Dogma – oder die Form der Filme auf Kosten der Botschaft – eine rechte Sehnsucht. Wie jeder andere Regisseur, der eine Anschauung zu eigen hat, erfuhr Staudte den Widerspruch, dem sich der Engagierte in der Filmindustrie – und heute: im Fernsehen – aussetzt. »Es ist schwer«, sagt Staudte, lakonisch wie der Realismus ist, »die Welt verbessern zu wollen mit dem Geld der Leute, die die Welt in Ordnung finden.«

Dieser Mühsal ist er nie ausgewichen. Im Gegenteil, er hat sich vielen Fronten ausgesetzt und dabei Fehler, Illusionen nicht gescheut. Er litt an den Deformationen der Politik, die ihn doch mitprägten. Wenigstens stand er immer für sie, und für sich: grade. Die Bemerkung von Lichtenberg, ihm täten viele Sachen weh, die anderen Leuten bloß leid tun, könnte Staudtes moralische Devise sein. »Ich gehöre einem Typus Mensch an, der lebhaft Anteil nimmt am Alltag, am öffentlichen Leben, an der Politik, der protestiert gegen das, was er für unrecht hält oder Bedrohung.« So stellte sich Staudte selber vor, in einem Vortrag, den er 1959 für die Internationale Rundfunk-Universität hielt. Triebfedern seiner Arbeit sind Protest und Anteilnahme. In wechselnden Graden – worauf es ankommt.

Die Energie, die sich aus dieser Haltung speist, ließ Staudte zum Verfechter antifaschistischer Kunst werden und, als ihre Formen der Konvention verschlissen waren, zu deren Spiegelfechter. Der Faschismus wurde bei ihm schließlich zur bloß historischen Gewalt und ihre Hoheitsträger zu Lemuren, denen keine kritische Quittung, sondern höchstens noch ein Leichenschein zu präsentieren war. Wer sich in der Filmindustrie als unbequemer Anwalt der Vergangenheitsbewältigung erwies, wer den Mut hatte, für Rationalität und Humanismus einzutreten, der durfte nicht auf den Beifall der Banken zählen. An deren Widerstand hat sich Staudtes Energie, mehr konzentriert auf die Hauptwörter der Reaktion als auf ihre Nebensätze, oft genug zerrieben.

Angefangen hatte alles ganz anders. Staudtes Karriere begann als Schauspieler in Inszenierungen von Reinhardt und Piscator. Diese Namen standen für Gleichzeitigkeit und für eine Polarität, die auch für Staudtes Filme gilt. Weder ruhen sie sich auf Reinhardts opulentem Pathos aus, noch sind sie ganz auf die agitatorische Durchschlagskraft Piscators zugespitzt. 1931 gibt Staudte sein Filmdebüt als Straßenmusikant in GASSENHAUER, einer hübschen Komödie zur Weltwirtschaftskrise. 1933 erhielt er, zunächst, Berufsverbot. Er kam als Rundfunksprecher für Märchen und Werbung unter. Für den Industriefilm drehte er über hundert Streifen, Reklame für Seifen und Volkssparen. Im großdeutschen Film war plötzlich sein markantes Gesicht gefragt, unbeschadet der Gesinnung, die dahinter stand. In POUR LE MÉRITE spielte Staudte einen Leutnant, in DREI UNTEROFFIZIERE einen Hauptfeldwebel, in DAS GEWEHR ÜBER einen Unteroffizier namens Schmidt. Andererseits war er in JUD SÜSS als stummer Soldat zu sehen, und im antisemitischen Melodrama PETTERSON UND BENDEL, das Goebbels aus Schweden importierte, zu hören: wenngleich bloß als deutscher Synchronsprecher. Immerhin, eine öffentliche Protestdemonstration der Aachener Juden gegen die Aufführung dieses Films gab es noch.

Man wußte, was man tat, auch: was man unterließ? Hatte, wer sein Gesicht verkaufte, es verloren? Wer retuschierte die Narben nach dem Krieg und gab die Parole aus, die Eingang in die Filmgeschichte fand, Staudte sei der Nachkriegsregisseur, der Realist der ersten Stunde? Er war es. Aber um welchen Preis wurde er es? Durch Einübung der Sklavensprache, um mit Brecht zu reden, der mit vielen nicht-faschistischen Künstlern der faschistischen Filmmaschine zusammenarbeiten sollte.

1943 drehte Staudte seinen ersten Spielfilm, AKROBAT SCHÖ-ö-öN. Ein Clown war engagiert, der Stoff gekauft, politisch scheinbar nichts zu verderben. Diesen mehr als bloß dünnen Revuefilm schlug man den Ablenkungskomödien zu, wie Goebbels sie befahl. Zu Unrecht, denn Staudte gelang in der heiteren Zersetzung der Illusionsmaschine, die sein Film thematisiert, einer der wenigen Beiträge zur ästhetischen Opposition in jener Zeit. Noch in der größten Realitätsferne schlägt bei ihm Realismus durch. In dem folgenden Film ICH HAB VON DIR GETRÄUMT (1944), der durch seinen Fatalismus den herrschenden Fanatismus nicht beförderte, sieht man an den Scheinwerfern der Taxis Verdunklungsschlitze. So drang Alltag in die Kinos.

Im August 1945 gehörte Staudte zu den Gründungsmitgliedern des Filmaktivs, aus dem die DEFA sich entwickeln sollte. Er kletterte in die noch überfluteten Schächte der Berliner U-Bahn und drehte die ersten Filmaufnahmen nach Kriegsende. Den Plan zum Film DIE MÖRDER SIND UNTER UNS hatte er schon im Frühjahr 1945 entwickelt. Als Staudte dem amerikanischen Kulturoffizier in Berlin – das war Peter van Eyck – später den Stoff anbot und eine Drehgenehmigung erbat, lehnte der ab. So wurde der erste deutsche Trümmerfilm schließlich mit Hilfe der sowjetischen Militäradministration produziert. Einen weiteren Stoff bot Staudte in Hamburg an. Dort waren die Studios aber verstopft mit der Produktion eines Zarah-Leander-Films. Das gab's nicht nur einmal, das kam jetzt wieder.

DIE MÖRDER SIND UNTER UNS ist eine persönlich inspirierte Abrechnung mit einem alten Nazi, der, nach dem Krieg, aus Stahlhelmen das Geschäft mit Kochtöpfen macht. Ursprünglich angelegt auf das Rache-Motiv, schließt der Film mit dem Appell an die Vernunft: »Wir haben nicht das Recht zu richten, aber die Pflicht, Anklage zu erheben!« Wie in vielen

Staudte-Filmen ist es hier eine Frau – Hildegard Knef in ihrer ersten großen Rolle –, die kriegsverbitterte Männer zur Vernunft, das heißt: zur
Einsicht in die friedliche Lösung zwingt. Damit ist auch Staudtes Handlungsmuster vorgegeben. Provoziert von der ungeprüften, bruchlosen In-
tegration der Nazi-Würdenträger in die Nachkriegsdemokratie, löst
Staudte diesen politischen Konflikt des Opportunismus, der Anpassung
anklagend, nicht analytisch. Aber wie sollte der moralische Appell, auf so
schwachem Resonanzboden, nicht gleich verhallen? Wie soll man dem
Rufer vorwerfen, er riefe zu leise, wo kaum einer zuhört?

Das Mitläufertum war kein Privileg der Mittelklasse. In ROTATION (1948)
beleuchtet Staudte das apolitische Verhalten der Arbeiterfamilie Behnke
im Faschismus. Rotation meint hier zunächst die Druckmaschine der Zeitung, symbolisch aber den Wiederholungszwang, unter dem geschichtliche Abläufe stehen. Die Geschichte ist eine fatale Kreisbewegung. Für
diese Einstellung fand Staudte viele Bildmetaphern, die sich durch alle
seine Filme ziehen. Das Karussell in SCHICKSAL AUS ZWEITER HAND
(1949), in CISKE DE RAT (1955), Drehorgeln in ROSEN FÜR DEN STAATSAN-
WALT (1959), in KIRMES (1960). Das Riesenrad auf dem Hamburger Dom
in FLUCHTWEG ST. PAULI (1971). Die Botschaft der Filme wird bei Staudte
gern in überhöhten Bildsymbolen mitgeteilt. Wo in ROTATION das alte Ar-
beiterehepaar seinen Weg nach rechts in den Faschismus einschlug, geht
das junge Paar der Nachkriegszeit nach links aus dem Bild. Im Off beginnt dann der reale Sozialismus.

Eine andere, gar nicht signifikante Einstellung reißt diesen Film aus dem
braven Durchschnittsrealismus. In meiner Erinnerung beginnt damit der
Film. Eine leere Straße bei Kriegsende. Die Kamera hockt auf dem
Asphalt. Eine Frau eilt aus einer Bäckerei über die Straße. Sie läuft, in
Furcht vor feindlichem Feuer, aus dem Bild. Im Off hört man Schüsse.
Dann fällt das Brot – aus dem Off – ins Bild zurück, gefolgt von einem
unerhörten Bild: auch die Hand der – getöteten – Frau schlägt aufs Pfla-
ster zurück. Als ich das Drehbuch lese, finde ich diese Einstellung nicht.
Sie war nicht vorgesehen.

Könnte man für einen Abriß der Filmgeschichte nur zwei seiner Filme
nennen, würde ich neben AKROBAT SCHÖ-ö-ön Staudtes DER UNTERTAN
nennen. Seinen berühmtesten Film, den er 1951 drehte. Die Kunst der
Sklavensprache: wie unter Druck die Wahrheit sagen?, bewährt sich hier.
Nie hat Staudte sich in solcher Freiheit, Fülle und gleichzeitiger Ökonomie seiner Mittel entfalten können. Der Film, dessen Drehbuch er gemeinsam mit seinem Vater, dem Schauspieler Fritz Staudte schrieb, geht
auf Heinrich Manns gleichnamigen Roman zurück. Aus dem Klassenschicksal der Kleinbürger im Kaiserreich wird eine Studie über den auto-
ritären Charakter, wie ihn der Prototyp Diederich Heßling verkörpert. So
brillant die formale Meisterschaft von Photographie und Montage war, so

ätzend die ideologische Analyse gelang, kam dieser Film nicht auch zu spät?

Ist die Verfilmung dieses Stoffes nicht immer noch dem Nachholen der Weimarer Republik verpflichtet? Auch ein Zeugnis deutscher Verspätung? Siegfried Kracauer beklagte, als Sternberg den BLAUEN ENGEL drehte, daß die Ufa, hélas, auf den vergleichsweise harmlos individualistischen Charakter des Professors Unrat zurückgriff, anstatt sich dem Klassenschicksal der Kleinbürger, der Angestellten Weimars zu stellen. Hätte es, in den Anfängen der DDR, nicht auch Anlaß gegeben, einen Heßling als Zeitgenossen zu finden? Ich frage ja bloß, weil die Erwartung bei Staudtes Talent nicht abwegig ist. Es ist traurig genug, daß DER UNTERTAN erst fünf Jahre später für die Bundesrepublik, mit Zensurauflagen, freigegeben wurde. Ein zusätzlicher Vorspann versuchte zudem, Staudtes Gesellschaftsanalyse als »Einzelschicksal« abzuwiegeln. Andererseits ging Staudtes Aneignungsinteresse an dem Stoff so weit, einen Denkanstoß zur Kontinuität des deutschen Untertanengeistes zu erwirken.

Wo Heinrich Mann seine Leser in den Ersten Weltkrieg entließ, weiht Staudtes kläglicher Protagonist ein Denkmal ein. Sturm zieht auf. Die Musik intoniert die typische Fanfare der NS-Wochenschau. Der Film überblendet vom Denkmal auf die Trümmer des Zweiten Weltkriegs. In der Musik: eine Tonblende von »Lieb Vaterland . . .« zu »Die Fahne hoch, die Reihen fest geschlossen«. Das war ein glänzender Vorgriff und eine visuelle Arbeit, die mit Schockmomenten operiert. Daß Staudte einer der ganz wenigen Regisseure ist, die Großartiges in der Synchronarbeit geleistet haben, wird oft unterschlagen. Schließlich hat er nicht nur Stanley Kubricks CLOCKWORK ORANGE (1972), auf ausdrücklichen Wunsch des Regisseurs, synchronisiert, sondern, 1946, bereits die nicht minder bedeutsame Arbeit an Eisensteins IWAN DER SCHRECKLICHE geleistet.

Nach dem UNTERTAN war Staudte gebrandmarkt. Die westdeutsche Kritik verhöhnte ihn als »Nestbeschmutzer«, als »Seiltänzer« zwischen Ost und West. Der scharfe Wind des Kalten Krieges fiel ihn an. Unerschrocken drehte Staudte in Hamburg wie in Berlin/DDR. Selbst dem Bundesinnenministerium gelang es nicht, den Regisseur zu zwingen, der DEFA abzuschwören. Man entzog ihm die damals übliche »Ausfallbürgschaft« – eine Produktionsgarantie des Bundes, mit deren Hilfe die Filme, als es noch kein Wirtschaftsförderungsgesetz gab, ideologisch gefördert wurden.

Warum scheiterte der Plan, Brechts Stück »Mutter Courage und ihre Kinder« zu verfilmen? Immerhin waren im Herbst 1955, als das Projekt platzte, schon sechshundert Meter in Farbe und Cinemascope abgedreht. In der Brecht-Literatur liest man, das Material sei kürzlich – aus Versehen – in den Archiven der DEFA vernichtet worden. Eine einzige Abbildung ist überliefert. Simone Signoret, die die Rolle der Lagerhure Yvette spielte, schrieb darüber in ihren »Ungeteilten Erinnerungen«. Warum schweigen sich die Hauptbeteiligten über die Umstände aus?

Als die DEFA Staudte für das Filmprojekt vorschlug, besprach sich der, im Zweifel, mit den befreundeten und Brecht näheren Regisseuren Engel und Kortner. Engel warnte: »Brecht schlägt dich tot!« Kortner ergänzte: »Das ist das Mindeste!« Brecht akzeptierte Staudtes Drehbuch. Doch die Differenzen wuchsen. Staudte erzählte, und nicht nur mir, in einer Kölner Kneipe: Frau Weigel habe, weil sie Waschtag hatte, einen wichtigen Drehtag platzen lassen. Andere erzählen, die Komparserie sei unstimmig gekleidet gewesen, »Zar und Zimmermann« näher als Brecht. Wie immer, Staudte hatte seine Schuldigkeit getan, wurde von Brecht & Erben zum Mohren gemacht und mit dem Makel der Industrie belegt, wo Kunst zu produzieren war. Staudte verließ die DEFA und arbeitete fortan in der Bundesrepublik.

DER MAULKORB (1956) ist ein schwacher Aufguß des UNTERTAN. O. E. Hasse spielte den Staatsanwalt, der in eigener Sache gegen sich, wegen »Majestätsbeleidigung«, ermitteln muß. Das wurde im Film ein schaler Herrenwitz, dem unter ungleich schwierigeren Produktionsbedingungen Erich Engel 1938 bereits mehr Schärfe abgewonnen hatte. Das Innewerden seiner Schuld spricht O. E. Hasse, der die Rolle hauptsächlich mit seiner Stimme auskleidete, durchaus als kritischen Moment. Ein Herrenmensch nimmt Abschied von sich, rettet sich aber in triefend deutsche Rührung, wenn diese Selbstbegegnung als Zwiesprache mit dem Hund des Staatsanwalts inszeniert wird. Die Schuld tritt nie zutage. Augenzwinkernd wird sie vertuscht.

Erst mit den Filmen ROSEN FÜR DEN STAATSANWALT (1959) und KIRMES (1960) konnte Staudte sein angeschlagenes Ansehen wieder reparieren. Er ließ sich jetzt rückhaltlos auf die Gegenwart ein, wobei er sich, wie gewohnt, als Einzelkämpfer an vielen Fronten behaupten mußte. Aus dem authentischen Fall des Studienrats Zind, der, wegen antisemitischer Schmähungen verurteilt, sich ins Ausland absetzen konnte, formte Staudte den Fall des Oberstaatsanwaltes Zörgiebel, der einst im Kriege unerbittlich martialische Urteile fällte, ungesühnt. Was damals Recht war, kann heute kein Unrecht sein ..., dieser schreckliche Satz könnte aus dem Film stammen. Er fiel aber bekanntlich später, in jenem Drehbuch, das Hochhuth mit Filbinger als Protagonist veröffentlichte.

Am interessantesten ist Staudtes Filmarbeit an jenen Punkten, wo nicht die große Politik ins Spiel kommt. Wo er sich aus den Klauen der Vergangenheit löst und den Alltag, als Politik der Nebenhandlung, ins Spiel bringt. DER LETZTE ZEUGE (1960) ist ein solcher Film. Ein sehr gut gemachter Krimi. Staudte versteht sein Handwerk und betreibt es immer virtuoser, je stärker er auf diesen Bereich festgelegt wird. Sein Handwerk umfaßt ja mehr als Technik. Er ist nicht bloß Ankläger. Er ist auch ein guter Geschichtenerzähler. Im Vorspann zu diesem Film hat Staudte sich selber unauffällig unter die Passanten gemischt, die am Kempinski-Hotel über den Kurfürstendamm eilen. Jetzt beginnt ein Film, der in jede den 50er Jahren gewidmete Retro gehört, so typisch sind hier die trostlosen Zwänge und leisen Frechheiten jener Jahre getroffen.

Ein guter Krimi ist auch eine gute Lektion. Zum erstenmal greift Staudte hier keinen Sozialcharakter auf, sondern – bloß – eine soziale Leidenschaft, das Vorurteil. Es trifft eine ledige Mutter, die – vor allen Männern, die in Frage kommen – des Mordes an ihrem eigenen Kind verdächtigt wird. Hier sieht Ellen Schwiers aus wie Dawn Addams. Sie ist leichtfertig, also verdächtigt und schwankt zwischen einem Direktor (Martin Held) und einem Arzt (Jürgen Goslar), den Standard-Traumberufen des deutschen Films seit den ersten Tonfilmen. Hanns Lothar ist der junge Anwalt, der die Verdächtige aus dem Untersuchungsgefängnis holt und Martin Held als Täter entlarvt. Staudte erzählt das ganz leicht, fast vorsätzlich un-deutsch, mit einem Tempo, das er den amerikanischen Serienfilmen jener Zeit abguckte. Als der Film kürzlich im Fernsehen lief, habe ich unentwegt auf den Bildschirm gesehen und nachträglich bedauert, daß ich die Beiträge Staudtes für die Tatort-Serie verpaßte.

Der Junge Deutsche Film hat, zeit seines kurzen Lebens, von Wolfgang Staudte nichts wissen wollen. Das sieht man ihm auch an.

Nachruf, Nachrede und kein Widerwort

Die Biographen des Rainer Werner Fassbinder

Er war maßlos in vielem, was er tat. Er war wohl deshalb auch mit allem so früh fertig. Mit jedem Film probierte er einen neuen Anfang aus und war schließlich zu müde, ein Ende zu setzen. Wo andere brüteten, schäumte er über. Nicht nur früh war er mit seinem Werk fertig, auch schnell: so schnell, daß die Geschwindigkeit der Produktion oft als Produktionswert gelten durfte. Sein Glück war, ein unfertiges Werk zu hinterlassen, als er starb; ein Werk, das viele Wege ging, anstatt auf eine Richtung zu setzen, die von den Zuschauern jetzt als schlüssig verstanden werden könnte. Fassbinders Filme stifteten an zum Unfrieden, wo er ihn fand. Nach ihm wurde es friedloser zwar, aber auch bequemer.

Der Wunsch, den im bundesdeutschen Leben zu kurz Gekommenen zu einem heftigen und unübersehbaren Ausdruck zu verhelfen, stachelte ihn an. Unpathetisch legte er den Finger in soziale Wunden, die, von ihm unsittlich berührt, so schnell nicht wieder heilen wollten. In dem nun ganz überschaubaren Werk liegt eine Geschichte der Bundesrepublik verborgen, die weder nur erzählt, noch bloß dokumentiert. Nicht nur die Geschichte der Parteien und Institutionen ist Geschichte; auch die Wünsche und Ängste, die noch ohne politische Form der öffentlich anerkannten Willensbildung in Kopf und Bauch rumoren, machen Geschichte. Sie hat Fassbinder stärker erfaßt als die offizielle Geschichtsschreibung der Nachkriegszeit von der Währungsreform bis heute. Durch ihn hat die Reformzeit ihre Form gefunden.

Dieses Werk stellt sich quer. Es ist umstritten. Viele lehnen es ab. Aber ein Werk, das polarisiert, läuft auf Nebenbahnen wieder zusammen, durch Reibungsverluste schärfer geschliffen. Spricht das nicht für den Autor und Regisseur, wenn von seinem Wirken ein Strom der öffentlich umkämpften Empfindungen ausgeht? Dieser Mann rieb sich an den Widersprüchen wund, die andere mit Schönheitspflastern stillen. Sein Extrem war das Maß, in dem er persönliche Filme drehte, die manches Mal nur einer Gruppe zugänglich waren und sich größeren Zusammenhängen verschlossen. Die wiederum suchte er mit dem Hebel der Klassiker zu erschließen, seinen Literaturfilmen nach Fontane und Döblin, die er mit kalten Augen, ohne Realismus fertigte.

Immer weiter reißend stellte er sich der Frage, wie weit gehen im unstillbaren Drang, das Neue zu finden, das Ungeformte zu formen. Dem Unbekannten auf den Grund gehen, um das Neue tief unten aufzuspüren, war Baudelaires Forderung an die Ästhetik der Moderne. Um die überlieferte Lehre von Kunst und Interpretation scherte Fassbinder sich wenig, doch war sein gestischer Zugriff den radikalen Klassikern näher, als ihm bewußt wurde.

Jetzt marschieren die vielen Freunde auf, um seinem Ruhm ein nichtendenwollendes Geleit zu geben. Aus dem Dunstkreis kriechen die Jünger hervor, die in Gethsemane schon absprangen. Kein Gerichtstag wird abgehalten, die Nachrufschreiber besetzen den Markt mit Jammern und Klagen. Da erhebt sich die Frage, wie er denn leben konnte inmitten des rastlosen Produktionswahns, der ihn umschwirrenden Schmarotzer, des ihn umfangenden Ruhms. Jetzt kommen die schnellen Biographen zum Zuge, um auszukosten, wie man sich als Produzent der Teilhabe fühlt. Jetzt verlangt es das Publikum nach dem Drehbuch von Fassbinders Leben, der ja sein bester Film gewesen sein soll – hätte er selber es in die Hand genommen. So wird man mit einem Altstar des niederen Amüsiergewerbes vorliebnehmen müssen, der sich die Filmrechte an Raabs Buch sicherte. Der Film, sagte Robert Musil an seiner Stelle, ist ein Spekulationsterrain im gemeinsten Sinn. Sei es, wäre der Satz zu ergänzen, durch investiertes Geld oder sei es durch investiertes Glücksversprechen.

In seinem Leben war, so weit es in seine Filme Eingang fand, mehr Trauer als Mitleid, mehr Sentiment im Überschuß als im Defizit, wodurch sich die Larmoyanz seiner Biographen auszeichnet. Trauern ist eine langsame Arbeit, die zum Innehalten, die zum Überdenken erzieht und nicht besinnungslos weiterjagt. Es fand statt, wenngleich punktuell. Fassbinders Unrast ist, nimmt man alles zusammen, auch eine Übersprungshandlung gewesen, die ihn davon abhielt, in den Spiegel, die seine Filme ja auch waren, selber hineinzusehen: um sich seiner inne zu werden. Wer so viel, wer so stark immer wieder anfing, ging aufs fatale Ende zu. Er produzierte atemberaubend und lief deshalb Gefahr, mehr für die Pferdestärke seines Motors bewundert zu werden als die Kraft, die von der Bewegung in den Bildern seiner Filme ausging.

Wer diese vierfach vorgelegten, hastig produzierten Schnellschüsse der Verlage liest, versteht eher, warum für Fassbinder das Glück dieser Erde so schnell nicht zu haben war, wie es ihn verlangte. Er führte ein skandalöses Leben, um das Leben als Skandal auszulöschen. Abrupte Gesten in Richtung Abgrund, nicht auszuhaltende Einsamkeit im Hotel Europa und verschenkte Ruhe sind die Stationen. Das war eine wilde Vagabundenfahrt, bei der so mancher früher ausstieg als erwartet, mancher länger mitfuhr als geduldet, jeder Mitreisende aber das Gefühl der unerhörten Intensität, wie sie vom Mittelpunkt ausging, genoß. Diese Reise wird nun erschöpfend erzählt von Zeugen, die schlecht und recht, befangen allemal, ihre Aussagen machen. Jeder hat etwas anderes zu sagen und sagt doch das gleiche, um seinen Anteil am fremden Leben, um seinen Anteil an der Produktivkraft Fassbinder gebührend, ungebührlich zu bekunden. Sie verfehlen ihr Ziel, weil sie zu eng an der Person ihres Themas klebten, oft ein halbes Leben. Das macht sie kurzsichtig und unbeweglich.

Fassbinder wollte nicht nur mit seinen Filmen hoch hinaus. Er versuchte, dementsprechend zu leben und ließ sich doch nie Zeit, seinen Luxus auszukosten, als er ihm spielend zur Verfügung stand. Sein Leben führte *ihn,* wie Peter Chatel zubeißend sagte, wie einen Simmel-Roman. Das meint wohl, Fassbinder wollte auch demonstrativ hoch hinaus. Er hat es angekündigt: ich kriege den Oscar, ich schaffe die Titelseite in »Time Magazine«. Und als der Goldene Bär der Berlinale für seinen vorletzten Film, DIE SEHNSUCHT DER VERONIKA VOSS, dann kam, guckte er kaum hin. Andererseits war er konsequent genug, den Bundesfilmpreis für seinen Beitrag zu DEUTSCHLAND IM HERBST, der seine Angst vor dem inneren Terrorismus am eigenen, nicht fotogenen, aber filmisch deformierten Leib ausdrückte, abzulehnen. Dafür wollte er keine Belohnung.

Was man in diesen Büchern aus dem Sperrkreis liest, wirft kein warmes Licht. Manches schmerzt, so indiskret scheint es ans Licht der Öffentlichkeit gezerrt, das es besser scheute. So gut wie nichts wird ermittelt, weil so gut wie alles ausgebreitet wird. Die Schreiber schonten sich mehr als das

Andenken ihres Meisters. Wie auch immer, dieses Leben war so gewollt, seine Entrückung gesucht und seine Unangreifbarkeit von Kindheit an heftig herbeiwünscht. Hier hat einer schreckliches Kind gespielt, um es den Autoritäten, die ihn in der Jugend links liegen ließen, einmal zu zeigen: spiegelverkehrt. Mit dem Ruhm kam die Unübersehbarkeit und die Möglichkeit, jene zu schikanieren, die Respekt und Einfluß als eine Aura um sich breiten, deren Hülle zerriß. Mit der allergröbsten Anstrengung gelang es Fassbinder, aus dem Rahmen der Konvention zu fallen, um den Preis, am Ende der schlimmsten Konvention anheimzufallen, die im Zwang lag, ein anerkanntes Genie zu sein.

Kaum Zufall, daß der Film das allerletzte Terrain ist, auf dem Menschen ihren Größenwahn gefahrlos ausleben, weil sie funktionsgebunden durch die Hierarchie im Drehstab täglich erfahren, wie einfach es ist, die verliehene Allmacht am Set, der Außenwelt ausgrenzt, zu mißbrauchen. In der Welt der Sachzwänge ist Filmarbeit auch eine Chance, Lebenslust und Todesgier gleich intensiv auszutoben. Filme machen heißt dem Tod bei der Arbeit zusehen, sagte Godard, der es von Jean Cocteau aufschnappte. Fassbinder war das nicht genug. Er vergrößerte den Aphorismus zur Maxime und lebte sie.

Den Anfang in dieser verlegerisch schlecht koordinierten Revue der Biographen macht Berndt Eckardt. Er steht dem Produktionskreis von Fassbinder offensichtlich fern; eine gute Voraussetzung, die er zur Distanz nicht nutzt. Er hat sich aber in den Kneipen umgesehen, in denen der Clan verkehrte. Ebenso eifrig hat sich der Autor im Archiv umgesehen. So ließ sich sein dünner Text gut strecken, nicht nur mit gut gewählten und schlecht reproduzierten Bildern, sondern mit Zitaten, die er der Tageskritik entnommen hat. Er wird ausführlich, um nichts auszuführen. Das Buch liest sich wie ein Telefondiktat. Was ich dem Autor zugute halte, ist seine Recherche. Sie ergab, daß Fassbinder nicht 1946, wie er öffentlich betonte, zur Welt kam, sondern schon 1945. Was soll das Motiv dieser kleinen Eitelkeit gewesen sein? Sollte sie dem Vorsatz Unterstützung geben, demzufolge Fassbinder bis zu seinem dreißigsten Lebensjahr auch dreißig Filme gedreht haben wollte? Mit der erreichten Übereinstimmung war er selbst wohl zufriedener als die Öffentlichkeit, die sich nicht an die Magie, sondern an die Gleichgültigkeit des Alltags hält.

Dieses Potpourri aus Lebenslauf, Filmografie und Inhaltsabriß will seiner Verlegenheit durch Deutung abhelfen: »Mitunter will das Timing nicht so recht stimmen. Wenn man ANGST ESSEN SEELE AUF nur einmal sieht, fallen einem die Fehler im Timing nicht auf.« Dann kommt die Stoppuhr, die beweist, daß sich in zehn Sekunden kein Mensch ausziehen, duschen und wieder anziehen kann. Der Stopper verzeiht aber den gemessenen Kunstfehler. Den Unterschied von Filmzeit und Realzeit, der im Ästhetischen ein Unterschied ums Ganze ist, nimmt er eher genau als ernst. Er meldet, was er gesehen hat. Schlüsse daraus zu ziehen, ist nicht in seinem Sinn.

Das Buch von Gerhard Zwerenz verfährt umgekehrt, mit zuviel Deutung. Die ganze Umwelt Fassbinders war ein Kunstfehler, und er war die Kunst. Zwerenz tritt nicht auf als Chronist. Er will Prophet sein. Enttäuschend wenig an faktischem Aufschluß gibt er über einen Film, den zu drehen Fassbinder verwehrt wurde. Einen Roman von Zwerenz, der sich mit Grundstücksspekulationen im Frankfurter Westend befaßte, wollte der Regisseur als Film aufgreifen. Zwerenz teilt über die Hintergründe der Torpedierung des Projekts nichts mit, was der Öffentlichkeit nicht schon bekannt wäre. Er spekuliert, er schließt nicht auf, was sich als trüber Vorfilm über den Nicht-Film legte.

Andererseits gibt es Beobachtungen aus der Nähe, Porträts von Fassbinder, die anderenorts schon mehrfach publiziert wurden. Das hat mich nicht gestört. Eher, daß man zu wenig über die Filmarbeit am Beispiel BOLWIESER oder BERLIN ALEXANDERPLATZ erfährt. So schnurrt der Text auf die ungezählten Todesahnungen zusammen, als hätte Fassbinder nichts anderes als seinen Tod gelebt.

Ingrid Zwerenz ist, obgleich nicht in der Titelei genannt, Mitautorin des Buches, das an einen Freund erinnert. Viele Zeilen widmet sie ihrer Sorge beim Einparken in der Frankfurter Innenstadt, bevor sie einen Fassbinder-Film ansehen kann. Wir erfahren auch, daß die Katze des so begabten Darstellers Volker Spengler den Namen einer schwedischen Sängerin trägt (aber bitte: Kirsten Flagstad und nicht »Karsten«). Wie schade, daß die nie in einem Film mitwirkte. Man muß diese hemmungslose Hommage wirklich auslesen, um nicht die Deutung zu verpassen, mit der es G. Zwerenz gelingt, aus Fassbinders Äußerem den inneren Zustand, die permanente Gefährdung abzulesen. Aber, ich berichtige mich: wieso Gefährdung, was sich selbst als Risiko verstand?

»Etwa ab 1977 alterte Fassbinder jedes Jahr um ein Jahrzehnt. In den beiden letzten Lebensjahren war sein Ende ebensowenig noch aufzuhalten wie das eines Achtzigjährigen. Was ihm an zählbaren Jahren fehlte, ersetzte er durch den unbeirrbaren Trotz, einer Welt, wie sie war, nur noch filmend anzugehören, und sonst gar nicht mehr.« Zwerenz schlägt einen hohen Ton an und züchtigt Fassbinders Feinde. Ein Rettungsversuch gegen eine präsumtive Vereinnahmung, für die allerdings sich noch kein Anspruch gemeldet hat.

Harry Baer, der als Trommler in die berühmte Aufführung des frühen Fassbinder-Theaterclans der ›Bettleroper‹ einsprang, der Hauptdarsteller im Film WILDWECHSEL war, in Syberbergs REQUIEM FÜR EINEN JUNGFRÄULICHEN KÖNIG eben den verkörperte, der Fassbinders nächster Mitarbeiter war, sagt schon mit dem Titel, was er sagen will, als his master's voice: ›Schlafen kann ich, wenn ich tot bin. Das atemlose Leben des Rainer Werner Fassbinder.‹ Baer schreibt, wie er geht, ohne Allüren, aber ein wenig müde. Anklänge an frühe Rüpeleien finden sich, doch ist das Rebellische mit Sanftheit gebügelt. Heftig eingemischt mit einem partikularen Beitrag zur Produktion wie Raaben, der Komponist, der auch Texte schneiderte, oder wie Raab, der erste Diener seines Herrn, hat Baer sich nicht. Er blieb eher im Fach des »Schönen Teilnahmslosen« wie in einem Stück von Cocteau. (Die Kunst als verzweifelte Kunstanstrengung – es gab zwischen Cocteau und Fassbinder Berührungspunkte im Ausdruck, die so fern sich nicht sind, wie sie scheinen. Beide waren abgefallene Dandys, die ihre Existenz radikal verkünstlichten.) Baer hielt sich im Hintergrund. Er kontrollierte die Dinge aus der Distanz. Wenn er angibt, untertreibt er. Was als atemlos beschrieben werden soll, erstarrt unter seinem Blick zum Genrebild. Baer ist nicht pathetisch wie Zwerenz, ätzend wie Raab. Er ist leise. Das zeichnet ihn aus und macht ihn vernehmbar. Wie er Ironie mit Unterwerfung, Ergebenheit mit Bosheit mischt, verrät die Liste jener Benennungen, die den Mythos des Meisters evozieren: »Rainer Maria, Mutter Maria, Papa, mein Onkel, Mary, Bloody Mary, Chefin, Schwester Oberin, der große Künstler, der Herr Oberspielleiter, Fassi, R. W. F., Rainer Werner Wahnsinn, Reiner Wahnsinn.« Das klingt wie eine Litanei. Das klingt auch nach Beschwörung eines fremden Stammes, der seine Gottheit anruft. Die Verkehrsformen des Fassbinder-Clans wären es wert, vom ethnologischen Standpunkt aus beleuchtet zu werden. Das Material zur Feldforschung liegt bereit. Geselligkeit verwandelte der Clan oft zum Spießgesellentum, Kumpanei zur Kungelei. Aus manchem edlen Nachruf klang verbrämte Nachrede durch, kein Widerwort. Mitunter ein Aufmucken.

Man liest dem Buch die Ungeduld von den Zeilen ab, mit der ein Verlag dabeisein wollte, der hier bloß Vertrieb spielt. Ein Lektor funkte nicht dazwischen. Meinetwegen kann man den polnischen Liebling des alternden Dichters von Aschenbach »Tadziu« nennen, und den antifaschistischen Schriftsteller im LOLA-Film, den Fassbinder selbst darstellte, »Weißenborn« statt Weisenborn. Aber den Dramatiker Sperr hartnäckig wie Hitlers Rüstungsminister Speer zu nennen, ist zuviel. Die ausgiebig kommentierte Filmografie, die nicht von Baer stammt, stützt sich anonym auf die Arbeit von Wilhelm Roth im Fassbinder-Buch der ›Reihe Film‹ (C. Hanser Verlag). Jener Vorlage sind hier bisweilen mehr Wendungen entlehnt, als es erlaubt scheint. Die Vielzahl sehr sprechender Fotos von Fassbinder, die Baer beigibt, belegen Zwerenz' These vom jähen Alterungsprozeß, der ruinös war.

Ein starkes Stück Kolportage ist Kurt Raabs ›Die Sehnsucht des Rainer Werner Fassbinder‹, ein Titel, der Lokomotive vom Salonwagen der »Veronika Voss« spielen will. Sein Motto ist: ich sage alles!, als ginge es um einen Ufa-Altstar. Raabs Buch ist brisant im Oberflächensinn, insofern es genug Stoff zum Träumen: für Zivilprozesse gibt. Nachreden, Schmähungen einerseits, die Hymne der Hörigkeit andererseits. Raab, der für sich den Titel beanspruchen darf, um den jetzt noch gerangelt wird: der älteste und ergebenste Mitarbeiter gewesen zu sein, ist nach eigenem Bekennen als Masochist geboren. Er rollte sich ein, wurde Tritt für seinen Meister. In Fassbinders Wohnung quartierte man ihn im Dienstmädchenzimmer ein. Raab war für Fassbinder, in aller Demut, was die Céleste für Proust war: allzeit bereit, die Hosen des Herrn in der Bratenröhre vorzuwärmen. Raab wurden allerdings härtere Prüfungen abverlangt. Er läßt keine aus. Alles, was Sie über Fassbinder nie zu erfahren hofften und schon immer wissen wollten, kommt zur Sprache. In einer Sprache der schlimmen »schönen« Stellen, in Arien einer spätbürgerlichen Gruseloper.

Die zynische Demontage des Selbstbestimmungsmodells am Frankfurter Theater am Turm: ein Affentheater; die Wochenenden auf den Bahamas: ein Alptraum-Werbefilm. 360 eng bedruckte Seiten, die sich gewaschen haben, ohne selbstreinigend zu wirken. Das Kopfkissenbuch eines Ausstatters, der nicht ohne Mokanz auch Ausstatter von Fassbinders Privatleben war. Ein behender Kulissenschieber, der sein Zeugnis mit »intrigengeölter Stimme« vorträgt, wie das Harry Baer an seiner Stelle nannte.

Man kann diese Dossiers natürlich in Widersprüche untereinander verwickeln, steckte in ihnen die Kraft zur rückhaltlosen Selbsterkenntnis. Aber die Bilanz ist trostlos. So sinnlos verplempert, so knallbunt kann ein Leben doch nicht nur gewesen sein. Kann es vielleicht auch an der Mittelmäßigkeit seiner Vertrauten gelegen haben, denen er nicht mehr als die eingedrillte Übersetzung seiner Version abverlangte, die Fassbinder in die schlimmste Trostlosigkeit trieb?

Diese Biographen haben mit ihrem Gegenstand nur die Geschwindigkeit der Produktion gemein. Wut und Trauer kommen zu kurz. Rechenschaft fehlt, von Kritik am verlorenen »Vater« zu schweigen. Die Hoffnungen auf Utopie, die dieses Leben wütend weckte, bleiben allein in seinen Filmen. Jetzt gibt es vier bedruckte Kondolenzschleifen mehr an Fassbinders Grab. Beflügelt flog er zur Sonne. Sein Unglück war, daß er keinen Dädalus neben sich wußte, der seinen Sturz überlebte: um von ihm berichten zu können.

Hölle & Söhne

Fassbinders Serie – »Berlin Alexanderplatz«

Die ersten, die Einlaß begehrten, waren Reporter, die sich wie Zollbeamte aufführten, und von den Zuschauern sich die gefüllten Picknick-Körbe zeigen ließen, als sei die Ausrüstung zu einer Kino-Expedition so bemerkenswert wie die zu einer Gipfelbesteigung in Nepal. Und diese Vorführung, die Fassbinders Fernseh-Serie BERLIN ALEXANDERPLATZ in vierzehn Folgen zu einem Film und: einem *Film* koppelte, wurde denn auch eine riskante Reise, vielleicht ans Ende der Nacht, bestimmt aber zur Mitte des folgenden Tages.

»Halten Sie durch? Ist Fassbinder diese Tortur wert? Würden Sie wiederkommen?« fragten die Herrschaften mit Mikrofon das Publikum ab, das erstaunt war ob der suggerierten Abwertung seines so augenscheinlichen Interesses und Durchhaltevermögens. Über Nacht war das TAT zum Idealkino geworden. Man erinnere sich: Dort begann einmal das Kommunale Kino, und zu manchen Filmen drückte man die Saaltür ein. Jetzt dienten dort Liegestühle der entspannten wie distanzierten Wahrnehmung, eine ordentlich abkaschierte Leinwand der sauberen Projektion, eine erstklassige Tonanlage der raffinierten Mischung auf Fassbinders Tonspur. Üblich ist, daß Kinos ihre Filme wie Digitalschallplatten einpakken, um sie in Wirklichkeit mit einer alten 78er Nadel abzutasten. Hier verschmolz der Film einmal mit seinem Medium Kino. Das war die Pionierleistung, nach der kein Berichterstatter fragte. Diese Leistung ist möglich und wiederholbar, scheinbar am fachfremden Ort »Theater«, das seine Verwandlungskunst noch übt, wo das Kino sich höchstens in Reproduktion seiner Selbstverschrottung übt.

Der gezeigte Film paßt nicht zufällig in diesen Rahmen. Er gibt eine Ahnung vom Ende des Kinos, indem er dem Fernsehen in Form der Serie vormachte, was Kino sein könnte, eine epische Form, nun von prosaischer Kleinform verschlungen. Die vergangene Reise im TAT war auch ein Versuch, einen Zusammenhang herzustellen, der sich der zumutbaren Portionierung für eine lange Nacht entzog, einzig um das Ganze des Films einmal als Zumutung vorzustellen, was es in Wahrheit ist.

BERLIN ALEXANDERPLATZ ist in Fassbinders Vision ein Ort, an dem alle Mythen zusammenfließen, denen zwischen Lorelei und Neuschwanstein keine Nische reserviert ist. Sein Ort ist ein Umschlagplatz, der Tragik in Pech, Romantik in zärtliche Gewalt und Bewußtsein in asynchrone Gefühle verwandelt. Sein Regisseur ist wie der Held: Transportarbeiter. Wie einer wie Franz Biberkopf an die Schmerzgrenze seiner Wünsche gerät, das sei das Aktuelle an dem Film, sagte im Pausengespräch ein Schüler, dem 1980 die Fernsehausstrahlung zu Haus zu sehen verboten wurde.

Auch das erzählt etwas über den sozialen Ort des Kinos. Man muß die Welt sehen können und mit den Füßen zu ihr hingehen, sagte Döblin in seinem Roman ›Berlin Alexanderplatz‹.

In eins gesehen, entfaltet Fassbinders Film die Architektur der Landschaft des Leidens, in der sich Biberkopfs Proletenpassion vollzieht. Fassbinder selber sprach – nein spricht, denn der Film behauptet sich durch Gegenwart – die Monologe eines Mitleidenden, der naiv vorwarnend oder melancholisch gestimmt Kommentare, Bekenntnisse, Hinweise auf Rätsel aus Licht und Ton in die Handlung einstreut. Diese innere Stimme erzählt vor allem, daß diese Figuren, die vor dem Ladenschild der allegorischen Stadtlandschaft »Enfer et ses fils, Im- und Export« (Hölle & Söhne) sich abstrampeln, auch durch epische Liebe nicht zu retten sind.

Vielleicht ist diese Melancholie nur eine Zärtlichkeit, die sich von den Figuren noch im Elend nicht trennen mag. Das bindet die Sympathie der Zuschauer, die BERLIN ALEXANDERPLATZ hier miterlebten, in einen Rhythmus ein, als sei das Kino eines ihrer Lebensmittel. Mancher schloß die Augen, dann gingen die Ohren noch weiter auf und bildeten im Imaginären über den Ton mehr Räume ab, als ein Bild zeigen kann. Die Grenze von Traum und Trance wurde gestreift. Noch unter geschlossenem Lid war ein Schnitt, ein Ortswechsel im Bild zu spüren, vorausgesetzt, das Auge folgte dem leisesten Lichtwechsel und Wink von der Leinwand.

Die Augen wollten sich nicht allezeit schließen oder offen stehen, sie wollten in einer Nacht den Einstellungswechsel in der Wahrnehmung üben. Die Stimme von Barbara Sukowa (»Mieze«), die um drei Uhr früh ihren ersten Auftritt hatte, die Gesten des Günther Lamprecht (»Biberkopf«) begannen ein Eigenleben und nahmen im Saal selber als Vertraute Platz.

Ihr Behauptungskampf kennt viele Übergänge vom Hellsinn zur Dumpfheit. Biberkopf vor allem ist, vom Augenblick als er das Gefängnis Tegel verläßt, um in die Freiheit, bei »Hölle & Söhne« einzutreten, ein überdimensionierter Stimmenimitator, der alle Formen der Empfindung, des Bewußtseins durchläuft und diese in viele Formen faßt. Sein Leid des Umhergetriebenen ist auch, im Zerstreuungszwang der Großstadt zu keinem eigenen Ausdruck zu finden.

Biberkopf ist ein Sprachrohr des Schutts an Regeln vom richtigen, d. h. gerichteten Verhalten, der seiner Körpermasse eingetrichtert wurde. Die Bibel, das Militär, deutsches Sangesgut und Halbweltjargon bilden den Grund, auf dem der Schauspieler Lamprecht ganz virtuos schlittert, als sei jeder seiner Schritte ein vermiedener Fall ins allgemeine Unglück. Das ist auch Fassbinders Grund, aus Döblins Stoff sein Epos zu entfalten: die ungeheure Fülle konkurrierender, aber sich vernichtender Ausdrucksformen von Alltag in einem Film zu fassen.

Jeder Serienteil für sich genommen, erhielte einen fremden Augen- und

Zungenschlag. Die Gewalt, die das Ganze gefügt erhält, speist sich aus Fassbinders utopischem Wunsch, den erlittenen Schmerz im Verband der Form zu stillen. Mag die Wunde heilen oder nicht, der Verband muß sie verdecken. BERLIN ALEXANDERPLATZ ist – vom Liegestuhl aus als Tag- und Nachttraum gesehen – eine Vision des Versehrten, das durch nicht endende Geduld und Sympathie zu lindern wäre. Das vielleicht meinte Döblin, wenn er den Juden eingangs Biberkopf trösten läßt mit dem Satz, man müsse die Welt sehen können. Und zu ihr hingehen, wo sie sichtbar wird.

In wessen Namen?

Jean-Pierre Melvilles »Armee im Schatten«

Paris, im zweiten Besatzungsjahr 1942. Eine Kamera ist in Kniehöhe auf den Triumphbogen gerichtet. Die Straßen sind leergefegt. Im Off Marschmusik, dann links im Bild eine kleine graue Larve, die am Triumphbogen nach rechts einschwenkt und – immer größer wachsend – die Champs-Elysées abwärts frontal auf die Kamera zumarschiert. Deutsche Truppen im perfekt gedrillten Stiefeltakt, der so unnachahmbar ist, sagt Melville, »daß ich ihn mit deutschen Komparsen nachsynchronisierte«. Sie drohen, uns zu überrollen, bis der Regisseur die starre Einstellung einfriert und der Vorspann abrollt.

Die Perspektive erfaßt das fremde Militär gegen den öden Himmel, fehl auf diesem leergewaschenen Platz, eingerahmt von den symbolträchtigen Plastiken »Auszug der Revolutionsarmee 1792« und »Triumph von 1810« (Frieden von Wien). Das will sagen: das Große bleibt groß nicht und klein nicht das Kleine, es kommt schon ein Tag, an dem auf diesem Platz de Gaulle die Parade der Sieger abnehmen wird.

Der Regisseur Melville, selbst militanter Widerständler und im Auftrag der Provisorischen Regierung Frankreichs in London, scheint von diesem Besatzungstrauma geprägt, dem er schon einmal im Debütfilm nachgab, in LE SILENCE DE LA MER (1947), wo der Krieg gegen die Barbarei noch im Namen der Kultur geführt wird. Das hatte damals den Zuschnitt von Ernst Jünger, nach dessen Ebenbild der deutsche Offizier ganz auf den noblen Gott in Frankreich hin gescheitert war. Nie löste Melville sich ganz aus dieser aristokratischen Haltung, deren Selbstauflösung in Anarchie seine Filme doch vorantrieben.

Immer sind seine Figuren Gezeichnete, von der Kälte der Kommunikation Stigmatisierte, die ohne festen Wohnsitz in Randzonen treiben, ihre

Wohnungen wie Straßen benutzen und Straßen wie Geschäftsräume. Der Unterschlupf auf Abbruch, die Hoffnung auf Kredit, die Schönheit nur in Schäbigkeit und die filmischen Mittel reduziert auf das Nötigste, an dieser Beherrschung des Handwerks erkennt man die Schrift Melvilles. Oft schickt er Figuren aus, deren Handeln verwandte Energien freisetzt, die für eine Expedition ins Reich der Unterwelt nötig sind. Einziges Gepäckstück auf dieser Reise ist eine Bestimmtheit der Figuren, die man analog Flaubert die »impassibilité«: den Gleichmut nennen müßte. Nicht Pessimismus, sondern den Mut zur Hoffnungslosigkeit.

DIE ARMEE IM SCHATTEN kämpft im Dunkeln gegen das gleißende Licht der Besatzer. Dieser Kampf ist lautlos, geführt von Leuten, die Patrioten aus Zivilcourage und keine Militärs sind. Kein Kampf der Partisanen, eher eine Sabotage in den Institutionen. Man muß nur sehen, mit welcher intensiven Gelassenheit Melville seine Figuren der Aktion aussetzt, wie beherrscht ihre Gesten, wie undurchdringlich ihre Mimik, wie choreographisch ihre Blickballette, wie bedächtig ihre Tarnung ist. Als Funktionäre des Vichy-Regimes Lino Ventura im Lager abführen, wirft der seine Näharbeit – auch das muß sein – nicht einfach hin. Er beißt erst den Faden ab, bevor er geht. Später entspannt sich eine Zuneigung, unmerklich, zur Widerständlerin Mathilde, die Simone Signoret mit Klasse verkörpert. Diese Zuneigung aber drückt sich in der Präzision der Arbeit aus, inhaftierte Genossen zu befreien. In finsteren Zeiten kennt die Sorge nur einen Ausdruck: die Sorgfalt.

Eine Arbeit auch der schmutzigen Hände, die nicht unterschlägt, wie gräßlich und grotesk die Exekution eines jungen Verräters (der Verrat blieb ungeklärt) vollzogen wird, wenn kein Schuß fallen darf, kein Messer zur Hand ist und der Kader zum Küchenhandtuch greifen muß. Muß? In wessen Namen, wessen Auftrag legitimiert sich der Mord an Genossen, wo der Feind so übermächtig ist? Der Widerstandschef – Mathematikprofessor – erstellt zu dieser Frage Hypothesen, die auf ein perfides Raisonnement hinauslaufen. Mord im Namen der Organisation sei nur ein kollektiv vollzogener Selbstmord, vom Opfer gewollt, um dem Feind zuvorzukommen und die Genossen nicht schlimmer zu gefährden. Aber Melville inszeniert keine Argumente zur Parteilichkeit, sondern exekutiert in langen, streng stilisierten Einstellungen seinen Fatalismus, in dem es kein Entrinnen gibt.

Wir werden in den Bann der Einfühlung geschlagen. Wir haben kein Argument gegen die Bilder, die unseren Widerstand gegen unmenschlichen Widerstand artikulieren können. Melville spannt uns fest in den Pflock der Emotion und führt uns wie Hitchcock durchs Labor der widersprüchlichen Empfindungen. Kaum atmet man auf, daß ein Kurier die Kofferkontrolle der Deutschen – durch einen Trick, ein fremdes Kind auf den Arm zu nehmen – unterlief, wird er an der U-Bahn kontrolliert. Diesmal von Franzosen, die er argumentativ foppen kann. Da herrscht vorsätzlich Verwirrung in der Topographie, die uns von Lyon nach Paris, von Marseille nach London schickt und durch einen Schnitt uns vom Hotel des Widerstands ins Gestapohotel fast absichtslos hineinstolpern läßt: in wessen Namen, auf welcher Seite?

Melville bekennt in einem Interviewbuch zu seinem Werk, er habe keinen dokumentarischen Bericht zur Résistance drehen wollen. Den gleichnamigen Roman von Joseph Kessel (ein Autor, der übrigens Buñuel zur BELLE DE JOUR inspirierte) wollte er seit dem Erscheinen 1943 verfilmen. Er hat 26 Jahre warten müssen. Diese Verbissenheit ins Sujet erklärt vielleicht, daß es ihm, wie er zugibt, eher um ein retrospektives Nachsinnen (rêverie), um eine nostalgische Pilgerfahrt zur Résistance ging.

Doch zwischen den Heiligen streifen die Helden als Wölfe.

Erinnerung

»Der Spiegel« von Andrej Tarkovskij

»Es besteht kein Zweifel« schrieb Alexander Puschkin 1836 einem Freund, »daß das Schisma uns vom übrigen Europa getrennt hat und wir an keinem der großen Ereignisse, die Europa bewegten, teilgenommen haben; aber wir hatten unsere eigene Aufgabe. Rußland, seine unermeßliche Weite hat die mongolische Eroberung verschlungen und die christliche Zivilisation wurde gerettet.« Andrej Tarkovskij, der in seinem jüngsten Film den Protagonisten sich seiner Geschichte erinnern läßt, stößt ihn auf diese Briefstelle, die sich wie ein Schlüssel zu seinem schmalen, doch bedeutenden Filmwerk liest.

Alle seine Filme von IWANS KINDHEIT (1962) über ANDREJ RUBLJOW (1969) bis SOLARIS (1972) arbeiten sich ab an dem Trauma dieser Trennung Rußlands von Europa. Subjektiv und radikal läßt Tarkovskij sich auf den Kampf um die geschichtliche Erinnerung ein. Seine Filme lösen etwas von dem ein, was Eisenstein einst forderte: äußerste Sinnlichkeit und höchste Intellektualität. Das rief die sowjetische Zensur auf den Plan. Jahrelang verhinderte sie eine Aufführung des RUBLJOW im Ausland und gab den Film 1973 erst unter Schnittauflagen für das westliche Ausland frei. Das gleiche Schicksal widerfuhr Tarkovskijs SPIEGEL, der erst 1977 – zwei Jahre nach seiner Fertigstellung und der üblichen »Subjektivismus«-Schelte seitens der führenden sowjetischen Filmzeitschrift – gezeigt werden durfte.

Im Science-fiction-Film SOLARIS materialisierten die Erinnerungen der

Kosmonauten sich aus dem Plasma, das den Planeten umgab. Im SPIEGEL sind es die Objekte in der Stadtwohnung (Gegenwart) und in der Datscha (Vergangenheit), die im Erzähler Erinnerungen wachrufen: an die Trennung von seiner Frau, an die geborgene Kindheit an der Seite seiner Mutter (beide Frauenrollen werden von der gleichen Darstellerin verkörpert). Stalinbilder werden ebenso aufgespürt wie Hauchflecken auf der Tischplatte. Kein Handlungsfaden knüpft sich hier zum Gespinst einer Geschichte, nur die Fäden der Evokation verstricken den Erzähler immer tiefer in seine Kindheit. Die war nicht so besonnt, wie sie scheint. Der Stalinismus zum Beispiel wird in einer Episode alptraumhafter ins Bild gesetzt, als ein manifest politischer Abrechnungsfilm dies vermöchte. Die Mutter, Korrektorin in einer Druckerei, wähnt, einen Druckfehler übersehen zu haben und irrt, von der Handkamera über nichtendenwollende Korridore gehetzt, durch die Druckerei.

Das Moskau von 1935, der spanische Bürgerkrieg, die Leiden der russischen Bevölkerung unter dem deutschen Angriffskrieg, der chinesische Grenzkonflikt am Ussuri werden in dokumentarischen Bildern diesem Erinnerungsteppich des Erzählers eingewoben. Die Montage eignet sich dieses Fremdmaterial auf eine Weise an, daß Historie so bestürzend subjektiv wie die eigene Geschichte in den Bewußtseinsstrom des Helden eingeht. Farbsequenzen wechseln ab mit eingeschnittenem Schwarzweißmaterial, aber in einem solchen Rhythmus, daß die Wahrnehmung des Zuschauers im Übergang das Schwarzweißmaterial koloriert und die Farbsequenzen entfärbt.

Die Kamera umfährt in endlosen Kreiselschwenks die Mutter und das Kind und erobert sich die engen Innenräume spiralenförmig. Sie zeichnet so den Weg vor, auf dem die Zeit des Erinnerns durchquert wird. Der kleine Junge beschaut sich den Spiegel und im Gegenschuß beschaut der Spiegel ihn, ja: fährt auf seinen Blick zu, bis beide verschmelzen. Der Schluß, die Spiegelungen würden hier so maniiert wie in vielen Fassbinder- und Losey-Filmen wirken, liegt nahe, aber täuscht. Sie entfalten kein narzißtisches Eigenleben. Tarkovskij, der über die avanciertesten Mittel des Kinos spielend verfügt, setzt diese doch nie dekorativ ein, sondern analytisch.

Das Spiegelstadium ist, laut Lacan, die Phase, in der das Kind sich erkennend gegenübertritt und seine Ich-Bildung beginnt. Dieser Blick des Kindes trennt Erfahrungsräume noch nicht in objektive und subjektive. Tarkovskijs Film hält inne an diesem Übergang, in dem der Blick auf ein Blatt, auf die Schrecken des Krieges und auf das Streichen des Windes durch das Buschwerk gleichrangig ist. Anläßlich von IWANS KINDHEIT sagte der Regisseur: »Im Film muß man nicht erklären, sondern direkt auf die Gefühle des Zuschauers einwirken. Die erwachte Emotion bewegt dann die Gedanken vorwärts.«

Der Schuldige sieht zu

Alfred Hitchcock ist tot

Alfred Hitchcock (1899–1980) war der letzte Filmheld der westlichen Welt, der, nach dem Tod von Howard Hawks als Monument bestaunt, als Könner verehrt wurde. So wie Hawks als Pionier galt, der dem Film Außenräume erschloß, darf Hitchcock gelten als der Pionier, der für unser Jahrhundert Weltinnenräume erschloß, wie sie Sigmund Freud beschrieben und Salvador Dali gemalt hatte. Hitchcock war der Regisseur, der seine Visionen so vollkommen in Visualität auflöste, daß die Angst, die vor unseren Augen Gestalt annahm, im Anblick des Zuschauers gebannt wurde. Hitchcock untergrub die Grenzen, die zwischen Film und Publikum lagen. Was rechteckig ist, schliff er ab, was gerade schien, bog er um. In seinen Filmen herrscht ein Sog, ein Klima, eine Atmosphäre, die den streunenden Blick des Zuschauers zur verschwimmenden Wahrnehmung lenkt.

Hitchcock, so erzählte er Truffaut, wollte auf dem Gemüt des Publikums wie auf einer großen Orgel spielen. Dieses Bild verrät etwas von seinem sanft getönten Zynismus, seine Allmachtsphantasie, die beim Filmschaffen erfüllt schien, auch noch im Kino auszuüben. Die Orgel: das war sein Instrument, das erhebend, feierlich und synthetisch klingt, das jedes Register ziehen kann, um Vibrationen zu erzeugen, die das Kino als Religionsersatz, als säkularisierten Kirchenraum erleben lassen. Und wenn Hitchcock seine kleinen fleischigen Finger auf die Tasten legte, dann war es immer eine unsittliche Berührung des Publikums, mit Unschuld getarnt.

Das Dilemma der Schuldverstrickung des Zuschauers und seine Schuldentlastung, die dadurch funktioniert, daß man dem Regisseur die moralische Schuld – nach dem Ertapptwerden – zuweist, hat Helmut Färber in seinem Versuch über Hitchcock auf den Punkt gebracht: »Daß Hitchcocks Filme, die Filme eines Bürgers, auch Filme für Bürger sind, hat seinen Vorteil darin, daß durch sie die Bürger Unrecht erhalten und sich doch unterhalten fühlen.« Man mag sich als Zuschauer darüber ärgern, daß – auf Einspruch der Produzenten – in SUSPICION Cary Grants Frau die vergiftete Milch, deren Transport von der Küche zu den Lippen der Frau mit so viel zielgehemmter Lust inszeniert wird, nicht trinken muß: alle Zuschauer aber wissen, daß sie soeben selbst Komplicen dieses Mordkomplotts geworden sind, weil Hitchcock sie, durch seine Form, fasziniert in Schuld verstrickt.

Hitchcock war ein Spezialist für »deutsche Schatten«: Angst und Gewalt, den latenten Faschismus des Alltags, die Beklemmung und die Scheinbefreiung. »Ich gehe lieber zu dir als ins Gefängnis«, sagt Marnie, die Kleptomanin, im gleichnamigen Film zu ihrem Mann, der ihre Leidenschaft fetischisiert. Der Spielraum dieser Alternative ist nicht sehr groß und: sehr englisch formuliert.

Er galt als Techniker der Angst, und die Geschichte seiner Filme in Deutschland ist die Technik der Abwehr dieser Angst. Ob NOTORIOUS/ BERÜCHTIGT, THE FOREIGN CORRESPONDENT/MORD oder TOPAZ, Hitchcocks Filme wurden bei uns verstümmelt, beschnitten oder vorsätzlich falsch synchronisiert. Das fing an, als der 26jährige Regisseur in den Münchner Studios THE PLEASURE GARDEN/DER LUSTGARTEN (1925) drehte und der Zensor, um die moralische Verwerflichkeit des Lasters zu geißeln, nur den wahrhaft eingedeutschten Titel IRRGARTEN DER LEIDEN- SCHAFT zuließ. Die Kritik war schon damals begeistert: das Variété-Milieu sei dankbar genutzt, die Münchner Kleinbürgermentalität nett dargestellt und die Landschaft sehr schön fotografiert. Hitchcock, dem es in Bayern nicht zu gefallen schien, reiste schon vor der Uraufführung wieder ab.

Unterm Faschismus waren seine Filme wie SECRET AGENT/DER GEHEIM- AGENT vom Markt ausgesperrt, wohl aber im Reichsfilmarchiv vorhanden: als Beutekopien, an denen man aufmerksam studierte, was antifaschistische Filmarbeit in Hollywood leistete. Die Kritik, nur als geheime Anweisungen aus dem Propagandaministerium überliefert, tat Hitchcock als mangelhaft und kulturlos ab. Das Gemachte, das Artefakt der Form, die psychologische Reduktion seiner Figuren, der kalkulierte Irrealismus ist ein noch in der Nachkriegszeit lange virulentes Argument der deutschen Filmkritik gegen Hitchcock. Wo die Vielfalt der kinematographischen Mittel bewußt auf Inkohärenz, auf stilistische Brüche setzt, bemängelte man schludrige Kintopp-Effekte.

Wo sich bei Hitchcock Ambivalenzen eröffnen, die vom Regisseur mit verführerischer Miene wie Falltüren aufgezogen werden, fordert die Kritik Eindeutigkeit, Stringenz. Ohne zu ahnen, daß dieser Begriff »stringent« wie kein zweiter Hitchcock trifft, der aus seinem Herzen eine Mördergrube machte. Denn seine Filme gingen an die Gurgel. Sie streichelten das Entsetzen, sie zwinkerten dem Grauen zu. Aber jede Bewegung war nichts anderes als die durch Konvention gebremste Leidenschaft, die zum Zuschauer ein sadomasochistisches Verhältnis unterhielt.

Die Hitchcock essentielle Durchlässigkeit für Zeitströmungen (nicht: für Politik, sondern deren Vibrationen) zu jedem Zeitpunkt seiner Produktion hat man ihm persönlich als politische Unreife angelastet. Diese Durchlässigkeit könnte aber auch ein dem Medium adäquates Mittel sein, mit dem, was Inhalt scheint am Film, als Illusion zu spielen. Die Produzierbarkeit der Angst, das war sein Thema, das Kino: sein Labor. Und was als ästhetische Dimension oft von seinen Filmen abgespalten wird – die verschwimmenden Fahrten, die schwindelhaften Kranbewegungen

der Kamera –, das lenkte den Blick auf den graduellen Zerfall der Wahrnehmung. In diesem Moment ein Stück Gesellschaftstheorie der Widerspiegelung des dargestellten Bürgertums zu sehen, wäre legitim. Die in
Deutschland häufig ausgespielte Dichotomie von Realismus und Phanta-
stik ist für Hitchcock, dem man in TORN CURTAIN / DER ZERRISSENE VOR-
HANG hämisch die bei Leipzig grünenden Hügel aus dem Atelier vorhielt,
nicht mehr gültig. Bei aller Konventionalität der Handlungen, ja: der offen reaktionären Konfliktlösung seiner Filme, an der man sich reibt, darf
nicht aus dem Blick verloren werden, daß Hitchcocks Radikalität in der
unerhörten Innovationskraft seiner Formen lag. Vielleicht war das seine
klandestine Art, inmitten von Hollywood Avantgardist zu bleiben. Die
Story war sein Kompromiß. Deren Form gab er nie preis.

V. Frauen unterwegs

Frauen unterwegs

Filme von Kenji Mizoguchi

Er zeichnet den Übergang. Seine Filme markieren, noch wo sie sich ans Herkömmliche klammern, einen sich selbst bewußten Riß der Tradition.

Mizoguchi (1898 bis 1956) war ein Mann im Abseits. Früh schon richtete er sein Leben in Kyoto ein, der Stadt der traditionellen Theaterkünste. Er war Maler, bevor er 1920 seine Filmlaufbahn begann. Er hielt sich vom hauptstädtischen Leben der Zerstreuung in Tokio fern. Sein Werk umfaßt vierundachtzig Filme. Davon sind nur achtundzwanzig erhalten, den Rest hat die Filmindustrie gleich nach der Ausschlachtung vernichtet. Sieben Filme davon werden in der ARD vorgestellt: ein Produktionszusammenhang der Verdichtung und Reife, so kostbar wie das letzte der sibyllinischen Bücher der Filmkunst.

DAS MAKELLOSE SCHWERT (Sendung in der ARD) ist die letzte Produktion des Regisseurs vor der Kapitulation des Militärregimes. Ein Film im Umbruch, der sich als Handlungsfeld die Feudalkämpfe vergangener Epochen wählt, um doch verdeckt ein Paralleldenken zur Gegenwart von 1945 anzudeuten. Verschiedene Clans kämpfen um die Vorherrschaft. Das ist außen. Innen spiegelt sich der Krieg in einem Loyalitätskonflikt. Dem Schmied mißlang ein Schwert. Sein Herr fällt. Die Tochter will ihn rächen. Mittels eines makellosen Schwerts, das dem Schmied erst gelingen will, als er sein Kunsthandwerk dem Kampf um die Wiedereinsetzung der legitimen Herrschaft weiht. In diesem Prozeß verschmelzen die Lehens- mit den Liebespflichten. Das bedeutet auch, daß die Autonomie der Kunst eingebunden wird in die Indienstnahme. Dieser Dienst ist die Arbeit an der Autonomie der Stände, der Klassen. Das Ergebnis: ein vordemokratischer Frauenfilm.

Allein die Titel signalisieren, daß Mizoguchi in der Schilderung sozialer Kämpfe Frauen zu Protagonisten wählt, die sich, im Vorfeld befindlich, von der Tradition losreißen, um in die erste Linie, das Entscheidungsfeld, zu gelangen. DER SIEG DER FRAUEN, UTAMARO UND SEINE FÜNF FRAUEN, DIE LIEBE DER SCHAUSPIELERIN SUMAKO, DIE FLAMMEN MEINER LIEBE, DAS LEBEN DER FRAU OHARU und ZWEI GEISHAS sind Studien der Vollkommenheit. Danach ist das Leben der japanischen Frau nicht mehr vorstellbar als erpreßte Dankbarkeit, in der Männergesellschaft eine Marginalie spielen zu dürfen.

Die Frauen helfen mit, das makellose Schwert zu schmieden, das sie selber kämpferisch zu führen wissen. Sie begehen offenen Verrat an familiären Verpflichtungen, der öffentlich herrschenden Meinung. Sie verlassen das Haus, um einen Beruf zu ergreifen. Sie reißen sich vom Ort der Heimat los, um im Rahmen einer Partei nach außen zu wirken. Sie strafen ihre verflossenen Liebhaber. Sie stützen und sie stärken sich. Vorbilder finden sie in der eigenen, doch ihnen enteigneten Tradition. Warum soll eine Frau nicht wie ein Samurai für ihre Rechte fechten? Oder, westlichem Vorbild nacheifernd, aus dem Puppenheim desertieren und eine Nora werden. Hier fängt Mizoguchi erst an: was passiert im Gefüge scheinbar stabiler Ordnung, wenn Nora das Haus verlassen hat?

Sie trifft auf einen Mann, der ihrem Beispiel, das er ihr theoretisch vor Augen stellte, praktisch folgt (DIE LIEBE DER SCHAUSPIELERIN SUMAKO). Sie verläßt, emotional getäuscht, in der Politik der Körper desillusioniert, den Mann, dem sie aus politischer Sympathie folgte (DIE FLAMMEN MEINER LIEBE). Sie verteidigt gegen die Nominalisten des Gesetzes den Sozialisierungsanspruch der Bestraften (DER SIEG DER FRAUEN).

Mizoguchi-Frauen sind Verjagte, Fliehende, Losgerissene. Ihre Wünsche wären erst in einer Verfassung befriedigt, die das Recht auf eine Welt als Möglichkeitsform verankert.

Da die japanische Kultur nicht den individuellen Ausdruck zum Richtwert der Selbstbehauptung einer Person erklärt, müssen sich unsere Augen auf jene Risse richten, in denen eine Abweichung vom kollektiven Ausdruck sichtbar wird. Gefühle und Leidenschaften der aufgestauten Geschichte dieser Frauen sind nicht am Gesicht ablesbar, sondern nur am Ensemble der Gesten und Gänge, die diese Frauen außerhalb der konventionellen Strafräume wagen. Dann werden ihre Bewegungen ausgreifend und zielen auf die Tiefe des Innenraums, der nicht mehr von allen Seiten beschirmt wird.

Ein Geliebter stirbt, und der Raum, der ansonsten vorsichtig in der Diagonalen betreten wird, denn bei Schiebetüren kann man mit der Tür schlecht ins japanische Haus fallen, füllt sich von allen Seiten. Trauernde Leiber werfen sich über die Leiche. Einer Kurtisane wird der unstandesgemäße Liebhaber enthauptet und sie stürzt ins Freie, um durch den Bambuswald zu irren. Auch im Freien ist kein Raum für ihren Schmerz, der immer wieder festgehalten, angestoßen, untersagt wird.

Die Kamera hat die Frauen im Blick und zeigt, wie heikel, wie fragil das Verhältnis ist, unter dem sie auf sich lösende Frauen blickt. DAS LEBEN DER FRAU OHARU beschreibt mit jeder Episode, jeder Blicklenkung, wie dünn der Boden ist, auf dem die Frauen ihrem Glück entgegeneilen. Ihr

172

Glück liegt in der Zange von Autonomie und Indienstnahme, das macht den Weg, den sie zurücklegen, länger als erhofft. Frau Oharu wird verbannt, ihr Geliebter enthauptet, und der Abschied, den Mizoguchi inszeniert, ist ein Scherenblick, der wenig Gutes der Entschwindenden verheißt. Zwischen dem Damm und der Brücke ist ein schmaler Streifen, auf dem Oharu aus dem Blick läuft: ein Versuch, ihrer sozialen Zwänge zu entgehen.

Von einem Ort der Zugehörigkeit zum anderen Ort der Losgerissenheit zu fliehen, ist eine Fahrt im Kreis. Mizoguchi überblendet seine Schauplätze oft, ohne in einem Zwischenbild den Ortswechsel zu markieren. Die Fastidentität der Räume, die Abwesenheit von Natur erzeugen den Eindruck einer Raumlosigkeit. Hier herrscht immer nur so viel Raum, wie in ihm agierende Menschen mit ihren Gesten sozial füllen können.

In Japan, sagt Roland Barthes (in seinem Buch ›Das Reich der Zeichen‹), gibt es »keinen Ort, der auch nur das geringste Eigentum bezeichnete: weder Sessel, noch Bett, noch Tisch, von denen aus der Körper sich als Subjekt (oder Herr) eines Raums konstituieren könnte: ein Zentrum soll es nicht geben.«

Das ist ein Zugang zur Lektüre der Mizoguchi-Filme. Den Frauen gehört kein eigener Raum, in dem sie gültig eine Rolle entfalten könnten. Ihnen aber gehört die Kraft, sich in einem Raum weder als Subjekt noch als Herr behaupten zu müssen.

Da sie sich von begrenzenden Axen und transparenten Wänden nicht einfangen lassen, leben sie auf, wo sie gerade stehen können. Die Bewegung der Kamera, die ihren Blick in Ruhe auslaufen läßt, schmiegt sich den Bewegungen dieser Frauen an. Sie gibt den Bewegungen der Frauen Atem und macht ihrer Suche ins Weite Luft.

Traumhafte Fremdheit

Filme von Marguerite Duras

In der zweiteiligen Dokumentation DIE ORTE DER MARGUERITE DURAS kommt die Schriftstellerin und Filmemacherin mit Michelle Porte ins Gespräch. Sie sitzt in ihrem Haus, sie wird nicht ausgefragt, die Frauen greifen Fragen auf, die sie sich stellen, und die Duras antwortet zögernd, aber nicht stockend, abschweifend, scheinbar unkonzentriert, in Wahrheit immer zur Sache. Eine tastende Annäherung an eine ältere Frau, die mit ihrem Haus, in dem sie viele ihrer Filme ab NATHALIE GRANGER (1973) drehte, verwachsen scheint. Zu Hause sein heißt auf französisch: bei sich sein, und an diesem Ort ist die Duras bei sich. Nahtlos assoziiert, treten aus dem Gespräch Ausschnitte aus ihren Filmen, die, eingebettet in ihre Erzählung, sich doch wieder zu einem Film zusammenfügen.

Man könnte die Rollen aller Duras-Filme zu einer Endlosschleife aneinanderkleben, so eng verwandt scheinen sie vom autobiographischen Punkt auszugehen und in die gleiche Ferne auszuschweifen. Immer laden die Bewegungen und Fahrten der Kamera zur Ruhe ein, zur Stille, und lassen dem Zuschauer Zeit, sich unterwegs auf vagem Terrain zu verlieren. Formen des Fließens bestimmen die Ästhetik dieser Filme. »Ohne Wasser kann ich mir das Kino nicht vorstellen«, sagte Jean Renoir, der auch von physischer Bewegung ausging, so wie die Wahrnehmung der Duras auf die innere Natur unendlich kleiner Bewegungen der Psyche ausgerichtet ist. Antrieb dazu ist der Bruch mit der herkömmlichen Dramaturgie des Erzählkinos, dessen Zwang, 90 Minuten sinnvoll zu füllen, nur die straffe Rationalisierung unserer Freizeit ausdrückt. Deshalb hat ein Film, der sich Zeit nimmt, ohne unsere zu stehlen, stets mit dem Verdikt der Überflüssigkeit zu rechnen.

Die Filma der Duras, allen voran INDIA SONG (1975), kultivieren den Luxus, im Film über eigene Wahrnehmungen zu verfügen, der zunächst von der vermeintlichen Armut der filmischen Formen verdeckt wird. INDIA SONG soll im Hause des französischen Vize-Konsuls in Kalkutta spielen, aber Indien ist kein realer Ort, sondern nur Topos der traumhaften Fremdheit. Ein endlos wiederkehrender Tango erklingt als Hymne der Kolonialkultur, aber die Statthalter sind längst machtlos, haben nur noch sich selber als letzte Kolonie zu verwalten. Jeder Schauplatz verrät, daß kein Zentimeter Zelluloid außerhalb Frankreichs verdreht wurde. Früher schrieb man, um französische Zustände aufzuklären, »Persische Briefe«. Die Duras beschreibt französische Zustände, die in der Schwebe sind. Ihre Figuren scheinen selbstversunken, deren Schritte wie ein Ballett der Absichtslosigkeit. Den Zeichen fehlt die Repräsentanz. Ob Jeanne Moreau in NATHALIE GRANGER oder Mathieu Carrière in INDIA SONG – immer verzichtet die Duras darauf, Menschen als realistisches Abbild zu zeigen. Sie macht eher tranceartig, traumwandlerisch klar, daß in ihren Filmen die Menschen auf Grund der Bewegungskontinuität, die jeder Film vortäuscht, sich wie Zombies, Scheinlebende bewegen.

Diese Reflexionen auf die Form des Kinos werden technisch unterstützt durch die Behandlung der Stimmen. Selten gibt es Dialoge, noch seltener Lippensynchronität. Wir befinden uns in der exotischen Bilderwelt des Stummfilms, den die Duras als Parallelereignis von Bild und begleitendem Ton inszeniert, der außerhalb der Leinwand sich ereignet. Wir hören »Stimmen, die nicht wissen, daß sie belauscht werden«, deren Schichten sich neben den starren Einstellungen zu Hörspielen verdichten. In LE CAMION (1977) liest die Duras dem Schauspieler Dépardieu bei sich zu Haus einen Text vor, und dann und wann ist ein blauer Lastwagen eingeschnitten. Wie wenig das ist, hängt davon ab, wieviel wir selber dazutun.

Das Material ist nicht beliebig, aber veränderbar. So ist die Tonspur von INDIA SONG wieder im nächsten Film, SON NOM DE VENISE DANS CALCUTTA DÉSERT (1976), montiert, während die Kamera in gedrosseltem Gang ein verfallenes Haus durchstöbert. GANZE TAGE IN DEN BÄUMEN (1970) existierte schon längst als Theaterstück und Hörspiel, ehe der Film dazu entstand. Dies ist sicherlich der zugänglichste Film der Duras, weil die Fabel leicht erkennbar ist: eine alte Frau sucht ihren Sohn auf, Hort der Hoffnung, und muß am Tag ihrer Enttäuschung nur schlucken, schweigen und schenken. Madeleine Renaud spielt die leichtfertige alte Dame mit der derben Pfiffigkeit der Lina Carstens und dem zerbrechlichen Charme der Grete Mosheim. Eine Frau, die ans Ende ihrer Wünsche reist.

In NATHALIE GRANGER hebt eine Schauspielerin das Telefon ab und sagt: »Falsch verbunden. Hier gibt's nur Frauen.« – Das ist ein Schlüsselsatz zu Duras' Filmen, die alle am Rande des Systems produziert, es in Frage stellen: »Das sagenhafte Zuhältertum, das den Film von Anfang an kapitalistisch beherrschte, hat bis heute sechs Zuschauergenerationen herangezogen, und nun stehen wir vor einem Himalaja an Bildern, der zweifellos die größte Dummheit der neueren Geschichte darstellt«, sagte Marguerite Duras.

Der mittlere Realist

Mikio Naruse

Zur Überlieferung

Ist er eine Ausgrabung oder ein Fund der Zeit, die nach sich selber gräbt? Wie gelangte Naruse an den Rand der Vergessenheit, was holte ihn zurück? Wir kennen das Werk der drei großen Klassiker des japanischen Films, Mizoguchi, Kurosawa, Ozu. Aber der Schlüssel fehlt, deren bleibende Fremdheit aufzuschließen. Ihr Rätsel fasziniert; die Lösung, die ausbleibt, kann populär nicht werden. Jetzt wird Naruse präsentiert, der die Reinheit des »Japanischen an sich« oder vielmehr, was wir dafür halten, nicht kennt. Kein Rigorist des Stils, kein epischer Erzähler der großen alten Mythen, kein Künstler des Minimal Art.

Naruse ist, woran es dem Triumvirat der Großen gebrach, ein mittlerer Realist, ein Komödiant des Alltags, ein Chronist gewöhnlicher Gefühle.

Er greift hinein ins halbe Menschenleben und schneidet sich für seine Filme Scheiben daraus ab. Aber wo er hingreift, lebt das Leben nicht. Es plätschert bloß dahin. Extreme Steigerungen, Verdichtungen, Transformationen der Wirklichkeit sind seine Kunstgriffe nicht. Naruse repräsentiert das Unreine Kino, das keine Trennungen mitmacht, weder in den Genres noch im Stil. Dieses Kino integriert das Alte mit dem Neuen, den Kimono mit der Windjacke, europäische Vorbilder mit heimischen Wünschen, amerikanische Nostalgie mit japanischen Möglichkeiten. Vielleicht ist Naruses Kino deshalb japanischer als alle anderen, die den Mythos des Außergewöhnlichen beschworen. Sein Mythos der Gewöhnlichkeit sucht Anschluß. Er zwinkert dem Publikum zu. Da bleibt für l'art pour l'art kein Spielraum. Naruse war zuständig für den Import westlicher Filmideen. Hielt man ihn deshalb in Japan nicht für exportfähig? Jetzt, wo das Revival der 50er Jahre neu-alte Werte bildet, kommt Naruse gerade recht. Im Idyll liegt seine Rettung, im armseligen Realismus sein Stil.

Wie soll man seinem Werk sich nähern? Von den 87 Filmen, die er im Laufe einer unerschütterlich kontinuierlichen Karriere dreht, sind 69 erhalten; die meisten seiner Stummfilme von 1930–1934 (so lange hielt die Stummfilmära an in Japan) gingen verloren. Das nun von Locarno gepackte Paket umfaßt 20 Filme, wovon immerhin zwölf Filme die Produktionszeit 1951–1966 spiegeln. Aus den 40er Jahren wurde kein einziger Film gewählt. Das scheint mit ein Fehler aus falscher Rücksicht, denn in dieser Zeit drehte auch Naruse Propagandafilme gegen China, die amerikanische Filmarchive als Beutestücke zurückhalten.

Anfänge

Die Stummfilme wie KLEINER MANN, STRENG DICH AN! (1931), GETRENNT VON DIR (1933) oder ALLNÄCHTLICHE TRÄUME (1935) setzen in Stil und Thema auf den gesunden Menschenverstand inmitten kranker Verhältnisse. Die großen Sorgen kleiner Leute haben in den Hütten am Stadtrand der Metropole Tokio zuwenig Platz. So widerfährt ihnen Trost mittels Technik. Die zu kurz gekommenen, gedrückten Gefühle der Angst, des Mitleids, der praktischen Resignation ins Unvermeidbare (das ist das Elend) dürfen sich, von der Kamera auf Schienen gesetzt, entfalten. Die Not wird kompensiert durch Sympathie, die schwelende Rebellion gegen die Not durch eine großräumige Positivierung der Not. Die Kamera fährt nicht unverhältnismäßig viel um die ausdrucksarmen, ausdrucksberaubten Figuren. Sie ist genau verhältnismäßig, der Einstellung des Regisseurs, seiner Produktionsfirma, um das Publikum dem Milieu anzupassen. Naruse beginnt als einer, der zur Beschwichtigung ermuntert. Detail. Die Scham der Armen will ihre Löcher im Strumpf, im Schuh verbergen. Naruse entdeckt sie wieder. Ein kleiner Sohn flickt den Schuh des Vaters mit Kaugummi und Zigarettenpapier. Das ist praktisch, und das ist rührend. Das schafft eine Abfuhr für den Konflikt der Eltern, und das wärmt das Herz des Publikums. Oder auch: Wie viele Frauen und Kinder werden von wildgewordenen Autos angefahren, wie viele melodramatische Versöhnungen zieht die Fatalität am Krankenbett nach sich!

Das Melodram ist kein japanisches Genre. Naruse geht ungelenk damit um. Er macht Anleihen bei der Ufa-Produktion der 30er Jahre und bei Hollywood, als müsse er seinen Geldgebern die Überflüssigkeit westlicher Filmimporte beweisen. Seine Anleihen, exotisch eingesprengt, tun ihre Wirkung. Ein Vater entzückt seinen Sohn mit einem Modellflugzeug der Marke »Junkers« und trinkt selber »Union-Bier«. Ein verliebtes Revuegirl summt beim Wäscheaufhängen das Lilian-Harvey-Lied: »Das gibt's nur einmal, das kommt nicht wieder ...« aus dem Ufa-Film DER KONGRESS TANZT. Dieses Lied wird im Naruse-Film DREI SCHWESTERN REINEN HERZENS (1935) als so bekannt vorausgesetzt, daß es ausreicht, die Melodie zu summen.

Serviererinnen wollen Filmstars werden und träumen in Hollywood-Streifen den Eroberungen fescher Leutnants nach. Taxis halten vor Läden wie »American Bakery«, ein verformtes Brötchen wird »Picasso-Brötchen« getauft, junge Männer geben sich das Air eines Clark Gable. Nimmt es da wunder, daß als erste amerikanische Zeitschrift ›Reader's Digest‹ über einen Naruse-Film berichtete? Daß der Regisseur nach dem Krieg als erster vorbehaltlos amerikanische Filmstoffe (von Frank Capra) übernahm, um sich als gelehriger Schüler der frisch importierten Demokratie zu erweisen? Naruse ist der Anverwandler, dessen Mangel an Stil einen Reichtum an kollektivem Ausdruck, durch keine Autorenhandschrift gefiltert, nach sich zieht. Das läßt Naruse auf den ersten Blick als ästhetisch »unergiebig« erscheinen.

Geschichten

Immer sind es Aufbruchsgeschichten von Frauen. Aber anders als Mizoguchi, der das Märtyrertum der japanischen Frau als ästhetisches Opfer annahm, unterwirft Naruse seine Frauen keiner Stilisierung. Seine Frauen stehen *einfach* auf. Sie finden keine Haltungen, sich aufzulehnen. Sie weisen schwache Männer, die sich notorisch an ihre flinkeren Fersen heften, zurück. Sie legen den Kimono ab, wenn es sein muß, um durch jedwede Arbeit zu überleben. Die Männer haben eine soziale Existenz und Würde und beides schnell verspielt. Naruses Frauen werden würdelos gelebt, aber sie gehen nicht unter. Ihnen wird eine unheroische Kraft der Behauptung zugeschrieben. Da das System der männlichen Gesellschaft sie ohnehin marginalisiert, gehen sie auch am Rande der Gesellschaft leicht an dieser vorbei.

Detail. Oft stehen die Frauen in nervöser Freundlichkeit beisammen, aber Teile ihrer Körper erscheinen abgeschnitten, außerhalb des Bildfeldes. So wird von der Wahrnehmung auf sie nur ein Schatten, ein verlassener Platz bleiben. Aber sie brechen auch auf. Ortsveränderung ist ihre kollektive Tugend, Rettung zu suchen. Die Männer bleiben, wo sie sind, zurück. Kaum gibt es Trennungsschmerz. »Hat Mutter sich verändert?« fragt ein Zwischentitel. »Ja«, antwortet der nächste Titel: »Ich bin stark geworden.«

Der mittlere Realist

Deshalb muß die Story, die Darstellung, die Schauspielerin nicht stärker werden. Hier herrscht die Dramaturgie der Entspannung. Das ergibt ästhetisch den Schein einer Gleichförmigkeit, der die »Rundung« oder »Zuspitzung« der Geschichte »zum Ganzen« abgeht. Aber in dieser Reduktion liegt Naruses Eingeständnis vom fatalen Kreislauf des »Lebens«, aus dessen Armseligkeit kein Entkommen, wohl aber eine wechselnd intensive Einstellung möglich ist, die er im Rhythmus der Bilder vornimmt. Am Anfang sehen sie alle »gleich« aus. Erst im Zusammenhang der Filme wird »alles« anders. Die unscheinbaren Übergänge, das lebenslang währende Verfehlen führt zur Mitte von Naruses Form.

Seine Geschichten bestehen aus unendlich vielen Abschieden. DIE GANZE FAMILIE ARBEITET (1939) zeigt eine Familie in manifester Armut, aber um so fester geschlossen als frühindustriellen Kampfverband. Man lebt nicht, man schlägt sich durch. Das geht alles durcheinander und zerfällt die Form väterlicher Autorität. Die Söhne arbeiten, lernen und schlafen in einem Raum. Da hat die Harmonie keinen Platz. Die Tonspur zeigt, wie schrill das Chaos klingt. Die Familie löst sich auf. Naruses Interesse richtet sich nicht auf das Porträt eines einzelnen.Er sucht den Ort der Abwesenheit des einzelnen auf, an dem er gleichwohl spürbar wird, in den Narben der Erinnerung.

Visueller (und sozialer) Stil

Naruse bringt im Gegensatz zu den drei Rigoristen des japanischen Films viel Bewegung ins Bild, unorthodox, in wilden Sprüngen, in rasanten Kamerafahrten, im Aufstöbern sozialer Unordentlichkeit, die er aber ordentlich zurechtbügelt. Er läßt nur seine Kunstgriffe nie deutlich werden. Sein Ideal ist, die Künstlichkeit des Eingriffs am vorgefundenen Schauplatz zu vertuschen. Er läßt sie natürlich erscheinen durch subjektive Bewegung der Figur in der Szene. Eine Blende kann man leicht durch eine

Schiebetür, die Räume trennt, ersetzen. Was flüchtig im Reißschwenk über belebte Straßen zusammengekehrt wird, soll als ein Blick der Harmonie gelten: durch Überblendung der Fragmente.

Die mildern die Härte der abgerissenen Schwenks. Meditativ kann dieser Stil nicht sein. Leeren Landschaften gilt kein Blick. Naruse sucht die enge Gasse, Geschäftigkeit, das Ungetrennte, die Ameisennatur des Menschen.

»Naruses Methode besteht darin, kurze Einstellungen aufeinander aufzubauen, die den Eindruck einer einzigen langen Einstellung erwecken. Der Übergang ist so fließend, daß die Nahtstellen unsichtbar werden. Dieser Fluß von kurzen Einstellungen, der auf den ersten Blick ruhig und gewöhnlich scheint, erweist sich aber als tiefer Strom, dessen ruhige Oberfläche über eine heftige Unterströmung hinwegtäuscht«, schrieb in seiner Autobiographie Akiro Kurosawa, der seine Laufbahn 1937 als Regieassistent Naruses begann.

Die Nahtstellen brechen in den Nachkriegsfilmen Naruses auf, in Ton und Bild. MAHLZEIT (1951) beginnt mit einem inneren Monolog einer kleinbürgerlichen Hausfrau. 365 Tage im Jahr Bohnensuppe kochen, sei zuviel. Der Ehemann sieht auch nur noch halb hin. Wütend wäscht sie Reis. Aber das aggressive Geräusch dieser Arbeit wird sofort übertönt von einer hollywoodesken Musik, die die Situation verallgemeinert und so beschwichtigt. Später sitzt das Paar im Zugabteil. Der Mann hat die Blickachse nach rechts, die Frau nach links gerichtet, ins Freie, zum Fenster, zum Fluß. Ihr innerer Monolog spricht vom eventuellen Glück. Um das Desinteresse ihres Mannes nicht manifest zu machen, hält sich die Kamera an das zaghafte Lächeln der Frau. Die Illusion fährt eben nicht nur in der Straßenbahn.

Späte Meisterwerke

Als der japanische Film Mitte der 50er Jahre über das Einfallstor Venedig Europa faszinierte, schrieb der italienische Regisseur Visconti einen (erst kürzlich veröffentlichten) Brief an seine Drehbuchautorin. Darin heißt es: »In den japanischen Filmen gibt es etwas, was unseren Filmen fehlt: den Sinn für das Geheimnis. Bei uns ist alles ›Bitsch-Batsch‹, ohne Geheimnis und Zartheit, die jene Filme ausmachen.«

Was Visconti »Geheimnis« nannte, kann man als Fremdheit bezeichnen, der man doch nie näher tritt. Die angesprochene Zartheit ist eine Naruse-Filmen eigene Qualität, die in der gesellschaftlich bedingten Scham und Zügelung gründet. Wie auch bei Mizoguchi oder erst recht bei Kurosawa stellt sich bei Naruse die Frage, welcher Zusammenhang zwischen extremer Freundlichkeit, Gleichmut und extremer Gewalt besteht, der in japanischen Filmen zum Ausdruck drängt.

Naruse differenziert geschlechtsspezifisch. Bei ihm sind es die Männer, die Gefangene der Tradition sind, und die Frauen, die aus dieser Gefangenschaft aufbrechen, das Weite zu suchen. Dabei scheuen sie nicht davor zurück, auch Tabus anzugreifen (BRUDER UND SCHWESTER, 1953; DAS GERÄUSCH DES BERGES, 1954). Das Zerbröckeln der Familien ist noch das wenigste, was man hört. Man kann es aber sehen. Behutsamkeit in ästhetischer, Takt in moralischer Form ist, was den späten Naruse auszeichnet.

Beiläufigkeit wird das Stilideal. Ein Mann kauft einen Fisch zuwenig ein. Sein Sohn geht abends fremd. So nimmt der Vater zum Abendessen mit der Schwiegertochter vorlieb. Ihre Gefühle entwickeln ein Eigenleben, das in früheren Naruse-Filmen nur melodramatisch, nie in genauem Bezug zur Figur sich einstellen durfte. Dieser Film – DAS GERÄUSCH DES BERGES – hat eine zirkuläre Struktur, die Konflikte streift, ohne sie zu unterdrücken. Das Geständnis der gegenseitigen Liebe von Schwiegertochter und -vater ist unausgesprochen, aber offen. Der Schmerz einer tastenden Trennung dieses Paares wird nicht vergrößert, nicht verkleinert. Er wird sichtbar.

Ein anderes Meisterwerk ist WANDERNDE WOLKEN (1955). Es reflektiert den verlorenen Krieg, zehn Jahre später. Die Kriegsruinen hat Naruse als Schauplatz nicht mehr vorgefunden. Er mußte sie wieder aufbauen lassen. Die innere Ruinenlandschaft liegt in der abgestorbenen Liebe, die am unmöglichen Ort, dem japanisch besetzten Vietnam, begann. Auch nach der Niederlage gibt der Mann »seinen« Ort nicht auf. Er bleibt ein Eroberer. Klammheit ist das Grundgefühl der Katastrophe, die Naruse auch nicht mehr beschwichtigend abtut. Die Gewalt der Gegenwart kommt nun daher, woher sie aufbrach, aus der Bewältigung der Vergangenheit.

Illusionen aus zweiter Hand

Marlene Dietrich wird 80

Ihr Name beginnt, sagte Jean Cocteau, wie ein Liebeslocken und endet wie ein Peitschenknall. Das heißt, sie fährt mit allen Männern, ob Herr oder Kutscher, Schlitten. Ihr verfällt man, und sie gewinnt, wo immer die Logik der Gefühle herrscht. Drohte Gefahr, wuchs ihre erotische Attraktion mit der moralischen zusammen. Wo immer sie stand, ihr Einsatz wurde ausgezeichnet, ihr Fatalismus durch Rettung belohnt. Diese Generalstochter ist vor allem eine entschiedene Demokratin: im großen ganzen. Im kleinen, in ihren Filmen, stritt sie für Transparenz. Das meint nicht bloß das Licht. Das zielte auch auf Durchlässigkeit moralischer Normen, die sie spielend überwand. Wenn ihre Rollen sie oft ins Zwielicht stellten, blieb sie nicht da stehen, sondern zog den Zinnober, den ihr Regisseur von Sternberg um sie baute, am Ende ins Helle, ins Freie. Das war ihr Raum.

Sie schlenderte im weiblichen Kostüm besonders weiblich durch die Räume und in Männerkleidern irritierend männlich. Das provozierte, war aber eine schmerzlose Normverletzung, die sie lächelnd vollzog. Was sie tat, verzögerte sie. Bedenkzeit für den Übergang, im Augenblick sich seiner innewerden, scheint die Triebfeder ihres Ausdrucks zu sein. Sie fing Männer ein, um sie gleichgültig wieder freizulassen. Sie ist mehr als ein Vamp. Sie ist ein Tramp in ihren Rollen. Die materiellen Lüste hielten bloß, so weit das Auge reicht. Sie wohnte in ihren Kleidern, karessiert vom Licht, das auf ihr ruhte wie ein Falter.

Ihr Rätsel ist das Zwischenfach. Der Kolportage gewinnt sie Tragik ab und der Komik tragische Züge. Sie ist, was Kleist über seine Schwester schrieb, eine Amphibie zwischen den Gattungen. Fremd, spröde und anziehend, nie unberührbar wie die Garbo, als deren Gegenpol die Paramount sie aufbaute. Sie liebt es, letzte Gesten auszuspielen, als träte sie als eine Tochter des König Lear ins Studio. In DESTRY RIDES AGAIN (1939) wirft sie sich schützend vor James Stewart, dem die Kugel galt. Sterbend wischt sie sich die Schminke ab, um dem Lebewohlkuß für ihren Schützling einen Auftritt zu bereiten. In DISHONORED (1931) heißt sie den Leutnant, der ihre Hinrichtung befehligt, den Säbel zu heben, damit sie sich, in ihm spiegelnd, angemessen schminken kann.

Die Unverschämtheit in den kleinen Gesten gibt ihr die Energie zur Selbstbehauptung. Auch wo sie fällt, siegt sie als Märtyrerin des absoluten Gefühls, das sie sich nie durch Sex & Sentiment erkauft, sondern durch flirrende Distanz. Auf dem Boden der Realität baut sie eine zweite: sich. Schlägt sie die Augen auf, dann ist das ihre Einladung, eine Falltür zu betreten. Sie lockt nicht mit Tönen, sondern mit Farben, die ihren Rollen wie Signale eingeschrieben sind. Der blaue Engel, die rote Lola, Shanghai-Lily oder Frenchie – das sind Splitter aus dem Reich der Sinne, in das die Dietrich, dieses fesche Schlachtroß der Begierden, führt.

Das deutsche Publikum hat nie verwunden, daß sie nach Hollywood entschwand, anstatt 1933 in den Studios von Babelsberg das Fach der widerspenstig Gezähmten zu trainieren. Um die Leerstelle des Verruchten mit Mütterlichkeit zu füttern, wurde Zarah Leander importiert, und sie machte ihre Sache, die Marlenes Sache nicht war, gut. Die Filme der Dietrich blieben. Sie liefen sämtlich am Kurfürstendamm, bis die »BZ am Mittag« die erste der Hetzkampagnen lancierte, die nach dem Krieg, als Marlene singend in Deutschland gastierte, kulminierten. Sie negiere den

Begriff der Frau vollkommen, wetterte die »BZ« und hat, liest man das Paradox der vollkommenen Negation genau, nicht einmal unrecht. Im deutschen Film erstarrte die Frau zu einem Begriff, den Marlenes Rollen in die Möglichkeitsformen, Frau zu sein, auflösten.

Sie blieb der kollektiven Sehnsucht präsent. In einer Hans-Moser-Klamotte, die sich über vermeintlich Irre mokiert, tritt eine Figur auf, die sich Marlene Dietrich nennt. Als Indiz und Insignie des Vamps hat sie einzig eine lange Zigarettenspitze und eine leicht verschleppte Sprechart. Grethe Weiser durfte, als GÖTTLICHE JETTE, die singende Dietrich, nicht einmal ungeschickt, parodieren. Und Billy Wilder, der stets auf Mesalliancen setzte, träumte frech in seinem Film A FOREIGN AFFAIR (1948), was passiert wäre, hätte Marlene Deutschland nicht hinter sich gelassen. Hier mußte sie, die Antifaschistin, ein belastetes Naziflittchen spielen. »The girl with the umlaut«, wie ihre Konkurrentin, Kongreßabgeordnete aus Idaho, schnippisch sagt. Marlene Dietrich posiert in einer Kaschemme des zertrümmerten Berlin auf dem Flügel, Friedrich Hollaender begleitet sie, und was bietet sie? »Illusionen, angestoßen, aus zweiter Hand gefällig?«

Andererseits sieht man eine Darstellerin, die das über sie gegossene Zwielicht charismatisch leuchten läßt, die singt und schuftet, die liebt und kämpft. Eine Frau, die sich in Habit und Haltung liebend gern verwandelt, die zielbewußt oberflächlich ist. Die Gefühl und Härte über ihr Gesicht huschen läßt und den Hochmut, der daraus spricht, mit Demut vertuscht. Die Oberfläche ist der Ort, der die geringsten Verfestigungen aufweist, sagte Kracauer, als er von der Musik Jacques Offenbachs schrieb. Wer dieser Frau – die gestern, im nächsten Jahr, wer weiß: achtzig wurde, vielleicht einst werden wird – nicht bloß auf die Beine schaut, nimmt wahr, wie unverfestigt dieser Mythos ist.

Der Himmel war nie heiter

Zarah Leander

Als sie beweint im Jahr 1981 starb, war sie endlich in die Banalität ihres Publikums eingewachsen. Auf Kaffeefahrten, wo um sie herum Rheumadecken feilgeboten wurden, war der einstige Star des Großdeutschen Films zum Objekt eines Kleingewerbes geworden. Die strahlende Fregatte schnurrte nun als tapferer Vergnügungsdampfer durch die seichten Gefilde des Alltags. Die guten Sitten des Showgeschäfts warf sie in nichtendenwollender Auftrittsgier über Bord. Schamlos sang sie gegen den

Tod, als sänge sie gegen den Sturm. Mit 74 Jahren war ihr Kampf zu Ende. Schwedens mächtigster Sopran, Birgit Nilsson, sang zur Totenfeier. Zum Jubel der Fans und Fetischisten kam ein halbes Jahr später in Berlin der Nachlaß unter den Hammer.

Nun ist, von Paul Seiler in drei Jahrzehnten zusammengeklebt und geschnitten, ein Zeugnis zu Zarah Leander erschienen, das Kenner und Liebhaber, das Fans und Historiker gleichermaßen angeht. Eine verschwenderische Bilderfolge, die nicht auf die Porträts spuckt, die in ihrer Geschichtlichkeit schon befleckt sind. Dieses Buch, das sich mit leicht lackiertem Stolz ein Kult-Buch nennt, montiert aus intimer Nähe im Textteil die nötigen Fakten und im Bilderteil die barocken Ausschweifungen dieser Karriere. (›Zarah Leander – wollt ihr einen Star sehen?‹ Ein Kultbuch von Paul Seiler.)

Auf dem Umschlag prangt Zarah als züchtiger Vamp, der die Schultern weit entblößt, das Kleid an der Brust aber fest zusammenrafft. Ein Bild von 1938, die makellose Erscheinung gesammelter Sehnsucht mit Altrosa aufschminkend, ursprünglich als »Kunstbeilage« gedruckt. Eher ein Votivbild als ein Pin-Up.

Und drinnen? Bilder des grausamsten Verfalls, als Ruine in Schwarzweiß, niedergedrückt vom schweren Lidstrich, bis dieses Gesicht immer poröser geworden hinter den Sonnenschirmen verschwindet, die die Konvention als Brillen tarnt. Zarah, wir vergessen dich nie!, ist eine Inschrift auf der Berliner Mauer. Und darunter ist zu lesen: Orpheus. Zarah zwischen den Genres, den Zeiten, der Zwitter mit den großen Flügeln.

Nicht der Sopran Eurydikes war ihr gemäß. Der Kontra-Alt des Orpheus war ihr Fach. Im Film HEIMAT sang sie diese Rolle auf der Bühne. Sie hörte nicht auf, eine Arie zu singen. Gleich, ob sie wie in Glucks Oper hieß: »Ach, ich habe sie verloren!« oder wie in ihrem Chanson: »Es ist vorbei mit unserem Glück.«

Liebe war ja nicht nur ein Wort für sie. Es war ihr einziges. So wurde sie zum Herold dieser Verheißung. Jeder Ton eine Sehnsucht, mit jeder Silbe ein Beiklang Vergeblichkeit. Ihr Leitmotiv hieß Ergebenheit in die Macht des Schicksals. Eine Heroine des Verzichts, eine Riesin des Kleinbeigebens, jeder Zoll eine Königin der Unterwerfung. Ein Leben für die Liebe wie eine Staatsfahne ausgerollt und am Ende zerstört, zerfetzt die kleinlaute Einsicht: nur Liebe ist auch ein ungelebtes, schmales und dürftiges Leben, dessen Glück in verklärter Resignation und Selbstbefangenheit verdämmert.

Zarahs Opferwille, diese unbedingte Kapitulation vor Männern, die es ihr schlecht lohnten, beruhte ja auf Blindheit, auf nicht korrekturfähiger Kurzsichtigkeit, beim nächsten Mann, den sie ins Auge faßte, genauer hinzusehen.

Willy Birgel zum Beispiel läßt sie nicht nur in Detlef Siercks Film zu

NEUEN UFERN sitzen. Dieser professionelle Herzensbrecher erteilt Zarah, der professionell Herzkranken, auch in BLAUFUCHS eine Abfuhr. Seine Gefühle ihr gegenüber seien jene, die er der Sixtinischen Madonna entgegenbrächte. Diese schamlose Ironie galt nicht bloß der Filmfigur. Sie galt der physischen Figur. Denn mit jener Madonna teilte Zarah die leibliche Fülle, die verschwimmende Süße und den Silberblick. Ihr Resumé ist Abschied: »Der Himmel war nie heiter. Er war immer bedeckt.«

Sie blieb, anstatt zu einer erlebten, einfühlbaren Figur zu werden, die raunende Idee der Liebe. Beim ersten Blick droht schon Verzicht. »Ein tapferes Leben, immer für die anderen, immer zu eigenem Schaden«, wie es in ihrem Film DAMALS der Verteidiger sagt.

Warum zum Schaden, wo sich diese große Liebende stets so unendliche Mühe mit der Kunst und den Menschen gab? Weil sie ebenso oft verkannt und geschmäht wurde. Zu groß war ihre Liebe, zu schmachtend ihre Sehnsucht. Zu Zeiten der Not und Entbehrung mögen die Portionen, die Zarah an das deutsche Volk austeilte, wie Honig gemundet haben, süß und stärkend. Heute schmecken sie eher wie Lebertran, zu fett. Ein klingendes Labsal, ohne die Frechheit der Neuen Sachlichkeit mit dem Hoppla, jetzt komm ich! Eher ein Ersatz der Marlene Dietrich, deren Andenken sie aber durch satt ausgesungene, sentimentale Bögen überwölbt.

Sie war eine Dame, kein Vamp im niederen Amüsierbetrieb, in den es sie in ihren Filmen oft verschlug. Auf der Bühne der Verruchtheit blieb sie eine verkannte Moralistin. Doch war ihr hemmungsloser Weltschmerz in der Form nie so persönlich, eigen oder fremd, daß niemand ihn verstanden hätte. Bei Zarah ging es selten ums private Leid. Es ging bei ihr um die Einübung ins kollektive Leid jener, die Europa verwüsteten und ihr Gewissen im Schunkeln erstickten. »Tüllgardinen und Faschismus« waren die Stichworte, die einigen der Nachgeborenen kürzlich bei einer Umfrage zu Zarah in West-Berlin einfielen. Und schon wird im legendären Punkmusikschuppen S.O.36 eine Leander-Bunker-Show vorbereitet, eine makabre Nachfeier, die nur noch durch Viscontis Einsatz der Leander-Stimme in seinem Film DIE VERDAMMTEN übertroffen wird.

Sie war kein Vamp der Verruchtheit, sie war ein Lieblingsvampersatz. Ein Stellvertreter von Marlene, kein Statthalter, die es ihr Showleben lang nicht müde wurde, ihre eigene Lücke mitauszufüllen. Am Ende war sie ein unzeitgemäßes Fossil, das sich auf der Drehbühne der Unterhaltung ahnungslos in der falschen Kulisse zeigt. Ein Glanz- und Glitzermonument mit überdehnter Stimme, die dem Echo ihres ewigen Damals nachseufzt.

Ihr Comeback nach dem Krieg war in Wirklichkeit ein zwanzig Jahre währendes Abschiedskonzert. So wurde das Publikum mit der Zeit, der Zarah keine neue Erfahrung nachwachsen ließ, so geisterhaft wie ihre eigene Erscheinung. Ihr Blick fand keine Richtung, ihre Sehnsucht, wie viele dieser Abbildungen zeigen, keinen Halt. Sie war ruiniert und umstellte sich mit einem Gerüst, das schließlich größer war als die Ruine. Dieses Buch ist keine Rutschbahn in die Nostalgie. Es betritt das rissige Terrain der Massensehnsucht nach Vergessen mit vorwitzigem und kundigem Schritt. Der Autor kennt sich aus und konfrontiert die seligen Erinnerungen mit den Bunkern, in denen sie erlitten wurden. Nicht nur in Hollywood war Babylon, wie der Filmhistoriker und Avantgardefilmer Kenneth Anger denken ließ. Babelsberg, die Produktionsstätte der Ufa&Leanderfilme, heißt Babylon. Und Zarahs Stimme, die noch lang in deutschen Ohren liegen wird, hält die Agonien wach.

Knabenfrau und Krisenkommando *

Versuch über Dolly Haas

1

Ihr Name beginnt, als klänge eine Keßheit an. Er endet, als hielte jemand erschrocken von dem Lärm auf die angeschlagene Glocke seine Hand. Der Tusch, mit dem Dolly auftritt, wird durch Haas gedämpft, die Härte, die mitschwingt, weich abgefangen. Das Publikum begrüßt sie mit Aplomb, in dem das Erstaunen steckt, wie ungewöhnlich ihre gewöhnliche Erscheinung wirkt. Auf Wilhelminisch-Berlinisch hieße es: Donnerwetter, dolle Person!
»Dolly«, das ist auch ein Kamerawagen, der nicht in starren Schienen läuft. Dolly Haas ist kein Begriff eines Stars, der in Schönheit erstarrt. Dolly Haas wird ein Star in Bewegung, der Schönheit seinen Gesten abgewinnt. Dolly Haas ist kein Gesicht, sie hat ein Gesicht, das sich ausgreifend mimisch-pantomimisch in den Sprüngen ihres Körpers fortsetzt. Ihr Witz ist die Wendigkeit, ihr Charme die Flinkheit und ihre Schönheit ist die Leichtigkeit. Sie schreitet nicht, sie läuft; und wo Gefahr droht, wächst ihr Rettung durch das Hakenschlagen.
Die Krise ließ sie nie in larmoyanter Lähmung erstarren wie andere Filmfiguren, die, sich selbst aufgebend, den Männern in die Arme fielen. Die Krise brachte Dolly auf Trab. Schwierigkeiten spornten sie an, am eigenen Zopf sich aus dem Sumpf zu ziehen und beherzt zu retten, was zu

* Abdruck mit freundlicher Genehmigung der Stiftung Deutsche Kinemathek. Aus: ›Exil. Sechs Schauspieler aus Deutschland.‹ Hg. von der Deutschen Kinemathek. © 1983 Stiftung Deutsche Kinemathek, Berlin.

185

retten war. Vielen Männern der Weltwirtschaftskrise war nicht mehr zu helfen. In unbeirrbar schnurrender Güte flitzte Dolly dennoch zu ihnen. Unbefangen und dankbar ergriffen sie ihre Hand, denn ihr Schutzengel schien zwar ein kleines Mädchen, trat aber doch wie ein großer Bengel unter den vom Arbeitskampf Verzagten auf.

Als Dolly Haas ihr Vaterland schon verlassen hatte, um im Exil, dem Land ihrer Väter: England im Film weiterarbeiten zu können, konnte in einer deutschen Zeitung noch ein liebevoll gedachtes Spottgedicht über ihre steile Karriere erscheinen:

»Die ist ihr auch schnell gelungen,
sie hatte Glück und Talent.
Meist spielte sie Lausejungen
mit Laune und Temperament.«[1]

Ihr Typ war eine der wenigen Antworten der Filmindustrie auf die Wirtschaftskrise, die realistisch, wenn auch wider Willen, ausfielen. Wo die im 1930 abgeschlossenen Rationalisierungsprozeß abgebauten Arbeiter in Verelendung und Massenarbeitslosigkeit abglitten, wo die Angestellten, die sich lange genug als Bessergestellte dünkten, die Augen vor ihrer schon vollzogenen Proletarisierung nicht länger schließen konnten, wo die von der Angestellten-Industrie reklamierten Frauen der schärfsten Konkurrenz anheimfielen, mußte sich auch in der öffentlichen Meinung ein Umbruch vollziehen. Nicht mehr die in Schönheit leidende oder an einen erlernten Beruf gefesselte Frau war weiterhin gefragt. Der muntere Springinsfeld war verlangt, der dem Diktat: jung sein, schnell sein widerstandslos entsprach. Ein Springinsfeld war nicht nur als munterer Charakter nützlich. Seine Mobilität, die ein Ablösen aus engen familiären Bindungen bedingte, machte ihn nützlich als Springer am Fließband.

Dolly war ein solcher Springinsfeld, der dem Wunschbild des Publikums nach Laune und Temperament und der gewünschten Mobilität im Arbeitsprozeß ebenso entsprach. Vielleicht mußte ihr Starwesen sich deshalb weniger in einer individuierten Gestalt ausprägen, als vielmehr dem idealtypischen Ausdruck ihrer Zeit gehorchen. Sie spielte ein Fach. Sie wurde das Fach, das die Persönlichkeit enteignet, um einen Typus zu vertreten. Dolly war in der ewigen Rolle der uniformierten Knabenfrau, die ihre weiblichen Formen und Wünsche sich selbst entfremdete, auch das ewige Krisenkommando. Ansprechbar, kontaktfreudig, einsatzfähig, beweglich und willig. Wenn man sie rief: zur Stelle. An allen Orten, ohne je den eigenen zu finden. Eine Freiwillige an der Kinofront, die vernehmlich »Hier!« rief, um sich nicht mit »Ich!« zu melden.

Sie hätte ein Tramp an der Seite Chaplins werden können; eine Losgerissene. Aber ihre Eckigkeit war glattgeschliffen, ihre soziale Ungebundenheit domestiziert.

186

Sie ist zwar klein, aber sie wurde auch immer kurz gehalten. Wer sie ansprach, ließ sich zu ihr herab, entzückt von der Verpuppung, die sich nie weiter entwickeln sollte. Das Lob, das sie empfing, war ein Überschuß, den man gnädig und pädagogisch erteilte: als Aufmunterung. Man nahm sie an, aber man nahm sie nicht recht ernst. Zuwendung erfuhr sie als Konnivenz der alten Herren, die ihr bloß zum Spott das Wasser reichten.

Wie der alternde Pensionsdiener (Paul Hörbiger) ihren Rollennamen erklärt: »Scampolo, das ist ein Überbleibsel, ein Nichts; zuviel von einem Kind, zuwenig für eine Frau.« Die Gestalt, die Dolly abgesprochen wurde, hatte sich neu: durch immense Beweglichkeit im sozialen Zwischenraum zu realisieren. Im Risiko, ihre desperate Nicht-Identität zu verlieren, mußte sie sich ständig als ein Versprechen auf kommende Identität behaupten, weil sie sich nicht als Nichts akzeptieren konnte.

Sie kam wie gerufen, wenn man sie rief. Und wie man sie rief, so wurde sie: »Ein armes Kind, ein vorlautes Kind, ein guter Junge, ein armer Teufel, ein Lausejunge, ein entzückender Kerl.« Der Lausejunge – das ist der kleine Bruder der Zille-Familie, von Chaplins THE KID, der die lebendigen Spuren seiner proletarischen Unbehaustheit mit sich schleppt und unter feinen Leuten als harmlos exotisch goutiert wird. Das geäußerte Entzücken ist ein Delektieren am Ungeformten, das ungefährlich deshalb ist, weil es zu einer fest umrissenen Gestalt sich nie entfalten darf.

Denn andererseits ist dieser »reizende kleine Boy« nicht immer zur Unkenntlichkeit uniformiert »schneidig« oder »burschikos«. Er/sie ist auch ein »zartes Mädel, ein kleines Frollein, ein tapferes, ein natürliches Mädel« – das sie ja hartnäckig zu werden versucht. Was sonst?

Beruflich etwas zu werden, wird ihr schwergemacht. In der Hälfte ihrer Filme ist sie von Beruf Tochter. Tochter einer reich gewordenen Familie, Tochter eines Lohnbuchhalters, Tochter eines Grafen, einer Zimmerwirtin, eines Autofabrikbesitzers, einer Falschspieler-Familie, eines Autoschlossers. Das Exil verschärft ihr Tochterkommando. Jetzt wird Dolly die Tochter eines Sadisten, um von ihm erschlagen zu werden.

Das Unglück dieser Töchter mit überstarker Vaterbindung, dieser gleichsam nie zu Ende geborenen Töchter, ist der Übersprung aus geknebelter Kindheit in eine Bindung an bedeutend ältere Männer. So wird das Glück dieser Kindfrauen der Vater-Mann und die begehrte Bindung bloß das zweifelhafte Versprechen, die lang verpuppte Kindheit zu perpetuieren. Ob Dolly einen Diener macht oder einen Knicks, ob sie in Pagen-Uniform durch die Räume wieselt oder sich in lange Kleider stürzt, immer bleibt ein Zeichen dieses Übersprungs, das nicht zu ver-

bergen ist: als zu kurz gekommen geboren, wird sie auch im Damen-
kostüm, von Männerblicken beschirmt, zur eigenen Größe nie gedei-
hen.

Sie heißt ja selten und verbindet den eigenen Namen, der ihr doch stets
verliehen wird, mit einer Persönlichkeitsvorstellung. Sie stellt sich kaum
vor. Sie ist einfach da, als warte sie bloß auf einen Namen, der am ehesten
wohl durch Verehelichung zu haben ist.Manchmal wird sie mit ihrem eigenen Namen benannt, als sei die Filmöffentlichkeit schon ihre eigene
Familie: DOLLY MACHT KARRIERE. Manchmal hat sie keinen Namen.
Dann ist sie »die Puppe« oder das bezeichnete Nichts, ein Scampolo.
Manches Mal wird sie nur beim Vornamen gerufen, als hätte sie keine
Angehörigen oder wäre – als Kind – von allen angenommen. Dann heißt
sie: Madeleine, Annette oder Eloise. Wird sie sich als ein »tapferes« Mädchen erweisen, wird sie mit Nachnamen wie »Kampf« oder auch »Degen-
kampf« benannt. Spielt sie Doppelrollen und hat keine Identität, trägt sie
einen doppelgeschlechtigen Namen: Friedel, ohne zu verraten, ob sie
Friedrich oder Frieda heißt.

Einmal heißt sie Antoinette, ein anderes Mal Antonia. Beides aus dem
Stamm des Männernamens gebildet, den sie sich wenn nötig aneignet, um
als Anton durchzugehen, halb getarnt und halb verschlüsselt, für einige
aber im symbolischen Wert erkennbar. Denn der Heilige Anton (von Pa-
dua) gilt als der Helfer in Alltagsnöten, dessen Fürsprache man durch das
Antoniusbrot, die Armenspeisung, erlangt. Dolly speiste die Reichen mit
der eigenen Armenspeise. Die Empfänger waren natürlich nicht beschämt, sondern gerührt von diesem Sterntaler der verlöschenden Neuen
Sachlichkeit, der da durch ihre Reihen ging.

So wie sich ihre Filme im Exil hin zu einer Identität im Tragischen entwik-
kelten, so wurde aus Dolly, der typischen Gestalt, eine symbolische. In
BROKEN BLOSSOMS trägt sie den Namen Lucy: Lichtheilige und Märtyrerin. In Hitchcocks Film I CONFESS den verklärenden Namen »Alma«.
Hitchcock, dieser sein Leben lang produktiv verklemmte Katholik, engagierte Dolly Haas, weil ihr ihre Rolle aus BROKEN BLOSSOMS erinnerte und
die kindhafte Unschuld der jungen Dolly nun im Charakterfach zu Alma,
das heißt »Seele«, erhöhte. Sprach sie doch weiterhin alterslos mit dem
hellen Stimmchen einer Kinderseele und bewahrte in ihrem glatten, nur
runder gewordenen Gesicht die Erinnerung an die scheinbar spurenlos
überstandene Krise.

3

Als Siegfried Kracauer 1929 seine Untersuchung über die Krise einer von
ihm soziologisch entdeckten Schicht, der Angestellten, unternahm,
wollte er erkunden, nach welchen Kriterien der Auslese die Personal-

büros entschieden. »»Wir achten bei Engagements von Verkaufs- und Büropersonal‹, sagte ein maßgebender Herr der Personalabteilung, ›vorwiegend auf ein angenehmes Aussehen.‹ Von fern erinnert er etwas an Reinhold Schünzel in älteren Filmen. Was er unter angenehm verstehe, frage ich ihn; ob pikant oder hübsch. ›Nicht gerade hübsch. Entscheidend ist vielmehr die moralisch-rosa Hautfarbe, Sie wissen doch ...‹«[2]

Dolly Haas war nie pikant und für ihre Hübschheit nicht berühmt. Sie hatte aber ein gewisses Etwas und das war ihre moralisch-rosa Hautfarbe, die sie in jedem Film ausstrahlte wie ein Signum der Unverletzbarkeit. Sie erhielt sich diese Frische, weil sie durch keine Erfahrung korrumpierbar schien und schließlich unterm Serienzwang der moralischen Unberührbarkeit zur Erfahrungslosigkeit verurteilt war. Sie durfte nicht Kind sein, keine Frau werden. Ihr blieb der Ausweg zur Travestie, vorübergehend ein junger Mann zu werden, um einmal doch eine Frau zu sein.

Sie fuhr wie ein Wirbelwind durch die Dekadenz. Anstatt sie aber mitzureißen, riß sie die bloß hin. Sie versprach die Ruhe nach dem Sturm, denn nach ihr legte sich der Wind: weil sie ihn machte. Das beruhigte. Ihre Jugend brachte Auftrieb und sonst keine Triebe. Ihre Unschuld machte Mut ohne Selbstbesinnung derer, die sie selbstlos stärkte.

Wo sie das Chaos betrat, richtete sich an ihr eine Hoffnung aus. Sie war den angeknacksten Männern das bitter nötige Krisenlabsal. Sie war der Rettungsschwimmer für die oft schuldlos Gestrandeten. Dolly sollte nicht länger ein freches Luder der Neuen Sachlichkeit sein, das den besseren Herren in die Kniekehle tritt und »Hoppla!« anstatt »Entschuldigung!« sagt. Sie machte einen artigen Knicks, bevor sie half.

Sie ist fix und patent. Sie ist nicht auf den Mund gefallen. Sie ist quick und drahtig. Sie ist das Stehaufmännchen unter den gefallenen Männchen, denen sie heiter auf die Beine hilft. Mit anderen Worten, aus ihrer Zeit: Für die im Rationalisierungsprozeß so massenhaft Abgebauten ist sie die ideale Notverordnung.

Von Klassenbewußtsein keine Spur. Ihre Pfiffigkeit gilt den einst besseren, nun depressiv versunkenen Herren, die oft Verlierer des Krieges und umstandslos Gewinnler der Inflation waren. Dolly Haas kommt nicht aus dem Berliner Norden. Mutter Krausens Tochter könnte sie nie sein. Sie hat keinen sozialen Grund. Man hört, daß sie hamburgert, aber das klingt bloß nach Meeresluft. Dolly kommt von nirgendwo. Sie ist überall zu Hause. Sie ist ein erfundenes Geschöpf. Man hat ihren Typus am Reißbrett der Sozialtherapie erfunden. Sie ist die Aufmunterungsmaschine in der finstersten Zeit der Weimarer Republik. Sie ist lustig. Man möchte ihr eher glauben als der Wirklichkeit. Sie verführt zur Illusion, daß die Illusion halb so schlimm sei, wie sie aussieht. Dolly ist nicht nur das anrührende Sterntalerkind, das sein letztes Hemd hergibt. Sie ist auch der Schutzengel der Bankrotteure.

Bis hin zu Hitchcock funktioniert sie als Motor für männliche Untüchtigkeit. Sie springt bedenkenlos durch alle Gassen und Gattungen. Aber sie bleibt eine Stütze des Patriarchats, wenngleich ihre leichteste.

4

Man muß sie sehen. Man kann über sie nichts lesen. In Filmgeschichten, die ja sonst jeden Star der zwanziger und dreißiger Jahre liebend gern aufweckten, fehlt sie. Wie sie aussah, wie sie ging und lachte, wird nicht überliefert. Warum? Vielleicht deshalb, weil die kritischen Zeitgenossen, sei es Kracauer, Arnheim oder Balázs, ihr Augenmerk eher auf die Sozialrelevanz der Film-Stories oder die ästhetische Relevanz eines einzelnen Gesichtes richteten, als die Schönheit im allgemeinen Zeittypus wahrzunehmen. Denn Dolly Haas prägt in der kometenhaften Spanne, die ihr bis zur Exilierung blieb, eine sozialtypische Gestalt aus, die ebenso rasch und spurenlos verglüht. Sie kam, gerufen von der Krise, löste sie selbstbefohlen, einsatzfreudig und ging, als die Dauerkrise stärkere Mittel brauchte, als ihr zur Verfügung standen: Ermächtigungsgesetze statt netter Notverordnungen. Sie hatte keine Nachfolgerin in ihrem Fach, das sie ja auch deshalb so spurenlos verließ, weil ihr Auftritt so leichtfüßig war. Aber als sie gegangen war, gab es niemanden, der ihre Arbeit fortführte. Ihr Mythos ist in ihre Filme eingelassen. Sieht man sie, erwacht er.
Sie treibt eine starke Sehnsucht nach dem besseren Leben. Sie weiß bloß nicht, daß es zu haben ist. Mit schlichtem Gemüt und nie versiegendem Optimismus hüpft sie die Straße der Bescheidenheit entlang, die Hoffnung vor sich treibend wie ein Kind seinen Reifen, spielerisch zerstreut.
Eine individuierte Dimension gaben diesem Typus erst spätere Jahre. Giulietta Masina ist eine Antwort auf Dolly Haas; Katharina Thalbach eine zweite. Deren Augen ist auch der Erfahrungsabgrund eingeschrieben, der dazwischen steht.

5

Ein einziges Zeugnis von Belang war zu finden. Aber nicht in den Filmgeschichten. Von Herbert Jhering ist es überliefert, nach einem Besuch im Kabarett »Die Katakombe«. Neben dem sehr bekannten Komiker und Conférencier Werner Finck (und einem eher schwerfälligen Schauspieler und Regisseur, der im kommenden Faschismus dumpfe Komödien verantwortete: Hans Deppe) erwähnt der Kritiker: »Die kleine, hinreißend drollige, witzig scharfe, genial karikaturistische Dolly Haas.«[3]
Dolly Haas ein Nebensatz, in dem allerdings ihre Eigenschaften und ihre Eigenart umrissen sind. Auf der Bühne schien sie weniger stark in eine

Typage eingepreßt gewesen zu sein, Luft und Freiraum zu eigenen Gedanken und Einfällen gehabt und offensiv agiert zu haben, was ihr der Film verwehrte.

Wie war sie anzusehen, was tat sie, wenn sie spielte? Ihr kugelrunder Kopf versammelte die Kraft, die von ihr ausging. Ihre Haare waren hell (in Wirklichkeit feuerrot, was im Schwarzweißfilm nicht zur Geltung kam) und kurz. Windschnittig war ihre Form. Sie ging ungeschminkt. Kein Zuschauer saugte seinen Blick an ihrem Gesicht fest. Sie war so schnell, daß sie die Blicke, die ihr galten, mitzog, in andere Zonen, manchmal ins Freie. Dies Gesicht wirkt alters- und erfahrungslos. Es hat alles noch vor sich und, wenn es altert, nichts hinter sich. Nicht nur der Mangel an Ausdruck, der sich erst nach Sichtung vieler ihrer Filme zeigt, wiegt schwer, sondern die stereotype Ausdruckslosigkeit in jedwedem Milieu und Augenblick. Es ist dabei nicht die Frage, daß Dolly Haas dies darstellerisch zu leisten imstande ist, aber abverlangt wurden ihr die Übergänge, die Nuancen von den Regisseuren doch zu selten. Die Kamera setzte auf bewährte Muster des Kindhaften und zeigte zwei Ansichten einer Medaille: Begeisterung oder Empörung. Jedenfalls immer Gestik im Überschuß der Kräfte, die schnell verausgabt sind und das ihnen auferlegte Muster erneut abspulen.

Die Kunstleistung ist also nicht in psychologischer Einfühlung und unverwechselbarem Ausdruck einer bestimmten Rolle zu suchen. Die Kunst lag in der Distanz zu den Rollen und in der beabsichtigten Ausprägung eines typischen Ausdrucks. Das Dilemma des so fixierten Fachs liegt darin, daß der so hinreißenden Darstellerin zu wenig Ausdruck und zu viele Gesten abverlangt wurden. Sie hat kaum eine Chance, etwas Unerwartetes zu tun. Das Bild, das man sich von ihr macht, sollte verlängert, endlos verdoppelt werden. Nur im Klischee lag das billige Versprechen der Industrie, ewig der gleiche Mensch zu bleiben. »Glück als Erfolgsvehikel: die Deutschen müssen am Rand der Hoffnungslosigkeit gewesen sein, um einen Begriff zu bejahen, der ihren Traditionen vollkommen fremd ist.«[4]

Ihr Glück geht Dolly mit trotziger Munterkeit an. Eben hat sie noch in der Telefonzelle übernachten müssen, schon geht sie ungefrühstückt singend durch die Gassen. Sie strahlt, ganz unbekümmert vom eigenen Elend. Das würde ein Kritiker als Zeitgenosse um 1930 festhalten. Auf den zweiten Blick achte man auf den Habitus dieser Unbekümmertheit. Dolly schlendert nämlich nicht, sie schleicht mit dem argwöhnenden Instinkt eines Tramps, der seinen Gang an jeder Kreuzung unmerklich verlangsamt, um die in Ecken drohende Gefahr mit dem Panorama-Schwenk seines Kopfes zu erfassen. Um ihre Angstlosigkeit zu betonen, schlenkert Dolly ausgreifend mit den Armen, als suche sie im Haltlosen Halt.

Will sie sich männlichem Zugriff entziehen, wendet sie sich nicht ab, sondern duckt sich. Sie schlüpft unten durch. So hat die Begierde der anderen an ihr nichts als das Nachsehen. Dolly will von Diehl, dem Bankrotteur, das fällige Wäschegeld einfordern. Sie pumpt Empörung in den dünnen Körper und stellt die berechtigte Forderung. Diehl, ehemals im Bankgeschäft, weiß, wie man Fälligkeiten umgeht. Nie frontal, sondern mild, um die Ecken der Empörung herum. Väterlich sanft spricht er Dolly als »mein kleines Frollein« an, und sie, die im rhetorisch erwiesenen Respekt schon persönliche Ehrerbietung wittert, ist auf falscher Fährte. Aber einmal mit dem so deutlich defizitären Selbstwertgefühl gespeist, ist sie auch schlagartig satt. Sie vergißt ihre Forderung, und schlimmer: sie verfällt Diehl zur Botmäßigkeit.

Wie fremd sie sich und den verborgenen Wegen ihres Körpers ist, verdeutlicht eine andere Szene, ebenfalls aus SCAMPOLO. Der entscheidende Börsentip, der dem Bankrotteur auf die Beine hilft, stammt von ihr. Aber sie hat den Namen der Aktie vergessen. Um sich zu erinnern, demonstriert sie Erinnerungsarbeit. Sie steckt einen Daumen in den Mund und weist mit dem Zeigefinger der gleichen Hand sich an die Stirn. Das ist mehr als eine gestische Konvention der Komödie, den Weg, den die Gedanken nehmen, zu verorten. Das ist als individuelle Geste eine Demonstration des Denkenlernens. Dazu wählt sie eine Geste, als müsse sie am eigenen Leibe wie einem nicht zugehörigen Objekt, sich beweisen, daß der Mund nur die im Hirn gespeicherten Wörter äußert. Ein Komiker wirkt auch deshalb dem Kinde verwandt, weil er alles am eigenen Leib erfindet und erleidet. Dolly Haas ist eine Komikerin.

6

Sie ist kein Zwitterwesen. Sie changiert zwar, aber ohne Zwischentöne oder Mischfarben. Sie schwimmt zwischen den Gattungen, aber sie wechselt dabei nur das Schwimm-Kostüm. Ein für allemal als Knabenfrau und Krisenkommando desexualisiert, nimmt an ihrer Form niemand Anstoß. Sie ist androgyn ebenso gut wie sie gynandrin zu nennen wäre. Sie schlängelt sich an den festen Formen vorbei, weil sie noch auf dem Wege zu einer Form vermutet wird. Wer das Polymorphe liebt, kann ihren Reizen etwas abgewinnen.

Sie hat eine klare, norddeutsche, nüchterne Stimme. Die Region ihrer Herkunft klingt an, verschleift sich aber im Lauf der Filmkarriere. Wunderbar ist ihr Englisch im Exil-Film. Ihr Ton trägt nicht weit, ist aber im Radius ihres Handelns vernehmbar. Ihre Modulationsfähigkeit beim Singen ist begrenzt. Ihr Singen ist fast ein Sprechgesang, der sich mehr Kunst und Mühe macht, die ihr innewohnende Fremdheit zu verwirklichen, als die ihr ferne Wirklichkeit zu verfremden.

Im Revuetheater wäre sie ein ansprechendes Talent, ohne einen Funken

Abgründigkeit. Im Gegenteil: ihr Gesicht ist die blitz- und blankgeputzte Fensterscheibe in einem aufgeräumten Haushalt. Alles an seinem Platz, einsatzbereit. Jeder Handgriff sitzt. Und wenn jemand plump mit ihr flirten will und den verführerischen Satz ausspricht, sie habe die Augen einer Madonna, dann weiß der Zuschauer, dieser Galan lügt. Dolly glaubt es selber nicht, was man ihr Schönes sagt. Sie kann dafür etwas Schönes, umwerfend Komisches tun. Sie kann – DAS HÄSSLICHE MÄDCHEN – mit den Ohren wackeln. Das heißt, sie ist im Krisenbewußtsein ihrer Drehbuchautoren eine Frohnatur, die allein im Wald nicht weint, sondern sich und den Vögeln etwas pfeift.

Sie ist, immer wieder ihrem Entwurf gleichend, ein tapferes Mädchen. Sie ist aber auch die ewige Tochter. Dennoch genügt ihr dies als Beruf nicht. Um sich väterlicher Gewalt zu entwinden, meldet sie sich freiwillig. Lieber arbeitet sie als Hilfspolizist einer öffentlichen Ordnung der Gefühle, als diese im engen Rahmen der Häuslichkeit zu erleiden. Drinnen ist es warm, aber draußen ist was los, und das neusachliche Girl fingert keine Klavieretüden mehr, sondern mit Lochkarten im Büro. Dolly entwickelt ein beachtliches Protest-Temperament, auf den Tisch zu hauen. Auch wenn sie wieder einlenkt, zuerst räumt sie auf. Im Film DER BRAVE SÜNDER hat sie es mit zwei Braven zu tun, obwohl der Titel nur einen nennt und wohl die Einheit der beiden meint. Beim Morgenkaffee teilt sie an den Bruder Ohrfeigen aus. Im Büro streitet sie mit den Untergebenen ihres Vaters und behandelt Heinz Rühmann, der sie heiraten will, wie einen Waschlappen. Wenn sie ihn heiratet und er sein zaghaftes Ja-Wort gibt, dann heiratet sie als Tochter gleichsam in die Loyalität zu ihrem Vater ein.

In LIEBESKOMMANDO wird sie ja nicht nur Militärkadett, damit der Bruder, der es werden soll, den Beruf des Komponisten ergreifen kann. Sie opfert sich erklärtermaßen im Namen der Familientradition und gibt dem Druck des Vaters nach. Sie macht aus Lust den Lückenbüßer; aus Spaß an der Verwandlung erst in zweiter Linie. Und wenn sie sich als Mann verkleidet, ist das in ihren Augen nur eine wunderbare Weise, eine der Formen zu zeigen, in der man seines Vaters Tochter sein kann. Kaum entlassen als Kadett, wird sie Frau eines Offiziers.

Oder sie ist die Tochter der Zimmerwirtin von Curt Bois, in EIN STEINREICHER MANN. Wieder muß Dolly einem Tolpatsch helfen, realitätstüchtig zu werden. Das heißt, den Schwachen aus den Klauen seiner Entführer zu retten. So wird eine Frau, die als solche keine Aufmerksamkeit findet, Achtung finden: als ein ganzer Kerl.

Später wird es komplizierter. In SCAMPOLO geht Dolly gleich drei Mesalliancen zu älteren Herren ein. Zum Bankrotteur Diehl, den sie rettet; zum Pensionskellner Hörbiger, dem sie sich entziehen kann; zu Sima, dem geilen Bankier, den sie, unberührt, abblitzen läßt. Aber auch die

Freunde sucht sich Dolly nicht bei Ebenbürtigen. Ihre Gönnerin ist die alte Besitzerin des Waschsalons, ihr Freund der kleine Fahrradjunge, den sie wie einen Untergebenen einsetzt. Lauter amorphe Bindungen; Augenblickspakte, die dem Ziel unterworfen sind, Diehl zu dienen. In letzter Minute darf Dolly auf dem Bauch ins Flugzeug rutschen, von Diehl gezogen, von Hörbiger geschoben, ein Frachtgut in der Obhut väterlicher Blicke.

Als PAGE VOM DALMASSE-HOTEL verliebt sie sich in einen älteren Gast, Rittergutsbesitzer. Ehe die Heirat mit dem väterlichen Gönner vollziehbar ist, soll Dolly erst Hochstapler aus dem Felde schlagen. Unentwegt muß sie, die in den Hafen der Sicherheit will, Sicherungsgefechte führen. Auf ihre Männer ist kein Verlaß. Sie ficht in eigener Sache. Ihr schönstes Ziel ist es, den geschlagenen Rittern, die für sie nichts tun können, außer ihr einen Namen zu verleihen, zum Überfluß noch Troubadour zu sein. Für ihren Witz wird sie geschätzt, für ihre Güte geduldet. Ihr Liebesbedürfnis wird dabei in Kauf genommen.

Die unverschämte Vereinnahmung, die ihr allerorten als Liebesglück blüht, bringt schon der Titel KLEINES MÄDEL – GROSSES GLÜCK zum Sprechen. Das Glück des glücklosen Autoverkäufers kann sie, im Tarnanzug eines Tankwarts und der getauschten Identität einer Comtesse, beschleunigen. Sie wirft sich in die Riemen, die den Männern längst entglitten. Aber auf dem Standesamt spielen sie sich, an Dolly gestärkt, als natürlich Überlegene auf. Man sieht, was diesem Frauen-Typus jener Zeit nicht nur zugemutet wurde, ja ungewollt auch zugetraut wurde.

Im Exil war das anders. Da wechselte Dolly Haas ihr Fach. Die Komödie, ohnehin an Wortwitz und regionale Zersetzung gebunden, fiel flach. Das Exil bot ihr Melodramen an, in denen sie von vornherein das Opfer war. In BROKEN BLOSSOMS ist sie die Tochter eines Sadisten und unberührte Geliebte eines Außenseiters. »The Chink and the Child« hieß die Vorlage. Stellvertretend für die ungeliebte, abwesende Mutter wird sie zu Tode geprügelt. Eine unterm Wiederholungszwang verkümmerte Existenz, die sich als eigene nicht entfalten kann. Anderer Übersprung: Nach der Mißhandlung redet Lucy ihren Geliebten, mit dem sie nichts als die arglose Güte teilt, im Fieberwahn als »Daddy« an. Als Gegengeschenk ihrer Ergebenheit behandelt der Chinese sie wie eine »Prinzessin«. Er erhöht sie und nennt sie beim Namen, den er verleiht: »Your real name not Lucy – white blossom.« Das ist nicht nur Ausdruck chinesischer Ästhetik, die soziale Paßform der Frau – wie ihre verkrüppelten Füße – klein zu halten. Dem entspricht die viktorianische Moral der Zeit, zu der BROKEN BLOSSOMS spielt. Es schien die Natur der Frau, fragil zu sein. Es ist aber ein Eingriff, ihre soziale Natur als erste Natur zu metaphorisieren, um dann die männliche Gewalt dieser Vereinnahmung zu irrealisieren.

Dolly, die prädestinierte Hoffnung, wird im Exil zur prädestinierten Glücklosigkeit.

Als Hitchcocks Alma in I CONFESS (abgesehen davon, daß Hitchcocks Frau und engste Mitarbeiterin den Namen dieser Rolle als ihren trug) ist Dolly das Opfer der Entbehrung und muß zudem das Opfer der Wahrheitsfindung werden. Sie wird zum geheimen Mordmotiv ihres paranoiden Mannes, der, um die nichtendenwollende Not seiner Frau abzukürzen, einen Raubmord begeht und, als die Wahrheit ans Licht kommt: durch Almas nicht korrumpierbare Ehrlichkeit, seine Frau erschießt.

Dolly Haas, die Exilierte, in einer Rolle, die ihrem eigenen Schicksal als Vertriebene in Teilen entsprach, ist hier als großartige, intensive Charakterdarstellerin zu sehen, die in wenigen Gesten die Geschichte ihrer Not erzählt, ohne daß der Drehbuchautor sie erzählen muß. Warum dieser Autor, selber Exilant und heute als radikaler Theaterregisseur in der Bundesrepublik arbeitend – warum George Tabori die Exilserfahrung im Ungefähren beläßt, ist unerfindlich. Alma, die Figur der Dolly Haas, wird als »German refugee to Canada« bezeichnet. Wer was und warum floh, wird nicht benannt.

7

Die Kleider sind das wichtigste in fadenscheinigen Travestien. Hinkt die Handlung, spricht man gewöhnlich von einer Klamotte, als habe die Handlung sich die Ausstattung angeeignet und anderes als die pure Äußerlichkeit nicht mehr zu bieten. Dolly hat viele Kleider und dennoch ein Grundkostüm, das allerorten durchscheint. So wie der Typ des Tramps von Chaplin schnell umrissen wurde, so muß der zum Notdienst an defizitären Männern sozialisierte Tramp Dolly an wenigen Stücken Stoff erkennbar sein.

Ein Accessoire ist immer dabei, das die intendierte Einheitlichkeit ihres Kostüms durchkreuzt. Trägt sie eine Bluse, so bremst ein demonstrativer Gürtel ab, was weich weiterfließen will. Sind die Haare Männer ansprechend arrangiert, so drückt eine Kappe sie eng an den Kopf. Dolly hat eine Vorliebe für Kappen, die auf ihrem Kopf ihre ursprünglich militärische Funktion verlieren und bei ihr dennoch keß und schräg über dem Ohr liegend daran erinnern. In SCAMPOLO ist es ihr ganzes Glück, die netzförmig durchbrochene Haarkappe zu erhalten, nach der sie sich sehnt, im Glauben, jenes Stück mache sie fraulicher. Das kann sie sich nicht leisten, also wird es ihr verpaßt.

In LIEBESKOMMANDO geht die Verwechslungs- und Verkleidungsposse hin und her, aber vom langen Rüschenkleid aus, in das Dolly endlich wieder schlüpfen darf. Bei ihrer Freundin, zu der sie als männlicher Fassadenkletterer gelangt, darf sie in einen Kimono schlüpfen, die Haare in die Stirn kämmen und sich flugs als »richtiges Mädel« fühlen.

Wenn es unter den Kadetten ab zum Waschen geht und die Jungen mit nacktem Oberkörper ihre Wasserspiele treiben, ist man gespannt, in welchem Kostüm sie nackt auftreten wird, ohne enttarnt zu werden. Sie ist aber mit allen funktionalen Wassern gewaschen, legt sich ein langes Handtuch kreuzweise über die Brust und zeichnet sich unter den harmlosen Knaben als der/die frechste aus. Immer wieder fällt ihr Überschuß der Kräfte ins Auge.

Als es in der Kadettenanstalt zur Theateraufführung kommt, spielt sie, die als Mann verkleidete Frau, eine verkleidete Frau. Liebesszene mit ihrem Zukünftigen, der das Spiel durchschaut hat und noch einen draufsetzt beim Kuß, mit der Bemerkung: »Du Lausejunge!« – das ist einer der seltenen Augenblicke, wo es ebenso heiter wie heikel zugeht. Denn wenn die Liebenden nach außen den Schein wahren und sich ihm konform verhalten, muß nach innen der geübte Schein zur Norm werden, also die bloß gespielte Zärtlichkeit unter kostümierten Männern in der Realität der Kadettenanstalt denkbar werden. Immerhin dauert es ja in der Filmhandlung zwei Jahre, ehe im dritten Ausbildungsjahr der fesche Kadett sich entpuppen darf.

Aber seine Zuflucht ist schon vorgezeichnet. Seine kaiserliche Hoheit, der Erzherzog, ist gnädig und lobt seine/ihre »beispiellose Liebe zum Soldatenstande«. Dolly, beim Manöver im fließenden Rüschenkleid, trägt ein langes schwarzes Band dazu, das sich aus ihrer Hutkrempe entwickelt. Das ist nicht bloß der schnelle Kunstzopf, ans Kurzhaar geheftet. Hier wird ihr, die sie parallel zum Erzherzog mit der schwarzen Schärpe steht, gleichfalls die Schärpe angeheftet. Als Kadett unehrenhaft entlassen, als Offiziersfrau in Gnaden in die Armee wieder aufgenommen – das ist ihr Liebeskommando.

Als DAS HÄSSLICHE MÄDCHEN wird sie mit dem, der sich als ihr Freund ausgibt, beim Fabrikdirektor zum Kostümball eingeladen. Dolly kommt, als Pirat, ganz improvisiert, im gleichen Stoff wie der Direktor. Ihr Begleiter geht, ein bitterer Witz der Not, als »Angestellter«. Dollys Kostümwahl birgt gleich zwei Witze: Nicht nur paßt sie sich nach oben an in Kreisen, wo ein Angestellter im Arbeitsanzug als kostümiert gelten darf. Das wäre nur ihre Aufstiegsphantasie. Nein, sie illustriert gleichzeitig die Abstiegsphantasie, ja: die Abstiegsschelte für den Herrn Direktor mit, als wäre, analog zum Angestellten, der ja als er selbst geht, der Direktor ein Pirat und ginge nicht nur als solcher.

Gleich in der Anfangssequenz zu KLEINES MÄDEL – GROSSES GLÜCK trägt Dolly ihre bekannte Netzkappe im Haar, frech und schräg aufgesteckt. Aber ihr Kleid läßt keinen Zweifel mehr, wohin die Ästhetik des Jahres 1933 führen wird. Zwischen den betont vertikalen Streifen auf dem Kleid sind große Punkte eingesprengt. Die bewirken, daß die Vertikalität der Form diffus ins Gefällige verläuft. Steckt in den Streifen noch ein Rest Ornament der Neuen Sachlichkeit, so hat es abzudanken. Denn in den dicken Punkten steckt schon die Knospe zum Blumenmuster, in dem die deutsche Frau, befreit von vertikaler Strenge, Triumphe der Natürlichkeit feiern wird.

Bei Hitchcock spielte Dolly Haas ihre – bislang – letzte Filmrolle. Sie lebt im Exil und ist nicht mehr die Hauptdarstellerin. In SCAMPOLO galt beim Vorspann ihr die erste Nennung, in I CONFESS gilt ihr der vorletzte credit. Das hat über die intensive, stille und genaue Art ihrer Schauspielkunst nichts zu sagen, wohl aber über ihr Exilschicksal. Denn der neue deutsche Film, der Lina Carstens, Elisabeth Bergner und Curt Bois wieder, das heißt: auch für sich entdeckte, hat Dolly Haas zu Unrecht vergessen. Es wäre an der Zeit, ihr eine angemessene Herausforderung zu bieten, der sich freilich die jungen Regisseure auch stellen müßten.

Bei Hitchcock spielt sie Alma Keller, Haushälterin eines kanadischen Pfarrhaushalts, in dem ihr Mann (O. E. Hasse) als Hauswart arbeitet. Die beiden Exilanten spielen den sub-plot zur melodramatisch unerfüllten Liebe der jugendlichen Haupthelden Monty Clift und Ann Baxter.

Während ›oben‹ das Schicksal waltet, heißt es ›unten‹: Schuften und Kaffeekochen. Alma putzt hingebungsvoll die Altarleuchter und schleppt sich mit dem Schrubber durchs Haus. Die glatten Haare hat sie im Nacken zum Knoten eingebunden. Jetzt sieht Dolly Haas aus wie eine Proletarierin par excellence, als sei sie soeben einem sowjetischen Revolutionsfilm entstiegen. Angstgeduckt, aber ahnungsvoll tut sie ihre Arbeit. Sie trägt ein kariertes Hemd. Das ist ein Stoff der Männerkleidung. Jetzt endlich gibt es keinen Überschuß der Gestik mehr, sondern höchst ökonomischen Umgang mit jeder Geste. Alle Signale an ihr weisen auf die gesammelte Haltung einer Frau, deren Leben Entbehrung war. Sie ist der Pionier, sie hat die Ärmel aufgekrempelt, im Exil neu Fuß zu fassen, und wird behindert durch ihren paranoiden Mann, der alles für sie tun will und für sie nichts tun kann.

Bei der Gerichtsverhandlung, die Monty Clift freispricht, sitzt Dolly Haas im schwarzen Kostüm, mit sehr flachem Hut – eine Neuauflage ihrer alten Kappe – dabei. Leidgeprüft, in Last der Erkenntnis sinkt ihr Kopf immer bedrohlicher zur Seite. Sie ist müde und gibt den Kampf auf. Warum ist sie angezogen, als ginge sie zur Beerdigung? Erwartet sie ihren Tod? Hitchcock erfaßt dies Gesicht beim Spruch der Geschworenen mit einer Reihe von Großaufnahmen. Das ist im ganzen gesehen wenig, aber für die nicht-erzählte Leidensgeschichte der Figur Alma alles.

8

»Die Frau rächt sich an den eigenen Wünschen und an der ›Gesellschaft‹ durch das Anlegen einer Uniform: Kostüm einer neuen gereinigten Weiblichkeit«, sagte Gisela von Wysocki über einen Charakter Virginia Woolfs in ihrer Erzählung »Das neue Kleid«.[5]

Das träfe zu auf Dolly, wüßte man nicht von vornherein, daß auch ihre Uniformen bloß vorübergehende Kostüme sind, die sie an- und ablegt, um sich, der alten Weiblichkeit getreu, zurückzuverwandeln. Aber zum Safe der eigenen Wünsche wird ihre Uniform schon. Diese Mannsein-Phantasie, aus Not geboren, wird ihr zur zweiten Natur, solange sie im Arbeitskampf steht. Die endlich errungene Befreiung aus den Uniformen ist andererseits auch ein zutage tretender Wunsch nach Transzendierung von Alltag und Arbeitswelt, die nur um den Preis der Verleugnung vorausgegangener Erfahrungen in der Arbeit zu haben ist. Mit anderen Worten: die Figur Dolly findet Spaß an der Arbeit, an den Finten, Männerstellen zu ergattern, allerorts besser und schneller zu sein als die in Larmoyanz erstarrten Männer, die sich rächen werden für dieses freche Spiel mit ein für allemal fixierten Sozialmasken. Das Drehbuch, Maßstab der sanktionierten Werte, erlaubt ihr den Ausbruch nicht und bestraft ihn durch die Unterwerfung. Der Page im Dalmasse-Hotel seufzt, als Junge wäre er/sie zur See gefahren. Im Männeranzug um Arbeit anstehend, sticht Dolly alle männlichen Mitbewerber aus.

So bringt die Filmkomödie gegen ihre Intention, in der Krise von der Realität des Alltags nicht zu sprechen, doch Realismus ans Licht. Die arbeitende Frau muß sich im Arbeitsprozeß zum schöneren Mann kostümieren, der sich auch noch als geeigneter erweist. Und wenn Dolly neben dem naßforschen Pagenkollegen Hans Richter dessen Argwohn *nicht* erregt, so wird ihre Überanpassung längst nicht als gelungene gelobt. Im Gegenteil, die Filmtechnik revoziert sie sogleich. Durch einen Weichzeichner auf das Gesicht und einen Extra-Lichtspot auf ihr Haar wird ihre Gestalt, eben noch scharf durch die Uniform konturiert, ins Vage gehoben. Sie wird zu dem, was man fraulich nennt.

Sie spaziert ohne Risiko durch die Gattungen. Niemand ist beunruhigt; so stark gelten die Konventionen der Versicherung, daß sie von jedem Ausflug unbeschädigt zurückkehrt. Wenngleich ohne endgültige Konsequenzen, so ist dieses Changieren nicht ohne Faszination. Bei aller Komik ihrer Travestien, macht sie nie Ernst mit der Transvestie. Sie will nicht in eine andere Haut, sie will bloß ausprobieren, in der eigenen Haut, in der noch zu viel Spielraum ist, eine Gestalt zu finden. Deshalb bleibt Dolly so leicht; zwischen Tür und Angel. Sie steckt im Übergang, und als sie über die Schwelle zum Charakterfach treten wollte, wurde die Tür zugeschlagen. Das Exil war ein Ausweg, aber nicht der geradeste, der sie zur höchsten Entfaltung hätte führen können. Nachdem sie als Krisenkommando des deutschen Films der Weltwirtschaftskrise ausgedient hatte, hätte sie aus der Knabenfrau Eigenes entfalten können. Aber, notgedrungen, blieb sie ein Überbleibsel, nicht nur in SCAMPOLO, auch im Exil. Ihre Kunst war, einmal entwickelt, nicht mehr gefragt, und als sie neu ansetzte, halb vergessen. Erinnern wir uns: die Haas ist eine Zeitgenossin. Ihre Nicht-Identität ist das Moderne. Wenn sie im Film durch alle sozialen Räume getrieben wird, um am Ende nirgends anzukommen, kann ich nicht umhin, bei dieser rettungslosen Bewegung, einen Ort zu finden, an Figuren von Jean Genet zu denken. Dolly hat was von Divine:

»Sie suchte nach männlichen Gebärden, die selten die Gebärden der Männer sind. Sie pfiff, steckte die Hände in die Taschen, und diese ganze Spiegelfechterei wurde so ungeschickt ausgeführt, daß sie an einem einzigen Abend vier oder fünf Personen zur gleichen Zeit darzustellen schien. Sie gewann dabei den Reichtum einer vielfältigen Persönlichkeit. Sie lief von Mädchen zu Jungen, und der Übergang vom einen zum anderen geschah – weil der Vorgang neu war – stolpernd.«[6]

Anmerkungen

1 Hammond Norden in: ›Der Montag‹, 16.11.1935 (Scrapbooks Dolly Haas).
2 Siegfried Kracauer: ›Die Angestellten‹, in: Schriften, hg. von Karsten Witte, Frankfurt a. M. 1971, Bd. I, S. 223.
3 Herbert Jhering: ›Von Reinhardt bis Brecht.‹ Berlin/DDR 1959, Bd. II, S. 465.
4 Siegfried Kracauer: ›Von Caligari zu Hitler‹, in: Schriften, a. a. O. 1979, Bd. II, S. 222.
5 Gisela von Wysocki: ›Weiblichkeit und Modernität‹. Über Virginia Woolf. Frankfurt a. M. und Paris 1982, S. 82.
6 Jean Genet: ›Notre-Dame-des-Fleurs‹, Roman. Deutsch von Gerhard Hock. Hamburg 1960, S. 93.

VI. Körper-Bilder

Douglas Fairbanks zum 100. Geburtstag

Er war der elegante Abenteurer, immer auf dem Sprung, hier abzustoßen und dort anzulegen. Die Bewegung war sein Abenteuer, und er bewegte sich ebenso elegant wie akrobatisch: mühelos auf jedem Parkett, spielend auf jedem Deck und siegessicher unter reich beringten Händen. Wenn er auftrat, schob er sich nicht horizontal auf die Bühne. Der Auftritt war ihm zuwider. Seine Natur trat auf wie im Fluge: Vertikal tauchte er am liebsten auf; unverhofft und tief ersehnt. Immer eine Überraschung für die bedrohten Gegner und erretteten Frauen. Douglas Fairbanks kam aus dem Dunkeln und trat ins Helle. Dafür wurde er von allen Seiten geliebt.

Der sichere Erfolg war seine Sache, noch vor dem allfälligen Ruhm. Er brachte seinen strahlenden Körper, ohne zu protzen, ins Spiel, und sein Spiel mit den Muskeln blieb ein kontrolliertes Spiel, das er ebenso leicht abbrach, wie er es aufgenommen hatte. Douglas Fairbanks blieb praktisch ein Romantiker. Er übersetzte die Sehnsucht, die der nur schöne Rudolph Valentino in den Herzen der Zuschauer geweckt hatte, in ihre Wünsche. Er griff die Gelegenheit beim Schopf und gab der Sehnsucht eine kleinere, aber auch genauer umrissene Form. Das etwas anrüchige Außenseitertum von Valentino bezähmte Fairbanks. Aus dem Ansehen, das jenes genoß, gewann er Sympathien, die nachvollziehbar waren. Valentino beteten die Massen an; Douglas Fairbanks bewunderten sie.

Vor 100 Jahren wurde Fairbanks in Denver, US-Staat Colorado, geboren. Schon als 17jähriger war er einer der jüngsten Stars am Broadway in New York. Um Erfolge kämpfte er nicht, er heimste sie lächelnd ein, als stünden sie ihm alle, wenn er sich ihnen nur frech näherte, zu. Dem frühen Stummfilm stand er mit Skepsis und Hochmut gegenüber. Bis er in Griffith den genialen und innovativen Regisseur fand, der ihn für das neue Medium begeisterte. Fairbanks zog nach Hollywood und arbeitete fortan dort als Schauspieler, gelegentlicher Drehbuchschreiber und dann auch als Produzent seiner eigenen Filme. Aus erster Ehe hat er einen Sohn, der seinen Namen trägt: Douglas Fairbanks Junior, der gleichfalls als Schauspieler bekannt wurde, so als hätte sein Vater eine Dynastie der Leichtigkeit begründet, die der Junge fortsetzt. Befragt, ob er in die Fußstapfen seines Vaters treten wolle, entgegnete sein Sohn: der Vater sei so leichtfüßig gewesen, daß er keine Spuren hinterlassen habe. Das ist charmant und gelogen, denn am Ende zeigt sich, daß der Vater sich in die Geschichte des Films, seine Mythenbildung tiefer einprägte als der bloß geschäftige, schauspielerisch etwas fade Sohn.

In Hollywood bildete Fairbanks einen gesellschaftlichen Mittelpunkt im Zoo der Filmtiere. Darin wollte er gern Löwe sein. Zielsicher heiratete er in zweiter Ehe Mary Pickford, die man »America's sweetheart« nannte, einen der erfolgreichsten weiblichen Stars des frühen Hollywood-Kinos. Nicht nur, daß Fairbanks und Pickford ihr Haus – »Pickfair« – zum Mittelpunkt der Filmkolonie erhoben, sie waren auch wirtschaftlich nicht ohne Fleiß. Gemeinsam mit Charles Chaplin und dem Regisseur Griffith gründeten Pickford und Fairbanks 1919 ihre eigene Filmfirma, die sie »United Artists« tauften, die sich zu einer der größten Produktionskompagnien entwickeln sollte – eine Art früher Filmverlag »der Autoren«, die zu Recht befürchten mußten, daß die Produzenten ihnen die Anteile bei der Filmverteilung auf dem Markt wegfraßen.

Diese Firmengründung und die Rollenbilder bezeichnen sehr gut den Einschnitt, den die Erscheinung Fairbanks in der amerikanischen Filmindustrie markierte. Der Markt wird enger, als er auftritt. Aus vielen kleinen Firmen werden nur noch wenige Firmen, die Appetit auf Größerwerden haben.

Der Filmsoziologe Dieter Prokop beschrieb dies als den Übergang vom Polypol zum Oligopol. Was bedeutete das? Die Industrie erstarkte, und Fairbanks war ihr starker Mann. Die Industrie fand zu Marktrezepten, und Fairbanks war ihr populärster Koch. Die Industrie schritt zur Ausschaltung von formalen und inhaltlichen Experimenten, und Fairbanks war ihr Garant des guten Alten, der Romantik des Status quo. Die Filmindustrie setzte auf die Eroberung neuer Publikumsschichten, den Übergang vom Unterschichts- zum Mittelschichtspublikum, und Fairbanks führte sie zum Portemonnaie der neuen Schichten.

Wie schlug sich dieser Übergang inhaltlich nieder? Die Entdeckung des Marktrezepts bekundete Fairbanks in der Verfestigung seiner Abenteuerfilme zu Serien. Das Versprechen des ersten Teils sollte seine Fortsetzung im zweiten Teil finden, und die Sehnsucht nach dem starken Retter sollte überhaupt nie unterbrochen werden. Fairbanks konventionalisierte den amerikanischen Film. Seine Abenteuer waren sauber. Sie schlossen erotische Lizenzen aus, er nahm sich bloß Freiheiten heraus, er behielt sie aber nie. Brav gab Fairbanks, was er eroberte, in der Loge der Moral wieder ab. Seine Rollen setzen nur zum Schein die Rollen von Valentino fort. In der Wirklichkeit des schönen Scheins war Fairbanks ein neuer Valentino: jugendfrei.

Den Übergang vom proletarischen Publikum zum eher kleinbürgerlichen Publikum bediente sein Leitbild vom unbekümmerten Draufgänger.

Nicht mehr wie ein Einzelgänger, der für seine Libido und seine Rechte kämpft, wirkte Fairbanks, sondern wie ein Pionier, der in der sozialen Wildnis kämpft und siegt. Ihm eignete der Vorteil der moralischen Kraft, die Valentino vollkommen abging.

Der sonnige Douglas Fairbanks blieb der begüterte Sohn des Mittelstands, der auf der schiefen Bahn bloß ausrutscht, um zu erfahren, was seine Welt: die Unterwelt – nicht ist. Um so sicherer kehrt er in den Schoß seiner Klasse heim. Dafür wurde er ins Herz geschlossen und nicht nur für seinen makellosen Körper.

Als 1929 im Kupfertiefdruck der Frankfurter Societätsdruckerei das Buch »Filmphotos wie noch nie« erschien, durfte Fairbanks nicht fehlen. In diesem deutschen Buch trat er nicht nur als SCHWARZER PIRAT und DIEB VON BAGDAD auf, sondern auch als Autor. Was hatte er seinen deutschen Lesern damals zu sagen? Er zog seine Rollen auf die kürzeste Formel zusammen, die sich dazu denken ließ. Fairbanks schrieb eine Notiz, die betitelt ist: »Ich, der Abenteurer.« Darin heißt es, mit einem Anflug von Ironie: »Wir müssen alle einmal das Kostüm des Piraten ablegen, und dann gehen wir wieder hübsch manierlich im Sakko über die Straße. Jedes Abenteuer und jeder Film geht rasch vorüber. Und wozu? Nichts anderes sind Abenteuer und Film als der Versuch, die triste Wirklichkeit einmal für Sekunden in ein strahlendes, einfaches, freieres Dasein überzublenden. Das ist das ganze Geheimnis.«

Das Geheimnis der Traumfabrik, könnte man einwenden, und doch steckt mehr in dieser griffigen Formel, als bloß auf Fairbanks zugeschnitten wäre: der Wunsch nach Überschaubarkeit, nach Befreiung vom Alltag und nach einer strahlenden Existenz, die im Leben nicht für jedermann zu haben ist. Fairbanks beschreibt nichts anderes als das Grunddilemma des Films, ein utopisches Versprechen zu sein und doch zugleich die Denunziation jenes Versprechens. Denn wäre das Versprechen mit einem Film erfüllt, könnte die Industrie ja zufrieden sein und einpacken. Sie packt aber nie ein: weil sie nicht von Utopie, sondern dem Mehrwert regiert wird. Da ist jeder Star nichts anderes als ein Vorschein, den Alltag vorübergehend zu transzendieren.

Für diese Operation war Fairbanks ein idealer Partner. Körperlich war er zu allem imstande: zu reiten, zu schießen, zu springen, zu fahren; ein Raufbold und Liebhaber, ein Pirat und toller Hecht zu sein; gefährlich und dennoch beliebt zu sein, um den Preis, am Ende des Films doch brav klein beizugeben. Einer seiner ersten Filme, die noch nicht im klassischen Abenteuer-Genre angesiedelt sind, hieß THE HABIT OF HAPPINESS – oder: die Gewohnheit, glücklich zu sein. Fairbanks ist ein Millionärserbe, der seinen Hang zum gemeinen Volk entdeckt. Alte Männer im Obdachlosenasyl will er beglücken, indem er seinen Krawattenknoten zurechtrückt und loslegt, die Elenden das Lachen zu lehren. Zu diesem Zweck gibt er sich als Assistent eines Sozialwissenschaftlers aus, der sich einzelne aus den Massen zu mimischen Experimenten herausgreift.

Dieses Unterfangen ist Ausfluß einer Sozialtheorie, die man in den USA Behaviorismus nennt: das Verhalten der Schichten aus ihrem Sozialverhalten zu erklären. Das deckt sich mit einem Glücksversprechen, wie es seit Jefferson sogar Bestandteil der amerikanischen Verfassung ist. Douglas Fairbanks tut nicht nur so, als sei er hier Sozialwissenschaftler. Objektiv agiert er als solcher, gerade weil er nur der Schauspieler Fairbanks ist. Hier heißt er »Sunny Wiggings«! Sein Mienen- und Muskelspiel sind seine Mittel, Geld seine Großmut und sein wohlfundierter Optimismus, die Massen zur Erheiterung zu bringen, seine unerschütterliche Grundlage. Denn zu denken, daß es den Armen bloß an äußerlich antrainierter Komik fehle, um ihre miserable Existenz zu erdulden, ist doch als Glücksversprechen zu wenig.

Charlie Chaplin wäre hier als Komiker der Unterschichten aufgetreten. Der komische Held seiner Filme war ein Antiheld, ein David, der sich gegen die Goliaths der Gesellschaft wehrt. Fairbanks hingegen möchte schon als kleiner David studieren, wie sich der Riese Goliath verhält. Das hieß: um jeden Preis ein Held zu werden, der zunächst für seine Stärke, nicht für seine Intelligenz bewundert wird. Chaplin provozierte Gelächter von unten. Fairbanks dekretierte Gelächter von oben. Das eine war befreiende Komik, das folgende: lähmende Schadenfreude.

Chaplin und Fairbanks waren ja nicht nur Geschäftspartner der Firma »United Artists«, sie waren Freunde. In seiner Autobiographie gibt Chaplin dieser Freundschaft reichlich Raum. War er z. B. Wochenendgast im Hause Pickford-Fairbanks, konnte es passieren, daß um drei Uhr morgens der Gast geweckt wurde, weil Fairbanks ein Hawaii-Orchester auf dem Rasen aufspielen ließ, um seiner geliebten Frau Mary Pickford ein Ständchen zu bringen. Chaplin findet ein mildes Wort. Für ihn war Fairbanks »jungenhaft.«

Das deutet an, daß dieser ewige Leichtfuß Schwierigkeiten hatte, erwachsen zu werden. Davon leben seine Filme, ob sie ZORRO, ROBIN HOOD, SCHWARZER PIRAT oder DIEB VON BAGDAD heißen. Die Machenschaften der Menschen, die Widrigkeiten der Natur scheinen bloß dazu geschaffen, den Hindernislauf von Fairbanks gefahrenvoll und, wenn er naht: nichtig erscheinen zu lassen. Douglas Fairbanks ist bis an die Zähne bewaffnet und doch waffenlos: Seine Wehr ist die Suggestion, er sei unverletzbar. Dafür braucht er, im Gegensatz zum deutschen Siegfried, kein Mythos vom Lindenblatt und Drachenblut. Sein Strahlen, das in jede Richtung geht, will den Gegner eine Unangreifbarkeit glauben lassen, die auf zauberhafter Beweglichkeit beruht. Fairbanks hob die Schwerkraft auf. Er klettert, fliegt und stürmt, als schneide sein Körper wie ein Messer durch die böse Welt.

Sein Mythos saugt die Verschlagenheit des Odysseus, die Leichtigkeit des Merkur und die Tapferkeit Achills in sich auf. Das Abenteuer besteht er nicht als auferlegte Prüfung wie andere Helden. Das Abenteuer ist sein Lebenselixier. Er stärkt sich an Gefahr, und man weiß in jedem Augenblick: Douglas Fairbanks ist stärker als die Gefahr, weil er sie durch Leichtigkeit unterläuft. Immer hatte er mit der Angst ein leichtes Spiel. Das band soviel Sehnsucht an seine Gestalt, wo sie sich als Versprechen zeigte.

Deshalb trat er nie in Altersrollen auf. Im Tonfilm hatte er nichts mehr verloren. Den Mund aufzumachen, war ihm nie genug. Sein ganzer Körper sprach.

Der springende Narziß

Fred Astaire

Als Astaire vierundfünfzig Jahre war und in Minellis Musical THE BAND WAGON (M.G.M., 1953) schon seine eigene Rolle in der Geschichte des Entertainment auf den Arm nahm, fiel er aus der Rolle. Mit der Dreistigkeit, die dem paradoxen Kampf von abgelebter Theaterkultur und lebendiger Popularkultur noch eine Parodie abpreßt, stiehlt das Musical des schon gealterten Stars dem Theater die Show. Astaire verführte sein Ensemble dazu, sein Konzept der inszenierten Absichtslosigkeit zu proben. Im Liedchen »I love Louisa, Louisa loves me« singt er plötzlich eine deutsche Strophe, und man sieht, welchen Reim er sich auf unsere Körpersprache machte: eckig abgezirkelte Schritte eines gepanzerten Maschinenmenschen, der über das Parkett marschiert.

Das war keine Altersschwäche. Astaire war stets fragil, aber ehe sein Körper zerbrechen könnte, war er schon auf einem neuen Standort heil gelandet. Er ist schmal und schnell. Sein Gesicht ist alterslos. Als Baby in THE BAND WAGON wirkt er komisch, nicht grotesk. In seiner Miene schlummert die Unverschämtheit, in liebenswürdigen Linien festgefroren. Er ist galant, ein Draufgänger der Finten und Posen, zum Umpusten leicht. Verschlug es ihm die Sprache, sprang er, im Frack, über Tisch und Bett. Er produzierte sich, lustvoll im Genuß der eigenen Glieder. Nicht so aufdringlich wie ein mißachtetes Kind, sondern so selbstverloren wie ein sehr begabtes Kind.

Wo Busby Berkeley in seinen Musicals den Gruppentanz in Formationen steigert, stimmt Astaires Choreographie das Formierte zur Improvisation herunter. Wenn er tanzt, braucht er keinen Tusch aus dem Orchester. Er zieht sich nicht um. Er tanzt, wo andere stehen, gehen oder liegen. Jedes Deck, jeder Fleck ist ein Tanzboden, der danach schreit, von ihm betreten zu werden. Schon in der Nähe einer weißglänzenden Fläche – und die Musicals waren immer Weißschwarzfilme – zucken seine Beine. Aber nicht motorisch, sondern elastisch. Rhythmus ist für Astaire keine zwanghafte Zeiteinheit. Eher eine variable Größe, die er musikalisch so frei behandelt wie Glenn Gould das Klavier.

Sein Tanz ist ein elegant kaschierter Bruch zwischen spielerischer Probe und strenger Darbietung. Die Form, die er entwirft, zerfällt, noch ehe man ihre Struktur eigentlich wahrnimmt. Nach zwei, drei Takten wechselt er den Schritt, legt einer Figur eine verwandte an. Würde man seinen Sprüngen eine Spur nachziehen, so ergäbe sich ein Kaleidoskop, das sanft gedreht in bunte Muster zerspringt. Astaire hat den Fuß noch nicht aufgesetzt, da will er schon woanders hin. Seine Sohlen sind der einzig sichere Boden, angesichts derer die Tanzfläche den Boden unter sich verliert.

Astaires Partnerin in allen R.K.O.-Filmen war ab 1933 Ginger Rogers. Neben ihm probiert sie mit jazziger, kleiner Stimme ein privates Timbre aus. Stets versucht sie, dem Narziß, der ihr doch davonspringt, mit ratternden Beinen wie ein nettes Maschinchen nachzujagen. Treu der antiken Sage war sie die Muse des Narziß, die Echo hieß. Viel konnte Astaire, bei allem Wohlgefallen an sich selbst, mit ihr nicht anfangen. Sie schwebten oft als Einheit, als das idealromantische Traumpaar: über Seerosenblätter (in CAREFREE) oder Schiffsplanken (in FOLLOW THE FLEET). Aber wie oft ließ er sie stehen, schien ihr Tanzprinzip das Asynchrone zu betonen. Auch wenn sie sich vor jeder sozialen oder natürlichen Unbill in Liebeslauben, wie in TOP HAT, flüchten konnten. »Let's face the music and dance«. Das heißt aber auch: in den sauren Apfel der Kunst, das kleinere Übel, zu beißen.

In SHALL WE DANCE (1937) treffen sie nur zusammen, weil sie beide ihrer Manager müde sind. Ihre Begegnung soll die Synthese aus Ballett und Jazz besiegeln und das Trauma der Hochkultur, die nur Esoteriker beklatschen, ein für allemal überwinden. Ihre Romanze ist daher eine Fortsetzung der Kunst im Alltag, der als kunstloses Ritual erfahren wird. Was Astaire dem Alltag abguckt, ist die Konvention, die er enthüllt, noch wenn er sich als Zauberer unter die Herrschaft des Zylinders begibt. Mögen andere unter dem Diktat von Arbeit, Konkurrenz und Fließband stehen: er springt über jeden Zaun, der die Schönheit von der Utopie trennt.

Zufällig trifft er in diesem Film die Rogers an Bord, auf hoher See. Seiner Liebe kann sie nicht entgehen, auch wenn er letztlich sich entzieht. Um sie zu beeindrucken, muß er sich – die pure, auswendige Technik der Naturbeherrschung am eigenen Leibe – produzieren. Er tanzt in den Alltag hinein, weil er kein Publikum braucht, selbstversunken dem Echo seiner Schritte nachlauscht. Er tummelt sich im Maschinenraum des Dampfers. Die schwarzen Maschinisten putzen das Messing im Takt, den die Kolben schlagen. Astaire inspiziert diesen Frohsinn der Arbeit wie der spätgeborene Sohn eines Plantagenbesitzers. Bei seinem Anblick hat man das Gefühl, außer Dienst zu sein. Er verführt die Maschinisten dazu, sich dem eigenen Rhythmus statt dem Maschinentakt anzuschmiegen.

Er macht es ihnen vor, wie ein Engel, der von oben hereinschneit. Ihr Beifall applaudiert dem vorgemachten Glück, das sie zaghaft nachahmen. Ohne zu merken, wie leise er abtritt, spurlos, weil er im Grunde nie fest auftritt. Dann ist er mit den Maschinen allein. Die stampfenden Kolben werfen drohende Schatten hinter seinem Rücken auf. Astaire zuckt mit der Schulter, ahmt mit dem Oberarm die Drehung des Kolbens nach, als wollte er die Gleichförmigkeit nachäffen. Ehe noch der Impuls seine Muskeln durchströmt, schüttelt er ihn wieder ab. Er will nicht Handlanger der Maschine sein. Er fällt ihrem Tempo drosselnd in den Arm. Sein Körper ist eine Batterie, die den Gegenrhythmus speist. Der Maschinist, der sich zum Schein der Arbeit unterwarf, wird unversehens Konstrukteur: der ihm gemäßen Choreographie.

Die Figuren, die er schlendernd und im Gesichtsausdruck des undurchdrungenen Geheimnisses aus seinen Schritten zaubert, sind nie aus einem Guß. So präzis seine Füße Punkte aufs Parkett setzen, so groß sind die Fragezeichen, die seine Arme in die Luft malen. Sie federn und balancieren den Körper aus, wo seine Beine drohen, ihm davonzulaufen. Aus dieser kleinen Imperfektion, daß seine Arme und Beine oft auf verschiedenen Hochzeiten tanzen, erwächst der Charme, die Sympathie für Astaire. Seine Artistik könnte ihn zerreißen, wenn er sich nicht von Zeit zu Zeit mit rührender Taktlosigkeit auf dem gesellschaftlichen Parkett, erschrocken und verschämt, zusammennähme.

Kultur der Körper

In den Filmgeschichten sind die Genres und die Schlagwörter überliefert, die angesichts eines Revivals alter Filme sich wie Untote auf die Schattenkörper der Geschichte legen und noch in der Nacht ihrer Wiederaufführung verblassen. Der italienische Film im Faschismus kennt drei Genres: die patriotisch-militärischen, die Kostümfilme und die Afrika-Filme. Noch kürzer tut man dies mit der »Welt der weißen Telefone« ab. Was jetzt in Mailand als Beiprogramm zur Ausstellung »Italien der Dreißiger

Jahre« zu sehen ist, beschränkt sich strikt auf das vorgegebene Dezennium und zeitigt einen neuen Befund. Im Alltag setzen sich keine Genres und weißen Telefone durch. Da geht es um die Anpassung des Volkskörpers an das Regime.

Vergleicht man die Filmpolitik, die der italienische Faschismus im Gegensatz zu den Nationalsozialisten trieb, so fällt die unvergleichliche Liberalität in der Personalpolitik auf, das laisser-faire im wirtschaftlichen Bereich und die Duldung, d. h. ausdrückliche Nichtunterdrückung gegenläufiger Tendenzen. Die Opposition arbeitet zwar insgeheim, dennoch gleichzeitig und im Lande. Vittorini, Pavese und Silone schreiben ihre antifaschistische Literatur, noch ehe der Duce gestürzt ist. Moravia ist klandestiner Mitarbeiter am Drehbuch zu Viscontis Debütfilm OSSESSIONE, der 1942 den Umbruch zur Opposition transparent machte.

Erst rund zehn Jahre nach Konsolidierung des faschistischen Systems werden Filmgesetze zur Zensur, Staatsmonopolisierung der Importe, zur Finanzierung der Produktion verabschiedet. Goebbels hingegen rief wenige Tage nach der »Machtergreifung« die deutschen Filmschaffenden zusammen, um ihnen zu eröffnen, was die Stunde geschlagen hatte. In Rom wurde die berühmte Filmakademie gegründet, Cinecittà eröffnet. Die Akademie wurde ausdrücklich »Experimentalzentrum der Filmkunst« benannt; als Professoren bestallte Mussolinis Sohn zwei Leute, die unangefochten marxistische Filmtheorie verbreiteten. Der Neorealismus drückte da die Schulbank. Auch der aus Berlin emigrierte Theoretiker Rudolf Arnheim konnte in Rom forschen. Detlef Sierck, auf dem Weg ins Exil nach Hollywood, plante in Cinecittà ein Filmprojekt. Die Propagandafilme, wie sie auch Rossellini drehte, der Hitlers Überfall auf die Sowjetunion als neuchristlichen Kreuzzug feierte, sind das letzte Aufgebot des italienischen Faschismus, ein Nachzucken der Vierziger Jahre, zu deren Ende auch Rossellini sich radikal zum Realismus bekehren sollte.

Die Dreißiger Jahre spiegeln im Film schrittweise den Umbau wider, dem der bourgeoise Stutzer in Anverwandlung des kollektiven Idealtyps – der sportliche Faschist – sich unterziehen mußte. Italien verläßt in jenen Jahren den bürgerlichen Salon. Der bäuerliche Boden wird sein Parkett, auf dem er ungelenk das stramme Gehen lernt und den Belcanto der Innenräume aufrauht zum Chorgesang in freier Natur.

SCHWURGERICHT (1930) ist ein Film im Umbruch, nicht nur vom stummen zum tönenden Film. Die Männer wandeln sich von der blasierten Maske zur ehrlichen Haut. Noch tragen sie breite Revers und Pomade im Haar, sind sie ganz auf Windschnittigkeit angelegt. Aber schon bricht die Eleganz des Dandy sich am Widerstand unterer Klassen, deren Körperkultur von Arbeit bestimmt wird, nicht von der Freizeit. Ein Bankdirektor wird ermordet und ein Bauer, zu Unrecht, der Tat verdächtigt. Die soziale

Spannung dieses Films wird durch Kompromisse im Stil ausgeglichen, die alles Eckige abschleifen.

Noch treten die Frauen vor Gericht wie Stummfilmdiven auf, bleich und fragil, das Gesicht als Schauplatz für Lippen und Lider verschminkt, die Taille von dunklen Stoffen umflossen und die Kappe im Haar als formales Mittel, ihr Profil zu härten. SCHWURGERICHT führt die bürgerliche Klasse als noch homogene Schicht vor und macht ihr, über die Risse im Marmor der Villen, den Indizienprozeß.

Die Komödie ZWEI GLÜCKLICHE HERZEN (1932) hat amerikanisches Tempo und eine deutsche Dramaturgie. Hans H. Zerlett, geübter Konfektionär der Tobis-Film Berlin, schrieb das Drehbuch. Über diese Zusammenhänge praktischer Bündnisarbeit in den Kulturindustrien der Achsenmächte wissen wir zu wenig. So drehte auch Lilian Harvey einen Film in Rom, LUFTSCHLÖSSER, der jetzt erst wiederentdeckt wurde. Günther Anders, der bewährte Kameramann für massive Propagandafilme von Karl Ritter und Veit Harlan, stand auch hier an der Kamera. Augusto Genina, der in Berlin Melodramen mit deutschen Sängerinnen inszenierte, führte Regie.

Eines der glücklichen Herzen ist Vittorio de Sica, der sich, als Fabrikdirektor, das andere Herz: seine Sekretärin wählt. Dieser Film, entschieden unrealistisch und in schwarz-weißem Dekor durchstilisiert, ist wie ein Schreibmaschinenmusical der MGM ausgestattet und setzt die abgetakelten Revuegirls ins Büro. Die deutsche Konfliktlösung der Heirat nach oben erinnert eher an die Komödien aus der Zeit der Weltwirtschaftskrise, als es gegen die öffentliche Not nur das private Glück als Gegengift gab. Faschistisch daran ist die Nebenhandlung. Der Fabrikant, arm in die USA ausgewandert, kehrt reich ins italienische Imperium zurück. Heim ins Reich, das Entzücken so vieler Luis-Trenker-Filme, ist der Standardtopos, den als erster Ernst Bloch analysierte.

Wenn die Volksgemeinschaft sich als einheitlicher Volkskörper fühlt, muß der Stutzer mit Schlips und Strohhut abmustern. In der Typenkomödie VOLKSZUG (1933) – die ähnlich den deutschen Kraft-durch-Freude-Filmen die fabelhaften Vergnügen staatlich organisierter Sommerfrische zeigt – ist der neue Mann da, der sich erst langsam aus dem überlieferten Kostüm der zwanziger Jahre schälte.

Er ist athletisch gebaut, trägt Polohemd und Leinenhosen, eine Armbanduhr und Tennisschuhe. Er ist behend und überlegen, fährt Rad und Kahn, kennt die Kunst und kann sie erklären. Zum Glück dieser Männer kommt immer eine Frau des Weges, die sich die Kunst des alten Italien erklären lassen will, bevor sie der Befragte ins Gras streckt. So kamen die Errungenschaften des Regimes unter das Volk, ohne daß ein Melodram didaktisch wurde.

Nun sind die Frauen nicht mehr fragil, sondern verständig. Sie kokettieren nicht mit kindhaftem Aussehen. Sie kleiden sich hoffnungsvoll, wie kommende Mütter. Kurze Dauerwellen, geblümte Sportkleider, adrette Kragenschleife. Hier muß das Paar, das nach der Fahrt mit dem Volkszug zu verbilligtem Tarif zusammenfindet, erst ins Wasser fallen, um seine Körper zu entdecken. Aber sie nehmen sich schon wahr. Dann tanzen sie auf dörflichem Grund: Stadt und Land, Hand in Hand.

Die neuen Helden sind nicht die Direktoren und Grafen, sondern die Ingenieure, die Lehrer, die Schluß machen mit der theatralischen Rhetorik. Dafür sorgte schon der Duce. Die kleinen Leute verschlankten sich aufs Mittelmaß. Der Zweireiher wich dem Sakko, der sogar offen getragen werden durfte; der Stehkragen wird niedergeschlagen. Die Frauen dürfen selbständige Berufe ergreifen, im Hosenanzug gehen, als Ärztin mit tiefer Stimme sprechen und Männerhüte tragen, die Vorzeichen der Vierziger Jahre.

Das Ende des Jahrzehnts macht Schluß mit hellen Oberflächen. Das Melodram der individuellen Leidenschaften bricht sich eine Bahn ins Zwielicht. DIE SÜNDERIN (1940) ist der erste in der Filmakademie gedrehte Spielfilm. Vaclav Vich, der nach dem Kriege für Peter Lorre den Film DER VERLORENE fotografierte, stand an der Kamera. Vittorio de Sica ist, unvermeidlich, wieder dabei. Aber nicht als befrackter Salonlöwe, sondern als ein Mann im Trenchcoat und in Eile, der den Hut, um sein Gehetztsein zu verbergen, tief ins Gesicht zieht. Die Sünderin ist eine ledige Mutter, die jedes Gitter, das die Konvention um sie stellt, überwindet. Ständig auf gepackten Koffern, umtriebig, mit wetterfester Kleidung, so behauptet sich diese Frau. Eine Baskenmütze über schulterlang gewelltem Haar spricht für Berufserfahrung. Sie arbeitet in einer Großwäscherei und entzieht sich, forsch und ihrer selbst sicher, jeglicher Nachstellung. Nebel, Gitter und enge Räume beherrschen die Szene. Auch die fröhliche Ernte, das gesittete Landleben mit singenden Frauen und braven Knechten bieten keine Ausflucht für die Ruhelose. Dürftigen Trost gibt es nur noch in der Hoffnung. Der Fatalismus der Vierziger Jahre hat den schon matten Fanatismus der Dreißiger Jahre eingeholt.

Jetzt beginnt die Filmgeschichte der Bücher zu sprechen. Sie setzt auf einen weißen Fleck ein weißes Telefon.

Unter Leidensgenossen

Pasolinis »Accattone«

Schon zum Vorspann dieser elenden Leidensgeschichte ertönt der Schlußchor aus Bachs »Matthäus-Passion«. Das Drama ist, ehe es beginnt, beschlossene Sache. Ein Zuhälter stirbt. Kein Hinterbliebener weint. Um ihn trauert ein Chor, dessen Klage ursprünglich einem anderen galt, der vielleicht auch für den Zuhälter Accattone starb. Kann das Gewöhnliche schön sein? Pasolini scherte sich um Fragen ästhetischer Scholastik nie. Er verletzte die guten Sitten des Genres, die sich stets besser dünkten als die schlechten Manieren des Stoffes. Er respektierte keine Grenzen, er verletzte sie und jene, die sie achteten. Bach zum Barackenmilieu und Dante-Verse im Munde der Vorstadt beschwören nicht die schneidige Enteignung von Kultur, sondern die Aneignung des Anspruchs, wo auch immer: unter Menschenbrüdern zu handeln.

Die Musik macht uns zu Ohrenzeugen eines Dramas, das keine Regeln der Einfühlung, des Mitleids, der Katharsis kennt. Nur eins wird gewiß, das Leben im Zeitraffer der Zufälligkeit. Accattone lebt ein schon seinem Tod ergebenes Leben. Franco Citti, der Accattone eher durch sparsame Gesten vorstellt, als schauspielerisch darstellt, hat in vielen Bildern seinen Kopf gesenkt, als trüge er zu schwer an ihm. Auf den Tiber-Terrassen, wo er mit Freunden und Frauen rüde Scherze treibt, läßt jemand, mitten in einer wüsten Schimpftirade, den Satz fallen: »Ihr, die ihr eintretet, laßt alle Hoffnung fahren!« Bei Dante Inschrift am Tor des Inferno, Aufforderung zum Fatalismus, den die Hoffnungslosen im Rom der Sechziger Jahre zum Zynismus plätten. Der Klagegesang ist auch historisches Zitat und den Bildern der grellen Hoffnungslosigkeit blasphemisch unterlegt. »Wir setzen uns mit Tränen nieder / Und rufen dir im Grabe zu: Ruhe sanfte, sanfte Ruh! / Ruht, ihr ausgesogenen Glieder!«

Die sterbliche Hülle Accattones besteht aus ausgesogenen Gliedern. Zurück bleiben aber auch jene, die sie aussaugten. Die im Dickicht der Niedertracht, des Verrats und der rohen Gewalt am Aussaugen satt wurden. Aber die stehen ohnehin im Licht. Nur die im Dunkeln stehen, kriechen, vegetieren, die sieht man bei Pasolinis erstem Film (1961), der sich liebenden Blickes über die Leidensgenossen der subproletarischen Vorstädte beugt.

Wie todessüchtig dieser zarte Mann Vittorio ist, den die anderen Männer Accattone nennen, dem sein eigener Name enteignet wird. Weil er dem keine Würde abgewinnen kann, wird er das, was ihm nachgerufen wird. Ein Schmarotzer, ein mieser kleiner Gewinnler und Frauenausbeuter, der, von allen ihren guten Geistern verlassen, nichts mehr hat, was ihn aufrecht hält. Eine Vision greift seinem physischen Tode vor. Er träumt, daß Accattone begraben und Vittorio, sein altes Ich, zur Trauer nicht zugelassen wird. Keine Chance, daß Vittorio (»Der Sieger«) jetzt lebt. Er geht bloß seine Bahn, die ihm vorherbestimmt, zu Ende.

Aus sich selber schafft Accattone nichts. Mit seiner sexuellen Attraktion zu arbeiten, ist das einzig Produktive an ihm. Er macht Frauen von sich abhängig und läßt sie für sich arbeiten. Eine Randexistenz, die sich den Luxus leistet, aus dem Nichts ein Mini-Unternehmen aufzubauen. Ständig auf dem Sprung, rennend, flüchtend. Im Dauerlauf zum Abkassieren, was mager ausfällt; im Dauerlauf zum Spaghettitopf, der leer bleibt, den er mit List und Tücke wieder anpeilt und doch wieder stehen läßt, als er Stella, seine neue Geliebte auf der Straße nach dem Zuhause, das sie nie erreichen wird, abfängt.

In den Fatalismus verliebt, von Beruf Hungerleider, Streuner aus Spaß, hemmungslos selbstmitleidig und völlig gefühlsroh im Umgang mit Frauen. Er geht ihnen, wenn es geht, aus dem Weg; er fällt ihnen aber auf ihrem Weg brutal in den Arm. Den Anschein von Glück vermittelt Accattone nur unter seinesgleichen, den schwadronierenden, richtungslosen Freunden, die nichts als Maulaffen feilhalten. Welche blutigen Witze über den Hunger, welche gewaltigen Tiraden zum Plan, ihn zu stillen!

Auch das Elend hat sein Pathos, das manches Mal durch den Standpunkt der Kamera ins Antikische überhöht wird. Nicht aus Zynismus. Pasolini vermengt die Stilebenen mit Vorsatz. Aus der leichten Untersicht sehen die Baracken und die halbfertigen Neubauten vor Rom für die Arbeitsemigranten aus Italiens Süden, die den Sprung in den industriellen Norden nicht schafften, eben aus wie Ruinen des alten Roms. Auch Konstellationen der Gruppen erfahren eine Wendung ins Statuarische. Das Ziel scheint, dem, was als niedrig gilt, eine eigene Würde durch Repräsentation im Bild zu geben. Daran hält Pasolini nicht fest, die Idee der verlorenen Würde aber wach. Im nächsten Augenblick kann eine Gruppe, die eben noch erstarrte, sich zur Macht in heftiger Bewegung drängen.

Accattone, der die von ihm sitzengelassene Frau anschnorren will, wird von seinem Schwager verjagt. Ein Kampf auf Leben und Tod. Wo die Erinnerung nicht auszulöschen ist, muß sein Körper, der den Schatten ins Gedächtnis wirft, vernichtet werden. Welches Recht ist stärker, Familienehre oder blanker Darwinismus? Zwei Prinzipien des Überlebens werden von Pasolini in die Arena geschickt. Noch ist das Umfeld des Bildes leer. Dann wird es von den Rändern her betreten. Zaghaft setzen die Zeugen, deren Angst die Neugier besiegt, ihren Fuß ins Bild. Die Prinzipien bilden jetzt Parteien, der Kampf erfährt sich in Körpern.

Diese Lust, sich körperlich zu messen, ist bei Pasolini nicht nur Männerchauvinismus, sondern auch eine Blicklust auf sich vermengende Körper, die, einmal amorph geworden, nicht länger strahlend ihre Unversehrbarkeit behaupten dürfen. Man sehe auf das Licht, das hier gesetzt wird.

Weniger gesetzt, denn als naturgegeben erfahren wird: im gleißenden Lichte Roms verzehren sich die Körperkonturen dieser Hungerleider, als hätten sie nicht einmal das Recht auf einen Frieden mit der Natur. Auch sie ist feindlich. Andererseits wirft die Filmtechnik ihre Schatten. Accattone, ständig auf Trab nach einer kleinen Gaunerei, läuft oft mit dem Schatten der Kamera oder auch: gegen das Objektiv, das ihn filmt, an.

Daß mit diesem Film jemand einen Anfang machte und Spuren dieser Neuheit im Umgang mit klassischen Regeln hinterläßt, stört wenig. Abrupte Schauplatzwechsel, wilde Achsensprünge gewinnen in Pasolinis Handhabung eine Kraft der Überrumpelung. Nicht der Zuschauer wird überfahren, sondern das dem italienischen Film seinerzeit beliebte Bild vom familiären Realismus, der sich immer noch Neo-Realismus wähnte.

Pasolinis Pathos besteht darin, nicht dem pittoresk Vertrauten Bestätigung im Bild zu geben, sondern dem schroff Unvertrauten die aberkannte Achtung wiederzugewinnen. Bernardo Bertolucci, der mit 19 Jahren Pasolini assistierte (wofür die alte Synchronfassung ihn als »Hilfsregisseur« bezeichnet), sagte in einem Gespräch, das wir führten: »Bei ACCATTONE wohnte ich der zweiten Geburt des Kinos bei.«

Als Accattone stirbt, sagt er: »Endlich fühle ich mich wohl.« Ein blutiger Witz: zur zweiten Geburt des Kinos. Der Schlußchor singt: »Höchst vergnügt / schlummern da die Augen ein.« Accattone ist ein Film der Trauer.

Der Mann im Mantel

»Nostalghia« von Andrej Tarkovskij

Wenn die Kamera träumt und dennoch die Linse nicht schließt, wenn sie durch abgestorbene Zwischenzonen tastet und dem Dreck der Welt matten Glanz verleiht, wenn jede Nähe schwierig und doch einfach scheint, dann bleibt nur eine Sicherheit: Dahinter steht der sowjetische Filmregisseur Andrej Tarkovskij.

Er betreibt das Kino als Feuer- und Wasserprobe des bislang Ungesehenen. Er zeigt in seinen Bildern jenen Vorraum, in dem der Zuschauer Abschied nehmen muß von lauten Farben. Denn auf der Schattenseite lockt das Leben nach dem Tod. Die Katastrophen der Umwelt liegen

215

schon hinter uns. Es bleibt die Erkundung der Ödnis durch die Überlebenden.

Tarkovskij zeigte in seinem Science-fiction-Film SOLARIS (1972), daß auch in der größten Entfernung vom sozialen Leben die Gefühle überleben und die Erinnerungen sich sogar verkörpern können. Sein letzter in der Sowjetunion gedrehter Film STALKER (1979) eröffnete die Expedition der Reisen ins Innere. Die neue Station NOSTALGHIA setzt sie fort. Die Firma Gaumont-Italien unter dem Rossellini-Sohn Renzo produzierte, Francesco Rosis Drehbuchautor Tonino Guerra assistierte Tarkovskij beim Schreiben, die Frau eines der Taviani-Brüder entwarf die Kostüme: überall offene Arme für den soeben Exilierten.

Der Schauplatz ist Italien, und doch wird kein Sinnenfest gefeiert, das spektakuläre Schönheit abgraste. Hier wird Italien gleichsam als innerer Schauplatz eines Fremden erfahren, der im Ausland eher sich als dem ihm Fremden ausgeliefert ist. Ein Mann namens Andrej (Oleg Jankowski – in Tarkovskijs autobiographischem Film DER SPIEGEL, 1974, spielte er den Vater des jungen Erzählers) reist auf den Spuren eines russischen Komponisten des 19. Jahrhunderts, dessen Biographie er schreiben will. Nur schreiben sieht man ihn nie.

Nicht einmal seinen Mantel legt er ab. Er bekundet vollkommene Gleichgültigkeit dem Klima, dem Umfeld und seiner mitreisenden Dolmetscherin Eugenia (Domiziana Giordano) gegenüber. Sie ist ihm als Vertreterin der tüchtigen Realität beigegeben. Sie wird ihn bald enttäuscht verlassen. Denn auch ihr gelingt es nicht, Andrej, diesen Geheimnisträger, zur Preisgabe seines Geheimnisses zu zwingen.

Der Mann hat eine Aura, deren Zeichen sein dunkles Gesicht und die helle Strähne im Haupthaar sind. Aus der Ferne gesehen könnte man diesen Albino-Fleck auch für die Tonsur eines Mönches halten.

Andrejs Gefährte im Orden der Entrückten wird, da die Kommunikation mit der Berufsübersetzerin versandet, der irre Domenico (Erland Josephson). Dieser war Mathematiker und gilt als verrückt, weil er seine Familie einsperrte, um sie vorm Weltuntergang zu retten. Die Herrschenden halten es ja eher umgekehrt. Seither versuchen die Normalen, Domenico zu retten. Das mißlingt. Er hält eine flammende Rede zur Befreiung seiner Krankengenossen (Gruß an Basaglia!) und endet, zu Beethovens hymnischer Ode »Freude, schöner Götterfunken«, in demonstrativer Selbstverbrennung.

Der fremde Freund aus Moskau übernimmt seinen mystischen Auftrag und durchquert mit brennender Kerze das leere Bassin eines italienischen Heilbades. So besteht Andrej die Feuer- und Wasserprobe des unbedingten Gefühls, das in diesem Fall Vertrauen hieß, aber vielleicht überlebt er sie nicht. Erotische Interessen, wie sie ihm seine engelsschöne Dolmetscherin anträgt, liegen ihm fern. Literarische Interessen gelten nicht Petrarca, sondern den Gedichten von Arsenij Tarkovskij, dem Vater des Regisseurs, dessen Lyrik der Sohn schon in früheren Filmen Reverenz erwies.

Dieser Mann im Mantel wird auf seiner Reise Beute der Vergangenheit. Rückblenden in Schwarzweiß rufen ihm seine Frau, seine Kinder zurück. So stark ist seine Geschichte, daß man von Rückblenden nicht reden mag. Denn sie behaupten so viel Gegenwart, daß sie den aktuellen Schauplatz nach und nach verdrängen, ja, in ihn überblenden. Die Landschaft um Bologna, das Kapitol in Rom, eine mittelalterliche Abteiruine in der Provinz Siena, sie werden zu Phantasmagorien, die dem Blick Andrejs entgleiten.

Lieber hält er sich in den Zwischenzonen auf, wo Wasserdampf mit Wolken eins wird. Tückisches Gelände betritt er, wohin er sich wendet. Innenräume werden zu Schlammlandschaften, Bäche zu Spiegeln von Gaukelbildern. Das Wasser tropft und sprudelt allerorten wie ein Klangteppich, den ein Ungeborener hören mag. Die Höhlen, die Andrej mit den Ohren voran und den Füßen hinterher betritt, sucht er wie einen schützenden, nährenden Mutterleib.

NOSTALGHIA, das scheint eine Sehnsucht zu sein, die Welt, die man kennt, noch einmal von innen heraus zu erwarten.

Diese Reise endet an einem Ort, der Rußland und Italien in ein symbolisches Bild faßt. Inmitten der gewaltigen Kirchenruine liegt das russische Holzhaus, der Mann im Mantel und sein Hund liegen davor. Das Neue schließt das Alte ein und die Historie umfaßt jetzt Andrejs Geschichte. Die hohen Pfeiler der Abtei aber lassen die Datscha wie ein Spielzeughaus erscheinen. Der Mann ist angekommen: in seiner Kindheit. Den Mantel wird er nicht mehr brauchen.

Nicht die Dialoge des Films thematisieren die unüberbrückbare kulturelle Differenz, sondern die Bilder zwischen Herkunft und Zukunft. Selten bewegt sich die Kamera in die Tiefe des Raumes. Ihre Bewegung ist der parallele Gang, das distanzierte Begleiten, das Freiraum um die Figuren im Bild schafft. Nicht auf Verdichtung zielt Tarkovskij, sondern auf Erweiterung. Die Ambivalenzen sollen größer werden und die Sicherheit der Begriffe in den Zweifel der Gefühle stürzen.

Lust und Panik

Jean-Luc Godards »Vorname Carmen«

Der Mann mault, spielt den eingebildeten Kranken und fleht um Fieber, damit er in der Klinik bleiben darf, in die ihn sein Bewußtsein selber einlieferte. Er zieht sich aus dem Filmgeschäft ins Bett zurück, wirft ein Aperçu (»mal vu/schlecht gesehen«) in die Schreibmaschine und streift seine Schlafmütze über den Kopf. Humor hat der Mann, Biß auch, wenn er sich als ein liebenswürdig verrücktes Ekel präsentiert und als Onkel Jean in Jean-Luc Godards 48. Film auftritt: Das ist Godard höchst unprivat in seinem jüngsten Film, der an Tollheit und Übermut, an Schärfe und Melancholie alles in den Schatten stellt, was derzeit jüngere Regisseure vorlegen. Schon deshalb ist PRÉNOM CARMEN der jüngste Film, der jetzt zu sehen ist. Die Intelligenz zeugt seine Spannung.

Ein Dokumentarfilm über die Arbeit eines Streichquartetts, ein Kriminalfilm, ein Liebesfilm, ein Tonfilm, ein Hörbild? Dieser Film ist alles, nur keine Verfilmung der Oper »Carmen« von Bizet, wie sie nach der getanzten Fassung von Saura bald als gesungene Version von Rosi zu erwarten ist. Godard läßt im Café zwei Takte von Bizets Musik pfeifen, mehr nicht. Lieber hält er sich an Beethovens Streichquartette (Nr. 9, 10, 14, 15 und 16), die Arbeit an der Musik, wo sie sichtbar wird in den Körpern der Musiker, die mit ihrer Musik atmen. Das führt zu keiner Klassikerverehrung, sondern ergibt einen körperlichen Sinn für die autonome Wahrnehmung von Bild und Ton.

Godard schärft den Zuschauersinn für Diverses. Die geringste Abweichung vom Erwarteten interessiert ihn, nicht die exzentrische, denn damit machte man besser Melodramen. »Schlecht gesehen«, meint der Regisseur in der Klinik. Aber dafür gut gehört, könnte man ergänzen. Nicht aus Resignation, sondern aus Selbstkritik. Man kann ja die Schärfe nachziehen, besser sehen lernen, die Welt auf den zweiten Blick erfassen.

Eben noch übt das Streichquartett selbstversunken, da löst sich das Gesicht einer Frau aus dem Ensemble, um in einer Kriminalgeschichte aufzutauchen. Eben wird eine Bank überfallen, da wälzt sich ein junges Paar im Blut mit einer Leidenschaft, die sich töten will und gleichwohl lieben kann. Ein Ballett aus Gewalt und Zärtlichkeit; Gesten, die beschützen und die abrupt einreißen, was sie schützen wollten; Körper, die sich berühren, ohne je zu verschmelzen. Godards Film vibriert mit einer Erotik, deren Kraft im blitzschnellen Übergang, in kaum faßlicher Energieverwandlung liegt. Das ist das trügerische Glück, das hier zum Greifen fern ist.

Natürlich gibt es Fragmente der Erinnerungen an Bizet, wie auch nicht. Carmen bleibt »Carmen«, versachlicht sich scheinbar durch den Zusatz

»Vorname«. Sergeant José wird Polizist Joseph, von Carmen in Augenblicken der Vergessenheit amerikanisch »Joe« genannt, was der so Angesprochene gleich berichtigt. Die Schmugglerbande ist eine Terroristengruppe, die Banken ausraubt und Industriellentöchter entführt und zwar im eigenen Namen, nicht in dem des Volkes. Escamillo schließlich, bei Bizet der eitle Stierkämpfer, der Josés fatale Eifersucht erregt, wird zum banalen Zimmerkellner degradiert, auf den Carmen ein flüchtiges, bloß taktisches Interesse verschwendet.

Das ist der Skandal: Eine Frau, gewöhnlich Objekt des Begehrens, verschwendet eigenes Begehren. Sie gibt es als unerschöpflich aus. Sie nimmt den Männern das Heft, in dem die Wünsche reguliert sind, aus der Hand. Carmen hat Lust – und das ist Godards politische Dimension – der Welt zu zeigen, was eine Frau mit einem Mann alles machen kann. Lust allein genügte nicht: sie der Welt zu zeigen, ist entscheidend, jedenfalls für einen Film. Godard führt im erotischen Diskurs einen versteckten Diskurs über die Moralität der Filmarbeit. Truffaut dagegen, heute sein bester Widersacher, vertrat stets die dürftige Auffassung, Film sei, mit schönen Mädchen schöne Dinge zu machen.

Godards Schönheit ist schroff. Sie lockt und beleidigt, sie zwingt zu unerhörtem Staunen und schneidet da, wo das Staunen in Bewunderung umschlägt. Es sind die Grenzen zum Schmerz oder zur Lust, die er als Schnittpunkte wählt. Eben noch bebten die Körper von Carmen und Joseph und schienen ganz mit dem Signalrot ihrer Hemden zu verfließen, da liegen sie auch schon in Haß und Wut verkrallt auf den Fliesen des Badezimmers, aufgestachelt von der Eifersucht, die nichts besseres kennt als die Habgier der Sinne.

Es wird in Intervallen auch eine Geschichte erzählt. Aber die Pausen, das Schweigen, die tosenden Wellen des Meeres, die tonlosen Zwischenbilder von der Autobahnbrücke sind ebensogut Teil der Geschichte. Was Story war, ist seiner Gradlinigkeit enthoben. Der einzelne Augenblick, vollzogen mit Gefühlsbewegungen, die sich vom Bildrand her entladen, gewinnt Gewicht. Man könnte die Geschichte einer Besessenheit auf vielen Ebenen nacherzählen, eingeteilt in die Kapitel Liebe, Kampf und Film, oder in eins genommen: Film.

Ton und Bild sind kontrapunktisch geführt. Sie betonen ihre Form. Sie spiegeln keine Außenwelt. Sie weigern sich, der allgemeinen Erwartung vom mittleren Realismus nur ein Medium zu sein. Der Ton hat die materielle Funktion, hörbar zu machen, was die Kamera in ihrem Ausschnitt nicht mehr erfaßt. Verweilt sie im Krankenzimmer von Onkel Jean und bildet die Groteske seiner Grantigkeit ab, dann führt der Ton vor, was dem Raum als Nebenschauplatz folgt: die Küche. Die Tonspur läßt die Räume ineinanderspazieren und später vom festen Zusammenhang ablösen. Das Meer tost in Trouville, aber die Möwen können auch in Paris kreischen, wenn Filmarbeit bedeutet, nicht die Bilder des Allgemeinen zu bedienen, sondern als besondere zu schaffen.

PRÉNOM CARMEN erzählt von keinem Zusammenhang, der fürs Leben gilt, sondern von einem, der für ein Gefühl, eine Leidenschaft unter besonderen Bedingungen gelten mag. Die Macht der Gefühle scheint Godard nicht zu interessieren. Diese Domäne läßt er Alexander Kluge. Was Godard fasziniert, ist die Körperlichkeit der Gefühle, ihre Rhythmisierung in den heftigsten Bewegungen, deren Impuls bei Kluge zum Beispiel da unterbunden wird, wo seine Theorie textuell, erzählend eingreift.

Dies ist ein Film der Verschiebungen. Er hört mit den Augen und sieht mit den Ohren. So hat es einen Sinn, wenn das Streichquartett bei der Durchführung eines Themas, das doch Beethoven schrieb, nun Möwenschreie als fremde Töne spielt; wenn man die Gerichtsverhandlung gegen den Polizisten Joseph, der aus Liebe zu Carmen ihr Komplize wurde, an ganz fremdem Ort hören kann, noch ehe der Schauplatz der Verhandlung ins Bild kommt. Diversität statt Konsequenz, und in der Betonung des Diversen die radikalste Konsequenz, das ist Godards Leitsatz der Montage. Es ist auch seine letzte Freiheit: Die Welt, die verrückt spielt, nach musikalischen Gesetzen neu zusammenzulegen, um ihr wenigstens hörbar, wenn nicht visuell eine Struktur abzupressen.

Bei aller Trauer, die Finger vom Film kann der eingebildete Kranke nicht lassen. Er macht sinistre Scherze über die Jugend und klammert sich bei Regieverhandlungen, wo es in Wahrheit um eine Entführung geht, an einen Photoband zu Buster Keaton. Stoizismus lautet die Lektion. Godard wird hier der Mann, der nie lachte. Deshalb ist er mit der Mokanz noch nicht am Ende. Carmen stirbt und, sterbend, philosophiert sie mit dem tadellos höflichen Zimmerkellner. »Wie nennt man das, wenn alles verloren ist, die Welt in Schutt und Asche, und der Tag beginnt?« Das Personal im Pariser Intercontinental-Hotel ist gut geschult und antwortet: »Das nennt man die Morgenröte, Mademoiselle.«

Der Dialog macht aus dem Sterben einen Witz, der darin liegt, daß die Philosophie des Fatalismus, mit dem der Film ausklingt, gleichzeitig etwas ganz anderes meint. Er zielt auf die Frage der Moralisten, wie Filme machen? DER TAG BEGINNT war ein Film von Marcel Carné (1939), in dem ein Proletarier einen Rivalen erschoß und sich vor der Polizei versteckt. DAS NENNT MAN DIE MORGENRÖTE war ein Film von Luis Buñuel (1956), in dem ein Arbeiter einen Industriellen erschoß, der ihn ins Elend entließ. Aber nicht um inhaltliche Entsprechungen zu PRÉNOM CARMEN oder cineastische Anspielungen geht es hier. Der Hochmut Godards tut etwas, was er sonst nie tut. Er beruft sich auf andere. Er muß einsam sein.

Der Realismus und der Surrealismus sind die von ihm beschworenen Komplizen. Was den Rhythmus der Gefühle bei der Filmarbeit bestimmt, den dieser Film so wunderbar leicht und fesselnd zugleich erfaßt, hatte

Jean Renoir in seinen ›Schriften‹ (Paris 1974) so ausgedrückt: »Man kann sich nicht in die Filmwelt wagen, ohne daß man sich von Komplizen umgeben weiß. Ein Film, das ist wie ein Ding, das man dreht. Oder auch eine Erkundung. Kein Profi dächte je daran, ganz allein die Bank von Frankreich auszurauben, noch dächte ein Forscher daran, sich allein in den Dschungel zu wagen. Es ist weniger eine Frage der physischen Gefahr, sondern, daß ein einzelner, angesichts eines fürchterlichen Vorhabens, Gefahr läuft, von der Panik erfaßt zu werden.«

VORNAME CARMEN ist ein Film, in dem sich die Lust mit der Panik verbündet.

Mit Lust die Zeit totschlagen

Oshimas »Im Reich der Sinne«

Dies sei der Film, wo sie ihn kastriert, heißt es, angstgespickt, wenn die Rede auf das REICH DER SINNE kommt. Was Inhalt ist, was als Geschichte eines Paares sich entfaltet, das sich zu Tode liebt, schnurrt auf den Tod zusammen, der dem Paar das Leben, das es vorführt, abspricht. Wer prüde ist, hält den Film für pornographisch, wer asketisch, für schamlos, um die nützliche Unterscheidung in der Wahrnehmung von Sexualität im Kino aufzugreifen, wie sie die Dialektik der Aufklärung vorschlug. Weil der Film bisher gesetzte Schamschranken überschreitet, unterliegt er dem Verdikt des Verbotenen, auch nach der juristisch erwirkten Freigabe. Diesmal richten die Zuschauer – das Urteil: Perversion.

»Perverses Erleben stellt eine quantitative Überhöhung und sexuelle Färbung der Grandiosität dar. Der Perverse hat einen viel direkteren Zugang zur Sinnlichkeit. Das führt allerdings zu einem qualitativ veränderten, der Realität nicht mehr angepaßten Verkehr mit der Sinnlichkeit«, schrieb Fritz Morgenthaler über die Verkehrsformen der Perversion (›Kursbuch 49‹). Die nichtangepaßte, das heißt kodifizierte Normen sprengende Verkehrsform der perversen Sexualität, wie sie das REICH DER SINNE darstellt, ist der Preis für ihre Überhöhung hin zum Grandiosen; daß diese Qualität nicht nur eine des Erlebens von Perversion ist, sondern zugleich die ästhetische Form, in der sie nachvollziehbar wird, zeigt dieser Film. Seine unerhörte Provokation liegt nicht allein in dieser Darstellung, sondern in der schleichenden Verführung zur Perversion, die nie schockartig, sondern sanft und graduell sich steigernd abgebildet wird.

Die traditionelle Rollenzuweisung der klinischen Pathologie, er der Meister, sie seine Sklavin, greift zu kurz, denn der Film zielt auf die Übergänge in den Rollen, ihre Auflösung hin zu einer polymorphen Perversion. Das REICH DER SINNE ist kein Liebesparadies, das an der eigenen Lust Genügen fände; es unterwirft sich das Reich der Kindheit dazu, in dem das polymorph-perverse Stadium kein Übergang mehr zur reiferen Form der genitalen Phase ist, sondern ein Zustand, der gegenwärtig neben dem Erwachsensein des Paares Sada und Kichi-san tritt. Ihr Reich reterritorialisiert verbotene Gebiete.

Ihre Lust ist unvernünftig, weil sie sich mit dem Augenblick nicht zufriedengibt. Jedes Wort zwischen den beiden drückt das Verlangen aus, ein unstillbares Defizit zu stillen, einen raffinierten Hunger ohne Sättigung zu entwickeln. Kichi-san fordert Sada auf, im Würgen nicht aufzuhören; nachher schmerze es um so schlimmer. Da tritt der Wunsch zutage, im Nachher die Vorvergangenheit zu töten, das Vergangene zu löschen, ja: die Zukunft totzuschlagen. Die Obsession des Paares ist von der äußersten Sinnlichkeit auf die Körper ausgerichtet und zugleich von höchster Abstraktion in der Negierung jeder Zeitlichkeit. Beide sind ganz der Gegenwärtigkeit verfallen. Im Wunsch, den Stillstand der Zeit zu erwirken, liegt ein radikales Moment. Bekanntlich schossen Revolutionäre, mit dem allegorischen Blick begabt, noch ehe der Herrscher umgebracht war, die Turmuhren kaputt.

Dieser Aufstand gegen die Zeit spiegelt das Leugnen des körperlichen Verfalls. Der einzige Augenblick, in dem die Liebenden auf ihre Geschichte zu sprechen kommen, ist angesichts der ohnmächtigen alten Geisha. Kichi-san ist, als habe er auf Geheiß von Sada soeben mit seiner verstorbenen Mutter geschlafen. In einer Traumszene erlebt er seine Geliebte als Mutter, die ihn als kleinen Jungen am Schwanz an sich zieht. Im imaginierten Schmerz erwacht er.

Der Film huldigt dem Vitalismus dieser nie ermüdenden, von Narben ungezeichneten Körper. Kein »stirb und werde« mehr regiert die Ästhetik des Kunstschönen; hier bestimmt die Todessehnsucht das Naturschöne der Körper zur Kunst. Der ekstatische Akt ist eine Totenfeier, die nach selbstgesetztem Ritual vollzogen wird. Die Potenz des Paares speist sich zum Teil auch aus der Professionalität als Geisha und Bordellbesitzer. Zwischen einer Friseuse und einem Steuergehilfen würde diese Ausbeutung sexueller Fähigkeiten so kaum gelingen.

Der Vitalismus, dem die beiden huldigen, ist ein Produkt männlicher Phantasie. Zuschauer, die sich an den reichlich ausgeschiedenen Körpersäften ekeln, vergessen oft, daß diese Säfte Sada umfließen. Je stärker ihre Leidenschaft zunimmt, desto größer wird seine Paralyse. Wo sie im Ausdruck der Lust sich tendenziell auflöst, verfestigt sich sein Körper. Er badet in ihren Säften, die sich auf seine Haut wie ein Schutzfilm legen und ihn scheinbar unverletzbar machen. Wenn sie, nach der Fellatio, sein

Sperma mit ihrem Speichel vermischt über die Lippen strömen läßt, ihr Haar, ihre Gesichtszüge der Auflösung nahe sind, zündet er sich, gesammelt, eine Zigarette an. Unverändert starr bleibt sein Körper die Form, in die sie ihren Körper gießt.

Im zweiten Teil, als er sich unterwirft, wird der Mann von der Regie in Maske – schwarzumränderte Augen – und Licht zur Opferfigur, zum Märtyrer der Lust stilisiert; so wie in alten Fruchtbarkeits- und Todesmythen als Opfer stets besonders schön geformte Männer auserwählt wurden (Ritualmord in Pasolinis MEDEA und die Tötung in Eisensteins QUE VIVA MEXICO!).

Oshima setzt zu dem Kerzenlicht, das zu jedem Liebesakt brennt, ins Off ein warm getöntes Ockerlicht, das, auf die Liebenden ausgegossen, ihre Körperfarbe zum Grandiosen hin überhöht. Einzig, um Sadas Unlust bei Ausübung ihrer professionellen Sexualität mit dem alten Schuldirektor psychisch auszuleuchten, hat die Regie diesen Szenen ein giftgrünes Licht aufgesetzt. Vor dem letzten Lusttaumel herrscht das herrlichste Abendlicht, der Himmel bricht zum Tötungsakt hell angezündet ins Bild, erscheint aber selbst, sorgfältig im Fenster des Raums kadriert, wie ein gemaltes Hintergrundbild.

Die Räume, in denen die Liebenden sich bewegen, sind aus Papierwänden und Schiebetüren gebildet. Jede Tiefendimension scheint ihnen ausgepreßt. Die Wände werden wie die Körper zur Oberfläche. Die Kamera lenkt unsere Wahrnehmung nicht wie in westlichen Filmen nach dem Prinzip der vertikalen Ordnung, sondern nach dem der horizontalen. Die Augenlinie, die bei uns herrscht, wird im REICH DER SINNE abgesenkt auf Gürtellinie, weil die Kamera das Paar oft in Kniehöhe erfaßt. Auch die Musik ist nicht in Blöcken gebaut. Sie steigert sich nicht zu sinfonischem Rausch. Flöte und Zither verströmen ihren Klang in undramatischer Bewegung.

Im REICH DER SINNE sind die Grenzen fließend. Hier zielt jede Bewegung der Körper auf eine Auflösung in den Körper des anderen. Die Liebe von Sada und Kichi-san ist nicht unbedingt. Sie ist eine Arbeit gegen die Angst vor der körperlichen Leere, die den Lauf der Zeit verleugnet. Diese Leere ist nur mit dem Schwanz auszufüllen oder mit dem Messer umzubringen.

Ballett der vergeblichen Gefühle

Fassbinders »Querelle«

Dieser Film ist, bevor er als Film wahrnehmbar wird, als Medienereignis inszeniert. Nicht mehr bloß für Zuschauer, sondern für Endabnehmer in der Kulturverteilungsmaschine. Das Buch zum Film erscheint bei ..., der Originalsoundtrack auf ..., den Bildband verlegt ..., Genets Roman bringt ... neu heraus. Einzig die in Berliner Diskotheken schon umgehenden T-Shirts vergaß der Verleih im Presseheft zu erwähnen. Sie sind mit Zeichnungen von Jean Cocteau geschmückt, in wechselnden Graden der Schicklichkeit. Was anstößig war, ist schon geadelt: durch den Regisseur und den Umstand, daß er tot ist. Daß der Produzent in letzter Minute noch Fassbinders Schnittfassung des Films verändern wollte, verrät: Hier handelt es sich um eine internationale Auftragsproduktion, in der ein Regisseur nur als der erste Handwerker seines Films geachtet wird.

Bevor Fassbinder den Auftrag übernahm, sollten Bertolucci und danach Werner Schroeter für die Regie gewonnen werden. Beide lehnten aber das Drehbuch von Burkhard Driest ab, der es für Fassbinder noch einmal umschrieb und selber die Rolle des Polizisten Mario übernahm. Frostige Reaktion auf den Film auf dem Festival in Venedig, gleichwohl eine ganze, sehr respektvolle Seite zu Fassbinders Vermächtnis in »Le Monde«, und ein massiver Kinostart in Deutschland mit rund 80 Kopien. Begleitmusik im Fernsehen: zwei lange Dokumentationen zu den Dreharbeiten. In Berlin: Eröffnung einer Ausstellung von Zeichnungen zur QUERELLE-Produktion im größten Kaufhaus des Westens. Mir kommt bei dieser Strategie ein Buchtitel in den Sinn: »Wir möchten auch vom Arno Schmidt-Jahr profitieren.«

Wer seine Aufmerksamkeit nicht im Vorraum des Kinos verplempert hat, muß vor der Leinwand seine Sinne zusammennehmen. Der Film ist rigoros, kalt, ja abweisend. Kein Augenfutter für die Geilheit. »Keinerlei Gefühlsregungen trübten die Reinheit seines Spiels, keine Leidenschaft«, sagte Genet über seinen gezeichneten Helden, den er mal einem apokalyptischen Engel, mal einem schrecklichen Dandy verglich. Um diese Reinheit, die jenseits von Schuld und Sühne steht, geht es. Die Tapferkeit der Genetschen Helden ist nicht die Moral, sondern ihr Immoralismus, durch den sie unbeschädigt wandeln als ein Medium, an dem sich die verbotenen Phantasien entzünden. Die Wahlverwandtschaft von R. W. Fassbinder zu Genet – ihr Thema der Sexualität und Gewalt, die sich mit schrecklicher Poesie und mit imaginierter Gewalt verbindet – lag ja längst auf der Hand. BERLIN ALEXANDERPLATZ, diese Großstadtelegie über die verlorenen Existenzen der sozialen Randzonen, sammelte beiläufig ein, was sich in QUERELLE konzentrieren sollte auf einen Schauplatz: den Hafen von Brest, wo Nacht und Nebel das Tableau der Lust und getanzten Gewalt einfrieren lassen.

Fassbinder hat sich nicht auf das Risiko einer leinwandgerechten Verfilmung eingelassen. Man muß den Vorspann, klein gedruckt, genau lesen: »a film *about* Jean Genet's ›Querelle‹« steht da. Insofern entfällt das von Literaten strapazierte Vergleichsspiel zwischen Roman (zur »Vorlage« degradiert) und Film (als »Werk« überschätzt). Denn die besondere Kunstleistung von Genet bestand gerade darin, daß in seinem Roman sich Stoff und Form nicht auseinanderdividieren lassen zur getrennten Beurteilung. Das Hohe Lied der Männerliebe singt er nicht, und auch Fassbinder schuf kein Mördermelodram, von dem wir gelassen Abstand nehmen könnten.

QUERELLE ist ein Film der vollkommen beherrschten Regie, der man ansieht, daß ihr sich noch die letzte Requisite unterwarf. Ein Alptraum, eine Herrschaftsphantasie, ein Ballett der vergeblichen Gefühle, dargestellt unter Laborbedingungen. Keine falsche Bewegung, kein Schwenk zuviel, keine Fahrt zuwenig. Diszipliniert durch Wut und scheinbare Indifferenz. Die schärfste Realitätsferne im Berliner Studio. Grell durchglühte Farben, ins Reich der Kindheit wiegende Musik. Ein Schauplatz, auf dem zwischen Hafenpier, dem Bordell »Feria«, dem Schiffsdeck des Zerstörers und dem verlassenen Gefängnis alles dicht beieinander liegt. Eine Traumlandschaft, in der man die Stufen mühelos nimmt und die Zeiträume wie ein Schwimmer durchquert. Am Ende des Piers prangt die Abendsonne wie in einem Musical in Technicolor. Die kleine Judy Garland könnte, an der Hand von Jeanne Moreau, gleich einen Auftritt haben.

Doch alle Aufmerksamkeit der Kamera gilt Querelle, der allein von den Bewunderungsblicken der anderen lebt. Diese Blicke werden in seinem Umfeld verbunden und durchschnitten, durchkreuzt mit Begierden und Reflexionen. Franco Nero als Leutnant Seblon vertraut sein Verlangen nach Querelle einem Kassettenrecorder an und hebt kaum den Blick von seinem schäbig reproduzierten Michelangelo-David. Berührungen an der Fingerkuppe, auf Augendistanz.

Brad Davis stellt den »Helden« dar. Zweifellos hat er eine tadellose Figur, aber eher für das Sportstudio trainiert als für das Filmstudio. Einen schönen Körper zu haben, ist nicht genug. Man muß ihm Ausdruck abgewinnen. Diese Arbeit nimmt dem Schauspieler die Kamera ab, die ihn umfährt und im schönsten Lichte zeigt. Am Ende hüllt sich Davis in tragischer Geste einen dunklen Marinemantel um die Schultern. Man sieht, daß er als Tragöde schlecht taugt und diese Differenz selber nicht wahrnimmt.

Dies ist ein Film der Zeichen, die auf ein ästhetisches System außerhalb der realistischen Sphäre verweisen. Unsinnig wäre es daher, Fassbinder die Zeichen seiner persönlichen Obsession als Kunstfehler Genet gegenüber anzukreiden. QUERELLE ist ein vorsätzlich unrealistischer Film. Der Leutnant Franco Nero, zum Beispiel, transportiert Geld in einem Kamerakoffer und trägt, als Angehöriger der französischen Kriegsmarine, eine Uniform, die Hermann Göring besser gepaßt hätte. Die Bauarbeiter der Hafenstadt Brest sehen so aus, als hätten sich New Yorker Schwule als Bauarbeiter kostümiert. Die Zeichen sind, deutlich genug, gesetzt. Es ist, als hätten die Mitwirkenden die Darstellung von Leidenschaft, die hier im heftigen Aufruhr tobt, bloß geträumt und nie wirklich vor der Kamera, im Studio und dazu unter den Augen der zweiten Inszenierung – dem Medienereignis QUERELLE – ausagiert.

Jeanne Moreau spielt die Bordellbesitzerin. Die einzige Regieanweisung, die Fassbinder ihr gab, lautete: »You just have to be great.« Das gelang ihr spielend. Aufgetakelt, ohne grell zu wirken, ordinär, ohne an Grazie zu verlieren, Gefangene ihrer Hörigkeit und dennoch Herrscherin über die Männer – die Moreau macht nicht viel: Sie ist einfach da und erobert mit ihrer hellen Jungmädchenstimme und Wörtern der unschuldigsten Verworfenheit Stück für Stück den Raum, der sie umgibt. Ohne den geringsten Aufwand singt sie einen Text von Oscar Wilde (noch so ein »apokalyptischer Engel« und »schrecklicher Dandy«), ein weiteres Zeichen der Vergeblichkeit: »Each man kills the thing he loves.«

Auch die Musik ist auf Fatalismus eingestimmt. Die Moreau, zwischen den Brüdern Querelle und Robert hin und her gerissen, überspielt ihr Leiden. Zur Szene erklingt ein verdecktes Motiv aus Truffauts Film JULES UND JIM – in dem die Moreau ebenfalls unrettbar zwischen zwei Männern stand, die von ihrer Liebe zueinander ihr zuwenig abgaben.

QUERELLE ist ein Film der vollkommenen Künstlichkeit. Kein Tableau vivant der Leidenschaft, kein Action-Panorama männlicher Begierden. Eher ein Tableau mort, das Abschied nimmt von allen Leidenschaften. Und damit auch vom Realismus. Erfüllung in der Kunstwelt, keine Flucht. Geschaffen von einer Kraft, die ihr Gefühl zeitlupenförmig zerdehnt, es im Zerfall ausbreitet und auf Stillstand richtet. Dann erstirbt die dem Film innewohnende Bewegung.

Nachweis der Erstdrucke

›Der späte Manierist.‹ Bernardo Bertolucci. ›Reihe Film‹, Band 24. München 1982.

›Legende einer Befreiung.‹ DIE NACHT VON SAN LORENZO der Tavianis. ›Die Zeit‹, 28.1.1983

›Die Zeit als Filmkalenderblatt.‹ HÉCATE ET SES CHIENS von Daniel Schmid. ›Cinema‹ (Schweiz), Nr. 3, 1982.

›Melville, der Immoralist.‹ 1982, unveröffentlicht.

›Dame und Dandy. Ulrike Ottingers Filme.‹ 1. ›Die Zeit‹, 14.4.1978; 2. ›Frankfurter Rundschau‹, 13.11.1979; 3. ›Frankfurter Rundschau‹, 27.4.1984.

›Bilder aus der Wunschmaschine: Südseefilme.‹ ›Frankfurter Rundschau‹, 20.3.1976.

›Des Menschen Wolf‹, Schoedsack & Pichels Film GRAF ZAROFF. ›Frankfurter Rundschau‹, 1.10.1976.

›Fliegende Elefanten‹, DIE MARX BROTHERS IM KAUFHAUS. ›Frankfurter Rundschau‹, 20.8.1977.

›Auswärtige Affären: Billy Wilders Filme.‹ ›Frankfurter Rundschau‹, 19.3.1980.

›Bürgerkrieg in Chintz erstickt: Zu Curtis Bernhardt-Filmen.‹ ›Frankfurter Rundschau‹, 20.2.1982.

›Charles Chaplin: Darwins Baby.‹ ›Die Unsterblichen des Kinos.‹ Band 1: Stummfilmzeit und die goldenen 30er Jahre. Von Adolf Heinzlmeier/Berndt Schulz/Karsten Witte. Frankfurt a.M. 1982. Fischer Cinema.

›Drei Kommentare zu Ernst Lubitsch.‹ Hans Helmut Prinzler, Enno Patalas (Hg.): ›Lubitsch.‹ München und Luzern 1984.

›Erwünschtes Unglück: Hitchcock kehrt zurück ins Kino.‹ ›Frankfurter Rundschau‹, 24.3.1984.

›Der schäbige Traum, das bessere Leben.‹ LA MACCHINA CINEMA. ›Cinema‹ (Schweiz), Nr. 2, 1979.

›Ein Fall, viele Türen.‹ Bressons L'ARGENT/DAS GELD. ›Frankfurter Rundschau‹, 13.12.1983.

›Dekonstruktion: MOSES UND ARON von Straub/Huillet.‹ ›Medium‹, Nr. 4, 1975.

›Erste Person Singular die Kamera: DIE HUNDE VOM SINAI von Straub/Huillet.‹ ›Medium‹, Nr. 5, 1977.

›Tafelbild für die Commune. JEDE REVOLUTION IST EIN WÜRFELWURF von Straub/Huillet.‹ ›Filme‹, Nr. 11, 1981.

›Inflationsmuseum: Ingmar Bergmans DAS SCHLANGENEI.‹ ›Medium‹, Nr. 11, 1977.

›Katastrophen unter der Normaluhr: Deutsche Filmkomödien 1929–1933.‹ ›Frankfurter Rundschau‹, 22.9.1980.

›Ein Zappler im Zwischenraum: Hans Moser.‹ ›Frankfurter Rundschau‹, 24.12.1981.

›Ein Traum vom Realismus: Wolfgang Staudte wird 75 Jahre.‹ ›Die Zeit‹, 9.10.1981.

›Nachruf, Nachrede und kein Widerwort: Die Biographen des Rainer Werner Fassbinder‹. ›Frankfurter Rundschau‹, 19.4.1983.

›Hölle & Söhne: Fassbinders Serie BERLIN ALEXANDERPLATZ.‹ ›Frankfurter Rundschau‹, 18.10.1983.

›In wessen Namen? Jean-Pierre Melvilles ARMEE IM SCHATTEN.‹ ›Frankfurter Rundschau‹, 21.1.1978.

›Erinnerung: DER SPIEGEL von Andrej Tarkovskij.‹ ›Die Zeit‹, 10.11.1978.

›Der Schuldige sieht zu: Alfred Hitchcock ist tot.‹ ›Tip‹, 1.5.1980.

›Frauen unterwegs: Filme von Kenji Mizoguchi.‹ ›Die Zeit‹, 9.7.1982.

›Traumhafte Fremdheit: Filme von Marguerite Duras.‹ ›Die Zeit‹, 5.5.1978.

›Der mittlere Realist: Mikio Naruse.‹ ›Frankfurter Rundschau‹, 17.12.1983.

›Ullusionen aus zweiter Hand: Marlene Dietrich wird 80.‹ ›Frankfurter Rundschau‹, 28.12.1981.

›Der Himmel war nie heiter: Zarah Leander.‹ ›Frankfurter Rundschau‹, 27.11.1982.

›Knabenfrau und Krisenkommando: Versuch über Dolly Haas.‹ ›Exil. Sechs Schauspieler aus Deutschland.‹ Hg. von der Stiftung Deutsche Kinemathek. Berlin 1983.

›Douglas Fairbanks zum 100. Geburtstag.‹ ›Norddeutscher Rundfunk‹, 20.5.1983.

›Der springende Narziß: Fred Astaire.‹ ›Frankfurter Rundschau‹, 19.11.1979.

›Kultur der Körper.‹ ›Die Zeit‹, 12.3.1982.

›Unter Leidensgenossen: Pasolinis ACCATTONE.‹ ›Die Zeit‹, 17.12.1982.

›Der Mann im Mantel. NOSTALGHIA von Andrej Tarkovskij.‹ ›Der Spiegel‹, Nr. 4, 1984.

›Lust und Panik. Jean-Luc Godards VORNAME CARMEN.‹ ›Die Zeit‹, 20.6.1984.

›Mit Lust die Zeit totschlagen: Oshimas IM REICH DER SINNE.‹ ›Frauen und Film‹, Nr. 17, 1978.

›Ballett der vergeblichen Gefühle: Fassbinders QUERELLE.‹ ›Hauptstadt‹, Nr. 2/3, 1982.

Bitte umblättern:

auf den nächsten Seiten informieren
wir Sie über weitere interessante
Fischer Taschenbücher.

Fischer Cinema

**Die Geschwister
Oppermann**
Band 3685

Georges Sadoul
**Geschichte der
Filmkunst**
Band 3677

Adolf Heinzlmeier/
Bernd Schulz
Happy-End
Berühmte Liebespaare
der Leinwand
Band 3668

Marilyn Monroe
Meine Story
Band 3663

Joe Hyams
**Humphrey Bogart und
Lauren Bacall**
Band 3691

Sheridan Morley
Marlene Dietrich
Band 3652

Groucho Marx
Schule des Lächelns
Band 3667

Die Groucho-Letters
Briefe von und an
Groucho Marx.
Band 3693

John Russell Taylor
**Die Hitchcock-
Biographie**
Band 3680

Lotte H. Eisner
**Die dämonische
Leinwand**
Band 3660

André Bazin
Jean Renoir
Band 3662

Paul Werner
Roman Polanski
Band 3671

Film noir
Die Schattenspiele der
»schwarzen Serie«
Band 4452

Hans-Jürgen Kubiak
Die Oscar-Filme
Die besten Filme der
Jahre 1927–1983
Band 4451

Wolfram Schütte (Hrsg.)
Klassenverhältnisse
Von Danièle Huillet
und Jean-Marie Straub.
Band 4455

Kurt Pinthus (Hrsg.)
Das Kinobuch
Band 3688

Thomas Brandlmeier
Filmkomiker
Die Errettung des
Grotesken
Band 3690

Percy Adlon
Die Schaukel
Nach dem Roman von
Annette Kolb
Band 3695

Gabriele Seitz (Hrsg.)
Der Zauberberg
Band 3676

Doktor Faustus
Ein Film von Franz Seitz
nach dem Roman von
Thomas Mann
Band 3681

Michael Verhoeven
Liebe Melanie
Hintergründe zu dem
ZDF-Fernsehfilm
Band 3696

Michael Verhoeven/
Mario Krebs
Die Weiße Rose
Band 3678

Fischer Taschenbuch Verlag

Fischer Cinema

Fischer Taschenbuch Verlag

Margarethe von Trotta

»Einen eigenen Film zu machen,
ist meiner Geschichte nach eine
Konsequenz. Jetzt bestimme ich
selbst, hingeschaut und mitgedacht
habe ich schon immer«,
*sagt Margarethe von Trotta über ihre Arbeit
als Regisseurin.*

Schwestern oder Die Balance des Glücks
Herausgegeben von Willi Bär und
Hans Jürgen Weber
Band 3659

Die bleierne Zeit
Herausgegeben von Hans Jürgen Weber
Band 3675

Heller Wahn
Herausgegeben von Hans Jürgen Weber
Band 3687

Margarethe von Trotta/Luisa Francia
Das zweite Erwachen der Christa Klages
Band 3654

Fischer Taschenbuch Verlag

fi 272/1

Adolf Heinzlmeier/Berndt Schulz/Karsten Witte

Die Unsterblichen des Kinos

Band 3666   Band 3658   Band 3679

Die Filmgeschichte ist, wenn sie Leben und Legende der
Leinwandstars ernst nimmt, immer auch Sittengeschichte.
Bizarre Details aus dem Alltag der Kinowelt sind nicht nur
individuell aufregend, sie zeigen auch die Sklavenarbeit in der
Träumefabrik, die Sehnsüchte und ihren Verschleiß. Davon
sprechen diese Bücher. Sie zeigen den wirklichen Star, der
repräsentativ sein sollte für das individuelle Selbstverständnis
und die Etikette der Liebe in der modernen Gesellschaft. Stars
waren am größten, wenn sie diese Fähigkeit mit einer weiteren verbinden konnten: mit ihrem eigenen Image identisch zu
sein.

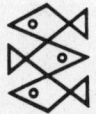

Fischer Taschenbuch Verlag

fi 319/1

Das Franz Kafka Buch

Mit einem Nachwort von Jürg Amann
›Über die Hungerkunst‹
480 Seiten. Geb.

»Man brauche gewöhnliche Worte und sage unge-
wöhnliche Dinge…« Dies Wort Arthur Schopen-
hauers könnte ein Motto sein für Franz Kafkas Werk,
denn er gibt nie und nirgends eine Erzählung um des
Mitteilens, nur der ›Unterhaltung‹ willen – Meister
einer im tiefsten durchdrungenen Prosa.

S. Fischer Verlag

Jiří Gruša
Franz Kafka aus Prag

128 Seiten mit 77 Abbildungen. Broschur

Vielerlei Faktoren bestimmen Leben und Werk eines Künstlers – solche, die sich in der Biographie aufzeigen und im gesamten Schaffen analysieren lassen, und solche, die im Bild dokumentiert oder nachgewiesen werden können. So wichtig im Anfang das Verhältnis zu seiner Familie ist, so entscheidend ist die Umwelt, in die er hineinwächst, die Stadt. Jiří Gruša hat Fotos von Prag, wie Franz Kafka es gesehen hat, und Aufnahmen von heute einander gegenübergestellt, hat ihnen mit großer Sensibilität Zitate und Beschreibungen zugeordnet und so ein Spannungsfeld geschaffen zwischen damals und jetzt.

S. Fischer Verlag

Fischer

Pier Paolo Pasolini
Orgie · Der Schweinestall

Theater Film Funk Fernsehen

fi 386/1

Band 7078

Fischer

Marguerite Duras
Savannah Bay

Theater Film Funk Fernsehen

fi 372/1

Band 7084

Wissenschaft bei S. Fischer

Philippe Ariès/André Béjin/Michel Foucault u. a.
**Die Masken des Begehrens und
die Metamorphosen der Sinnlichkeit**
Zur Geschichte der Sexualität im Abendland
272 Seiten. Broschur

Umberto Eco
Apokalyptiker und Integrierte
Zur kritischen Kritik der Massenkultur
336 Seiten. Broschur

Alfred Lorenzer
Intimität und soziales Leid
Archäologie der Psychoanalyse
224 Seiten. Geb.

Ulrich K. Preuß
Politische Verantwortung und Bürgerloyalität
Von den Grenzen der Verfassung und des
Gehorsams in der Demokratie.
295 Seiten. Broschur

Marthe Robert
Einsam wie Franz Kafka
234 Seiten. Geb.

Richard Sennett
Verfall und Ende des öffentlichen Lebens
Die Tyrannei der Intimität
408 Seiten. Geb.

Jean Starobinski
Porträt des Künstlers als Gaukler
Drei Essays. Mit zahlreichen Abbildungen.
168 Seiten. Leinen

S. Fischer

fi 405/3

Susan Sontag

»Susan Sontag zeigt sich engagiert zeitkritisch. Sie greift in der Luft liegende Probleme auf. Ihre eigenwillige Intelligenz weiß das Allgemeinbewußtsein von heute auf unerwartete Pointen hinzuführen. Nicht selten kommen ihre logisch-alogischen Schlüsse wie aus einer anderen, möglicherweise utopischen Realität.«
Der Tagesspiegel

Ich, etc.
Erzählungen
Fischer Taschenbuch Band 5240

Im Zeichen des Saturn
Essays
Fischer Taschenbuch Band 6486

Krankheit als Metapher
Essay
Fischer Taschenbuch Band 3823

Über Fotografie
Essays
Fischer Taschenbuch Band 3022

Kunst und Antikunst
24 literarische Analysen
Fischer Taschenbuch Band 6484

Fischer Taschenbuch Verlag

fi 126/1

Fischer Film Almanach
Filme · Festivals · Tendenzen

Der Fischer Film Almanach bietet dem Filminteressierten jährlich eine lückenlose Dokumentation aller innerhalb eines Jahres in der Bundesrepublik erst- bzw. uraufgeführten Filme. Daneben gibt dieses informative Kompendium einen Überblick über die Preisträger der wichtigsten Filmfestivals von Berlin bis Cannes und beschäftigt sich in jedem Band schwerpunktmäßig mit einem filmpolitischen Thema.

Band 3657

Band 3665

Band 3674

Band 3684

Band 3694

Band 4456

Fischer Taschenbuch Verlag

fi 271/3